Günther Schiwy
Ein Gott im Wandel

Günther Schiwy

Ein Gott im Wandel

Teilhard de Chardin und sein Bild der Evolution

Patmos Verlag

Für Joseph Kardinal Ratzinger
zur Erinnerung an seine eigenen Worte:

„Jene Realität, die Paulus, heute weithin für uns unverständlich,
‚Leib Christi' nennt, ist eine innere Forderung dieser Existenz,
die nicht Ausnahme bleiben darf, sondern die ganze Menschheit
‚an sich ziehen muß' (vgl. Joh 12,32). Es muß als ein bedeuten-
des Verdienst von Teilhard de Chardin gewertet werden, daß er
diese Zusammenhänge vom heutigen Weltbild her neu gedacht
und trotz einer nicht ganz unbedenklichen Tendenz aufs
Biologistische hin sie im ganzen doch wohl richtig begriffen und
auf jeden Fall neu zugänglich gemacht hat. Hören wir ihn selbst!"

*Joseph Ratzinger, Einführung in das Christentum, München 1968,
Abschnitt: „Christus, der ‚letzte Mensch'."*

Die Deutsche Bibliothek – CIP-Einheitsaufnahme
Schiwy, Günther:
Ein Gott im Wandel : Teilhard de Chardin und sein Bild der Evolution /
Günther Schiwy. - Düsseldorf : Patmos, 2001

Umschlagmotiv: Ausschnitt aus einem Kirchenfenster von Dominik Orieschnig
„Das Herz der Materie", gestaltet nach der Weltanschauung des Pierre Teilhard de
Chardin; Katholische Pfarrkirche Maria am Waasen, Leoben, Österreich
Satz: Typo Fröhlich, Düsseldorf
Druck und Bindung: Grafo S.A., E-Basauri

ISBN 3-491-72447-3

Inhaltsverzeichnis

„Irgend etwas spielt nicht mehr – und folglich wird in Dingen des Glaubens und der Religion in Kürze auf unserem Planeten etwas erwartet. – Aber was eigentlich? … Auf diese überall gestellte Frage will ich einmal mehr zu antworten versuchen, indem ich mit Hilfe einiger weniger zusammenhängender Sätze die Wirklichkeit eines Phänomens nachweise, dessen Evidenz mich seit bald fünfzig Jahren bedrängt: ich meine den unwiderstehlichen (und dennoch immer noch verkannten) Aufstieg dessen über unserem Horizont, was man einen Gott (*den* Gott) der Evolution nennen könnte."

„Der Gott der Evolution" (1953)[1]

„Die organische Unermeßlichkeit des Universums verpflichtet uns, den Begriff der göttlichen *All-Genügsamkeit* neu zu denken: Gott vollendet sich, Er vervollständigt sich in gewisser Weise im Pleroma [in der „Fülle" der Zeiten, am Höhepunkt der Schöpfungsgeschichte]. [...] Ohne Schöpfung würde zunächst, so scheint es, Gott etwas in der Fülle nicht seines Seins, sondern des Aktes der Vereinigung fehlen. Schaffen heißt also für Gott per definitionem, sich mit seinem Werk vereinen, sich auf die eine oder andere Weise durch Inkarnation in die Welt hineinbegeben."

„Christentum und Evolution" (1945)[2]

Vorwort

Der 120. Geburtstag Teilhard de Chardins (1881–1955) am 1. Mai 2001 ist Anlaß genug, zu Beginn des 21. Jahrhunderts und am Anfang des dritten Jahrtausends noch einmal und konzentriert an Teilhards zentrale Botschaft zu erinnern: an den „Gott im Wandel".

Zwar existiert kein Buch Teilhards mit diesem Titel. Es hätte auch keine Chance gehabt, mit Billigung oder nur Duldung der Autoritäten der Kirche und des Jesuitenordens zu erscheinen. Dennoch kreisen Teilhards Erfahrungen, Denken, Handeln und Beten spätestens seit dem Ersten Weltkrieg um das Mysterium eines Gottes, der sich von Anbeginn der Schöpfung in Christus, dem Logos, in dem alles erschaffen ist, der Evolution unterworfen hat; der mit der Evolution wächst und sich mit ihrer Vollendung, die in der vollkommenen Vereinigung der Schöpfung mit dem Schöpfer besteht, selbst vollendet.

„Tastendes Suchen": diese Devise Teilhards für sein wissenschaftliches, philosophisches und theologisches Arbeiten ebenso wie für seinen praktischen Lebensweg gilt vor allem auch für seine Ahnung, seine Vision, schließlich seine Gewißheit vom „Gott im Wandel". Diesem tastenden Suchen und der Rücksicht auf die traditionellen Ansichten der meisten Christen entsprechen auch die vorsichtig formulierten Überschriften seiner Aufsätze wie „Über die physische Vereinigung zwischen der Menschheit Christi und den Gläubigen im Lauf der Heiligung" (1919), „Über die Weisen des göttlichen Wirkens im Universum" (1920), „Pantheismus und Christentum" (1923), „Christologie und Evolution" (1933), „Christus Evolutor oder eine logische Weiterführung des Begriffs der Erlösung" (1942), „Christentum und Evolution" (1945) und „Der Gott der Evolution" (1953).[1] Diese nur scheinbar unverfänglichen Titel handeln alle mehr oder weniger von Teilhards Ringen um den „Gott im Wandel".

Wenn hier ein halbes Jahrhundert nach Teilhard – er starb am Ostersonntag, den 10. April 1955 – die meisten meiner verstreut erschienenen Arbeiten zu Teilhard de Chardin unter dem provozierenden Titel „Ein Gott im Wandel" erscheinen, dann ist das im Hinblick auf Teilhard nichts Neues, sondern nur ein längst fälliger Dienst an seiner eigentlichen Botschaft. Haben doch die meisten Philosophen und Theologen christlichen Glaubens von den Anfängen der Auseinandersetzung mit Teilhard an bis heute immer wieder mit Rücksicht auf die Glaubenslehre von der Unveränderlichkeit Gottes Teilhards Überzeugung vom „Werden Gottes" geleugnet, abgeschwächt, umgedeutet oder – wenn Teilhard ihrer Meinung nach für die „Rechtgläubigkeit" nicht mehr zu retten war – als ketzerisch verurteilt.

Am gründlichsten hat sich noch Karl Rahner mit Teilhards Fundamentalüberzeugung auseinandergesetzt, ohne ihn – vermutlich aus taktischen Gründen – zu zitieren. Rahner hat versucht, zwischen der aus der griechischen Philosophie stammenden traditionell-christlichen Auffassung von der Unveränderlichkeit Gottes und Teilhards Botschaft vom „Gott im Wandel" eine Brücke zu bauen: „Wenn wir die Tatsache der Menschwerdung, die uns der Glaube an das Grunddogma der Christenheit bezeugt, unbefangen und klaren Auges anblicken, dann werden wir schlicht sagen müssen: Gott kann etwas werden. Der an sich selbst Unveränderliche kann *selber* am *anderen* veränderlich sein."[2] Gemeint ist: indem er Geschöpf wird.

Leider haben weder die Theologen noch die kirchenamtlichen Autoritäten Rahners Überbrückungsvorschlag angenommen und die Konsequenzen daraus gezogen. Im Gegenteil: Kardinal Ratzinger, der Vorsitzende der römischen Glaubenskongregation, hat sich seit dem Zweiten Vatikanischen Konzil nicht nur immer mehr von Teilhards evolutiver Weltanschauung und evolutivem Gottesbild entfernt. Er hat sogar im Januar 2000 die Evolutionstheorie undifferenziert als die größte Gefahr für die Zukunft des Christentums bezeichnet. Wir gehen auf diesen Rückschritt des einstigen Konzilstheologen und positiven Teilhardkommentators näher ein (siehe *Einleitung*) und konfrontieren ihn mit Zitaten aus seiner „Einführung in das Christentum« (1968). Das Buch ist ganz im Geist Teilhards geschrieben. Auch Ratzingers neueste Warnung vor der

Entwicklung der Ökumene erscheint im Lichte Teilhards als Rückschritt (siehe Kapitel 9). So ist Teilhards Bild der Evolution auch eine Antwort an Kardinal Ratzinger.

Im *ersten Hauptteil* des Buches werden wir Zeuge der Entwicklung, die Teilhards Gottesbild im Laufe seines Lebens genommen hat, vom „Herzen Jesu" über den „universalen Christus" und das „göttliche Milieu" bis zum „werdenden Gott". (Kap. 1) Wir erleben mit, wie er auf allen Ebenen seiner Begabung – als Mystiker, Naturwissenschaftler, Philosoph und Theologe – dem Gottesbild der Zukunft auf der Spur ist. (Kap. 2) Schließlich konkretisiert sich Teilhards Wissen über die Grundgesetze der Evolution im „Gott der Evolution", dem kosmischen Christus als Anfang und Ende der Evolution. (Kap. 3) Die Konzeption des kosmischen Christus entspricht dem um sich greifenden ganzheitlichen – holistischen – Weltbild des dritten Jahrtausends und den Bedürfnissen einer Religion der Zukunft. (Kap. 4)

Im *zweiten Hauptteil* stellen wir einige Vorläufer und Weggefährten Teilhards auf der Suche nach dem Gottesbild der Zukunft vor: von Meister Eckhart im hohen Mittelalter (Kap. 5) über Ignatius von Loyola zu Beginn der Neuzeit (Kap. 8) und die Panentheisten des deutschen Idealismus (Kap. 7) bis zu Graf Dürckheim als Vertreter einer neuen Religiosität am Anfang des dritten Jahrtausends (Kap. 6). Sie alle lebten mit der Erfahrung oder zumindest der Idee eines „Gottes im Wandel".

Im *dritten Hauptteil* schließlich zeigen wir einige Konsequenzen des Glaubens an einen „Gott im Wandel" auf. Welche Namen gibt es in den nichtchristlichen Religionen für die Erfahrung des „Gottes im Wandel", der sich für die Christen im „kosmischen Christus" geoffenbart hat? (Kap. 9) Wie erfahren die Liebenden die Gegenwart eines „Gottes im Wandel", der Materie und Geist, Leib und Seele in gleicher Weise angenommen und erlöst hat? (Kap. 10) Wenn sich Gott in Christus den Gesetzen der Evolution – dem tastenden Suchen – unterworfen hat und uns in allem, die Sünde ausgenommen, gleich geworden ist, kann er dann während der Dauer der Evolution allmächtig sein? (Kap. 11) Welche Entwicklung muß unsere Verantwortung für die Welt und für Gott durchmachen, wenn wir nicht mehr Kinder eines Vaters im Himmel sind, der für uns sorgt, sondern Partner eines „Gottes im

Wandel", dessen Vollendung auch von uns abhängt? (Kap. 12) Kann man zu einem „Gott im Wandel" noch beten? Teilhard hat es uns vorgemacht. (Kap. 13)

Das *Nachwort* unterstreicht zwei aus der christlichen Tradition stammende zentrale Überzeugungen Teilhards, die, neu entdeckt und in Taten umgesetzt, für die Zukunft des Christentums entscheidend sein werden: Erstens, der Gott der Evolution ist ein gekreuzigter Gott, das ist der Preis für die Existenz und Fortentwicklung einer Schöpfung, die auf die Herausbildung von Freiheit angelegt ist. Zweitens, das Kreuz der Evolution ist über die kreatürlichen Konstanten hinaus – tastendes Suchen, Leid und Tod – immer auch ein besonderes, der jeweiligen heilsgeschichtlichen Epoche entsprechendes. Unser epochales Kreuz ist die „Globalisierung", sind die Gefahren und Risiken der Einswerdung der Menschheit.

Steinebach am Wörthsee, Herbst 2000   *Günther Schiwy*

Einleitung
Kardinal Ratzinger und „Die Krise des Christentums am Beginn des dritten Jahrtausends"

„Vor vier Jahren habe ich unter dem Titel ‚*Der Kern des Problems*' einen kurzen Bericht nach Rom geschickt, in dem ich versuchte, den Oberen verständlich zu machen, was mir nach langen Jahren, (infolge außergewöhnlicher Umstände) im Innersten *zugleich* der Welt der Wissenschaft und der Welt des Glaubens verbracht, die wahre Quelle der modernen religiösen Unruhe zu sein schien. Ich meine den unwiderstehlichen Aufstieg, über alle Wege des Denkens und des Tuns, eines evolutiven Gottes des Voran am menschlichen Himmel — auf den ersten Blick Widersacher des transzendenten Gottes des Empor, den das Christentum unserer Anbetung darbietet. [...] Die Seiten, auf ich hier anspiele, hatten keineswegs die Absicht, sich in die Geschäfte der bestehenden Autorität einzumischen. Sie stellten jedoch das Zeugnis eines Beobachters dar, der zufällig bis in tiefe menschliche Bereiche vorgestoßen war, bis zu denen vorzudringen die ‚Offiziellen' gewöhnlich keine Gelegenheit haben und bei denen sie noch weniger die Möglichkeit haben zu begreifen, was vorgeht. Einfach in dieser Hinsicht mochten sie Aufmerksamkeit verdienen. Aus Rom hat man mir geantwortet, meine Diagnose stimme nicht mit den derzeit in der Ewigen Stadt in Gunst stehenden Ideen überein. Und seitdem hat sich, wohlgemerkt, die religiöse ‚Schizophrenie', an der wir leiden, nur noch verstärkt ..."

„*Was erwartet die Welt in diesem Augenblick von der Kirche Gottes: Eine Verallgemeinerung und eine Vertiefung des Sinnes des Kreuzes.*" New York, 14. September 1952 [1]

In seinem Aufsatz „Der angezweifelte Wahrheitsanspruch. Die Krise des Christentums am Beginn des dritten Jahrtausends" in der „Frankfurter Allgemeinen Zeitung" vom 8. Januar 2000 behauptet Kardinal Ratzinger, der Wahrheitsanspruch des Christentums in der Gegenwart und auch in der nächsten Zukunft werde vor allem von der Evolutionstheorie in Frage gestellt. „Immer mehr hat sich die Evolutionstheorie als der Weg herauskristallisiert, um Metaphysik endlich verschwinden, die ‚Hypothese Gott' (Laplace) überflüssig werden zu lassen und eine streng ‚wissenschaftliche' Erklärung der Welt zu formulieren. [...] Niemand wird die wissenschaftlichen Beweise für die mikroevolutiven Prozesse ernstlich in Zweifel ziehen können. Nicht darauf, ja auch nicht auf die Problematik der Makroevolution, bezieht sich daher die Frage, die ein Gläubiger der modernen Vernunft gegenüber stellen wird, sondern auf die Ausdehnung zu einer *philosophia universalis,* die zur Gesamterklärung des Wirklichen werden will und keine andere Ebene des Denkens mehr übrig lassen möchte."

Die fehlende Unterscheidung zwischen Evolutionstheorie und Evolutionismus

Eine solches Verständnis der Evolutionstheorie findet sich jedoch nicht mehr bei der Mehrheit der modernen Wissenschaftler, die als Physiker, Biologen, Psychologen, Philosophen oder auch Theologen mit der Hypothese „Evolutionstheorie" arbeiten. Diese wissen sehr gut zu unterscheiden zwischen der *Evolutionstheorie* als wissenschaftlicher Hypothese innerhalb eines klar definierten Forschungsgebiets – in der Physik, der Biologie, der Paläontologie zum Beispiel – und dem *Evolutionismus* als Versuch einer „Gesamterklärung der Wirklichkeit", wie sie der Darwinismus des 19. Jahrhunderts noch gewesen sein mag.[2]

Ein solcher Evolutionismus hat im Gegensatz zur Behauptung Ratzingers die „moderne Vernunft" nicht mehr auf seiner Seite. Im Gegenteil. Die gegenwärtige wissenschaftliche und philosophische Vernunft wie auch der common sense, der gesunde Menschenverstand, sind nicht mehr der Meinung, die Evolutionstheorie könne über die naturwissenschaftlichen Fragen hinaus auch alle metaphysischen und religiösen Fragen beantworten. Selbst wenn sich alles Existierende nach dem Gesetz der Evolution erklären lasse, bleibt die Frage nach dem Ursprung des Existierenden und nach der Herkunft der Evolutionsgesetze als regulierenden Prinzips der Wirklichkeit. Der Professor für theoretische Physik Paul Davies fragt in „Gott und die moderne Physik" mit recht, „was ist mit den Gesetzen? Sie müssen erst einmal ‚da' sein, damit das Universum entstehen kann. Die Quantenphysik muß – in gewissem Sinne – existieren, damit ein Quantenübergang den Kosmos erschaffen kann."[3]

So bleibt dem mit der Evolutionstheorie forschenden Naturwissenschaftler die „Begegnung mit dem Wunderbaren" nicht erspart, gerade weil ihn seine Theorie vor der Existenzfrage im Stich läßt. „Physik und Transzendenz. Die großen Physiker unseres Jahrhunderts über ihre Begegnung mit dem Wunderbaren" heißt denn auch das Standardwerk, in dem der Nachfolger Werner Heisenbergs am Max-Planck-Institut für Physik in München, Hans-Peter Dürr, entsprechende Bekenntnisse von David Bohm, Niels Bohr, Max Born, Arthur Eddington, Albert Einstein, Werner Heisenberg, James Jeans, Pascual Jordan, Wolfgang Pauli, Max Planck, Erwin Schrödinger und Carl Friedrich von Weizsäcker gesammelt hat.[4]

Ähnliche Zeugnisse gibt es von Biologen, es sei nur auf den Freiburger Genetiker Carsten Bresch verwiesen mit seinem Werk „Zwischenstufe Leben. Evolution ohne Ziel?"[5] oder auf den Band „Kann man Gott aus der Natur erkennen. Evolution als Offenbarung", herausgegeben von Carsten Bresch und den Theologen Sigurt Martin Daecke und Helmut Riedlinger.[6]

Vielleicht aber ist Kardinal Ratzinger einem Buch aufgesessen, das tatsächlich seiner Beschreibung eines Evolutionstheoretikers entspricht, mit dem Titel „Die Physik der Unsterblichkeit. Moderne Kosmologie, Gott und die Auferstehung der Toten" von Frank J. Tipler.[7] Dieser Außenseiter der Physikerzunft ist in der Tat der Meinung, die Theologie sei nur ein Zweig der Physik. Auch wenn der evangelische Theologe Wolfhart Pannenberg das Buch für diskutabel gehalten und es auch zahlreiche Käufer gefunden hat, so bleibt es ein Unikum und ist nicht repräsentativ für den Dialog zwischen Theologie und Evolutiontheorie, zwischen Glauben und Vernunft.

Um so rätselhafter bleiben die Ausführungen Kardinal Ratzingers. Wen hat er vor Augen, wenn er das Schreckgespenst „Evolutionstheorie" an die Wand malt? Schon 1985 hat die Deutsche Bischofskonferenz im „Katholischen Erwachsenen-Katechismus" den Christen die Meinung „viele[r] Theologen" zugemutet: „Gott schafft die Dinge so, daß sie ermächtigt sind, bei ihrer eigenen Entwicklung mitzuwirken", und sie hat ein Wort Pierre Teilhard de Chardins zitiert: „Gott macht, daß sich die Dinge selber machen." Zusammenfassend heißt es dann: „Schöpfungsglaube und Evolutionstheorie widerstreiten also einander nicht grundsätzlich [...]."[8]

Gott der Schöpfer auch der Evolution: Das sollte bereits das Gottesbild der Gegenwart sein und bedürfte eigentlich keiner neuerlichen Demonstration — gäbe es da nicht den römischen „Katechismus der katholischen Kirche", den Papst Johannes Paul II. am 25. Juni 1992 approbiert und dessen Veröffentlichung er „kraft meines apostolischen Amtes" am 11. Oktober 1992 angeordnet hat. 1986, ein Jahr nach Erscheinen des deutschen „Erwachsenen-Katechismus", hatte der Papst, wie er einleitend zu dem römischen Katechismus in der Apostolischen Konstitution „Fidei Depositum" sagt, „einer Kommission von zwölf Kardinälen und Bischöfen unter Vorsitz von Herrn Kardinal Joseph Ratzinger die Aufgabe übertragen, einen Entwurf [...] vorzubereiten. [...] Der Entwurf wurde dann Gegenstand einer umfangreichen Beratung aller katholischen Bischöfe, ihrer Bischofskonferenzen oder ihrer Synoden, ferner der Institute für Theologie und Katechese. Im ganzen fand er eine weithin günstige Aufnahme beim Episkopat."[9] Nur „im ganzen" also, nicht gänzlich, nicht in jedem Detail. Ein solches Detail ist nun das Verhältnis von Evolutionstheorie und Schöpfung. Das Thema kommt im „Katechismus der katholischen Kirche" überhaupt nicht vor. Es ist zu vermuten, daß die Deutsche Bischofskonferenz gegen diese Auslassung mit Hinweis auf ihren Katechismus von 1985 protestiert hat, offensichtlich vergeblich. Das Reizwort „Evolution" bleibt im neuesten römischen Katechismus tabu.

Man möchte nun meinen, die Ausführungen über das Verhältnis von Evolutionstheorie und Schöpfungstheologie im Katechismus der Deutschen Bischofskonferenz seien durch den römischen Katechismus hinfällig, gleichsam „überholt" worden. Dem ist jedoch nicht so. Denn der Papst selbst hat in der einleitenden Apostolischen Konstitution zu dem „Katechismus der Katholischen Kirche" ausdrücklich festgestellt: „Dieser Katechismus ist nicht dazu bestimmt, die von den kirchlichen Autoritäten, den Diözesanbischöfen und den Bischofskonferenzen vorschriftsgemäß approbierten örtlichen Katechismen zu ersetzen, besonders wenn sie die Approbation des apostolischen Stuhles erhalten haben." [10] Tatsächlich liegt eine solche Approbation mit Schreiben der Kleruskongregation vom 22. Dezember 1984 vor, wie Kardinal Höffner als Vorsitzender der Deutschen Bischofskonferenz im Vorwort zum „Erwachsenen-Katechismus" von Ostern 1985 betont hat. [11]

Bleibt festzuhalten: Der römische Katechismus unter Federführung von Kurienkardinal Ratzinger, dem Vorsitzenden der Glaubenskongregation, fällt im Fall „Evolutionstheorie und Schöpfungstheologie" hinter die Position zurück, die der „Erwachsenen-Katechismus" der Deutschen Bischofskonferenz bereits erreicht hatte. Die Evolution des christlichen Gottesbildes verläuft demnach je nach Region und Zuständigkeit nicht nur unterschiedlich schnell, sondern es gibt anscheinend auch individuelle und kollektive Rückschritte. Kardinal Ratzinger ist dafür ein besonders eindrucksvolles Beispiel, wie sein Text von Anfang 2000 zum Thema „Evolutionstheorie" zeigt. Stellt er doch eine neue Etappe in der kirchlichen Auseinandersetzung mit der „Evolution" dar. Es handelt sich nicht mehr nur um die Unterdrückung des Themas, sondern um eine Attacke, freilich ohne Namen zu nennen, gegen alle, die sich mit dem Thema positiv befaßt haben: gegen die Deutsche Bischofskonferenz und ihren „Erwachsenen-Katechismus", gegen den Geist des Zweiten Vatikanischen Konzils und nicht zuletzt gegen Pierre Teilhard de Chardin.

Die menschliche Vernunft — ein Produkt der Evolution?

Fundamentalisten verwenden gern Begriffe, ohne die damit bezeichnete Wirklichkeit genauer zu analysieren und zu unterscheiden. Das läßt sich in einer Passage der erwähnten Ausführungen von Kardinal Ratzinger am Beispiel seiner undifferenzierten

Verwendung des Begriffs „Vernunft" zeigen. Es heißt da: „Letzten Endes geht es um die Frage, ob die Vernunft beziehungsweise das Vernünftige am Anfang aller Dinge und auf ihrem Grunde steht oder nicht. Es geht um die Frage, ob das Wirkliche auf Grund von Zufall und Notwendigkeit, also aus dem Vernunftlosen entstanden ist, ob mithin die Vernunft ein zufälliges Nebenprodukt des Unvernünftigen und im Ozean des Unvernünftigen letztlich auch bedeutungslos ist oder ob wahr bleibt, was die Grundüberzeugung des christlichen Glaubens und seiner Philosophie bildet: *In principio erat verbum* — am Anfang aller Dinge steht die schöpferische Kraft der Vernunft. Der christliche Glaube ist heute wie damals die Option für die Priorität der Vernunft und des Vernünftigen. Diese Letztfrage kann nicht mehr durch naturwissenschaftliche Argumente entschieden werden, und auch das philosophische Denken stößt hier an seine Grenzen. In diesem Sinn gibt es eine letzte Beweisbarkeit der christlichen Grundoption nicht."

Ratzinger setzt sich jedoch mit einer Scheinproblematik auseinander, weil er nicht streng genug zwischen einer Vernunft als „Anfang aller Dinge" (1) und einer Vernunft als Produkt der Entwicklung (2) unterscheidet. Es ist ohne Widerspruch denkbar, daß nach einer Grundlegung der Wirklichkeit durch eine vorher existierende schöpferische Vernunft (1) sich nach den Evolutionsgesetzen dieser Wirklichkeit etwas geschöpflich „Vernünftiges" (2) entwickelt. Wer wie die meisten Wissenschaftler, Philosophen und Theologen der Meinung ist, der vernunftbegabte Mensch sei das Produkt einer vernunftbegabten Wirklichkeit, muß deshalb nicht der Meinung sein, der Mensch sei „ein zufälliges Nebenprodukt des Unvernünftigen und im Ozean des Unvernünftigen letztlich auch bedeutungslos", und „am Anfang aller Dinge" brauche es nicht „die schöpferische Kraft der Vernunft". Im Gegenteil: Er optiert „für die Priorität der Vernunft und des Vernünftigen", auch wenn die Existenz der Urvernunft mit naturwissenschaftlichen Argumenten nicht bewiesen werden kann, sondern eine Aufgabe der Philosophie oder der religiösen Offenbarung bleibt.

So hat schon der deutsche „Erwachsenen-Katechismus" 1985 mit aller wünschenswerten Deutlichkeit klargestellt: „Selbstverständlich ist die materialistische Entwicklungslehre theologisch abzulehnen, die eine ungeschaffene Materie annimmt, aus der alle

Lebewesen, auch der Mensch, nach Leib und Seele durch rein mechanische Entwicklung entstanden sind. In dieser weltanschaulichen Weise wird die Evolutionslehre heute von den allermeisten Wissenschaftlern nicht mehr verstanden. Heute setzt sich nämlich immer mehr die Meinung durch, daß Schöpfung und Evolution Antworten auf jeweils ganz verschiedene Fragen sind und deshalb auf verschiedenen Ebenen liegen. Evolution ist ein empirischer Begriff, der auf die Frage nach dem ‚horizontalen‘ *Woher* und dem raum-zeitlichen Nacheinander der Geschöpfe eingeht. Schöpfung dagegen ist ein theologischer Begriff und fragt nach dem ‚vertikalen‘ *Warum* und *Wozu* der Wirklichkeit. Evolution setzt immer schon ‚etwas‘ voraus, das sich verändert und entwickelt; Schöpfung zeigt, warum und wozu überhaupt etwas ist, das sich verändern und entwickeln kann.“[12]

Ein Zerrbild evolutionärer Ethik

Auch von den Versuchen, „das Ethos evolutionär neu zu begründen“, gibt Ratzinger ein undifferenziertes Zerrbild, wenn es heißt: „Aber dieses evolutionäre Ethos, das seinen Schlüsselbegriff unausweichlich im Modell der Selektion, also im Kampf ums Überleben, im Sieg des Stärkeren, in der erfolgreichen Anpassung findet, hat wenig Tröstliches zu bieten. Auch wo man es auf mancherlei Weise zu verschönern strebt, bleibt es letztlich ein grausames Ethos. Das Bemühen, aus dem an sich Vernunftlosen das Vernünftige zu destillieren, scheitert hier recht augenfällig. Zu einer Ethik des universalen Friedens, der praktischen Nächstenliebe und der nötigen Überwindung des Eigenen, die wir brauchen, ist dies alles wenig tauglich.“

Hier unterläuft Ratzinger der gleiche Fehler, den man den Evolutionisten des 19. und 20. Jahrhundert vorgeworfen hat: daß sie die Qualitätsunterschiede der verschiedenen Stufen der Evolution nicht wahrhaben wollten. Als müßte das im Tierreich – wenn überhaupt uneingeschränkt – gültige Gesetz „Fressen oder gefressen werden“ mit Notwendigkeit auch das „Sittengesetz“ der Menschheit sein!

Demgegenüber sind heute immer mehr Theoretiker einer „evo-

lutionären Ethik" der Meinung: Mit dem Zuwachs an Selbster-
kenntnis und Selbstbestimmung wächst in der Evolution auch die
Einsicht, daß auf den höheren Stufen der Entwicklung Fürsorge
und Rücksichtnahme, auf der höchsten Stufe sogar Liebe die ef-
fektivsten Entwicklungsgesetze sind. Der schon zitierte Carsten
Bresch, der sich nicht für einen gläubigen Christen hält, hat es auf
seine Weise eindrucksvoll beschrieben: „Elementarteilchen ziehen
sich an, Atome gehen Bindungen ein, Zellen werden zum Verband,
und Menschen werden zur Menschheit. In allen Phasen der Evolution besteht das ewig gleiche Ziel, durch Vereinigung Teil eines
Mehr zu werden. Bereitschaft zur Integration ist die Urkraft aller
Entwicklung. Auf der Stufe des Menschen nennt man das ‚Liebe'.
Mehr Liebe zur Menschheit braucht der Mensch, mehr Bereitschaft, sich in die Lage des anderen zu versetzen, mehr Barmherzigkeit für die Hilfebedürftigen, mehr Solidarität mit den Schwachen,
mehr Verantwortung jedes einzelnen für das Ganze. Das allein ist
der Weg" in die Zukunft, wie ihn die Evolution vorzeichnet.[13]

Teilhard de Chardin wird totgeschwiegen

Auf dem Hintergrund solcher oder ähnlicher Texte von Evolutions-
theoretikern fragt man sich, auf welchem Stern Kardinal Ratzinger
lebt, wenn er die Evolutionstheorie zur größten Herausforderung
des Christentums erklärt. Anders jedoch als Ratzinger es meint, ist
sie tatsächlich eine Herausforderung. Das hat einer, dessen Name
befremdlicherweise in Ratzingers Artikel nicht fällt, bereits vor
einem Jahrhundert erkannt: Der französische Theologe und Paläontologe Pierre Teilhard de Chardin (1881–1955). Er deutet die
Evolutionstheorie, die er als Forschungshypothese für die moderne Naturwissenschaft und Philosophie als unerläßlich ansah, christlich als Spiegel der Entwicklung des Kosmos aus dem göttlichen
Schöpfungsgrund Alpha bis zum gottmenschlichen Entwicklungs-
ziel Omega.

Was sich nach Teilhard in der Evolution des Kosmos entwickelt,
ist der „Kosmische Christus", der Logos des Johannesevangeliums
– „Am Anfang war das Wort" – und der große Versöhner des
Kolosserbriefes 1,15-19: „Er ist das Ebenbild des unsichtbaren Got-

tes, der Erstgeborene der ganzen Schöpfung. Denn in ihm wurde alles erschaffen im Himmel und auf Erden, das Sichtbare und das Unsichtbare, Throne und Herrschaften, Mächte und Gewalten; alles ist durch ihn und auf ihn hin geschaffen. Er ist vor aller Schöpfung, in ihm hat alles Bestand. Er ist das Haupt des Leibes, der Leib aber ist die Kirche. Er ist der Ursprung, der Erstgeborene der Toten; so hat er in allem den Vorrang. Denn Gott wollte mit seiner ganzen Fülle in ihm wohnen, um durch ihn alles zu versöhnen. Alles im Himmel und auf Erden wollte er zu Christus führen, der Frieden gestiftet hat am Kreuz durch sein Blut."

Teilhard de Chardin und in seiner Nachfolge die Elite der christlichen Theologen bis hin zum Zweiten Vatikanischen Konzil haben geleistet, was Kardinal Ratzinger nicht sieht oder nicht wahrhaben will: Sie haben die mittels der Evolutionstheorie gewonnenen Vernunfterkenntnisse mit dem christlichen Glauben weitgehend versöhnt. Ihnen ist bereits für heute und für das begonnene dritte Jahrtausend gelungen, was Ratzinger für die frühe Christenheit nostalgisch beschreibt und wegen der von ihm verteufelten Evolutionstheorie heute für unmöglich hält: „[...] daß in der Konzeption der frühen Christenheit die Begriffe von Natur, Mensch, Gott, Ethos und Religion unlösbar ineinander verknotet waren und daß zur Einsichtigkeit des Christentum in der Krise der Götter und in der Krise der antiken Aufklärung gerade diese Verknüpfung beigetragen hatte. Die Orientierung der Religion an einer vernünftigen Sicht der Wirklichkeit überhaupt, das Ethos als Teil dieser Vision und seine konkrete Anwendung unter dem Primat der Liebe verbanden sich miteinander. Primat des Logos und Primat der Liebe erwiesen sich als identisch. Der Logos erschien nicht nur als mathematische Vernunft auf dem Grund aller Dinge, sondern als schöpferische Liebe bis zu dem Punkt hin, daß er Mit-Leiden mit dem Geschöpf wird. Der kosmische Aspekt der Religion, die den Schöpfer in der Macht des Seins verehrt, und ihr existenzieller Aspekt, die Erlösungsfrage, traten ineinander und wurden ein Einziges."

Es ist die Tragik des Kardinals Ratzinger und unter seinem Einfluß vermutlich auch des Papstes Johannes Paul VI., daß die Entwicklung der modernen Evolutionstheorie anscheinend an ihnen vorüber gegangen ist und daß sie alle diesbezüglichen

Erkenntnisse, die bereits seit Jahrzehnten Allgemeingut der christlichen Avantgarde in allen Ländern ist, vermutlich unter dem Einfluß ängstlicher und rückwärtsgewandter Berater wieder verworfen haben. Der Text Ratzingers über „die Krise des Christentums am Beginn des dritten Jahrtausends" hätte vor hundert Jahren einiges für sich gehabt, heute, am Beginn des 21. Jahrhunderts, ist er antiquiert und ein Zeugnis für den Rückschritt im Weltverständnis der römischen Kurie.

Es stellt sich allerdings die Frage, ob der Kardinal die gegenwärtige intellektuelle Auseinandersetzung wirklich so wenig kennt, oder ob es sich um eine vorgetäuschte Ignoranz handelt und einen kirchenpolitischen Schachzug, um alle Theologen, die mit der Hypothese „Evolutionstheorie" arbeiten, zu diskreditieren – an erster Stelle Teilhard de Chardin. Daß Kardinal Ratzinger es auch heute noch besser wissen müßte, dafür spricht der ehemalige Konzilstheologe Ratzinger, seinerzeit Theologieprofessor in Tübingen. Hat er doch 1968 in der maßgeblichen lateinisch-deutschen Ausgabe der Dokumente des Zweiten Vatikanischen Konzils das erste Kapitel der „Pastoralkonstitution über die Kirche in der Welt von heute" kommentiert und dabei den Einfluß Teilhards auf einen maßgebenden Teil der Konzilsväter und den Text treffend beschrieben. Zum Beispiel schreibt Ratzinger zu Artikel 14: „Die Mikrokosmosidee klingt an, aber sie verbindet sich mit Teilhards Visionen der Anbetung der Materie, deren eindringliche Sprache man hier gedämpft nachklingen hört. Vgl. den schönen Auswahlband Teilhard de Chardin, Hymne de l'Univers (Paris 1961)."[14] Bewegend, weil ein persönliches Bekenntnis Ratzingers zu Teilhard de Chardin, ist der Schlußkommentar zu Artikel 18: „Daß im Programm unserer Konstitution Schöpfung und Ostern als die beiden Brennpunkte der theologischen Ellipse genannt werden, verweist doch wohl auch auf den von Teilhard ausgehenden Impuls und auf die eigenartige Bestätigung, die sein Leben dadurch empfing, daß ihm sein Wunsch erfüllt wurde, an Ostern zu sterben: im Blick auf Christus, den er, österlich denkend, weit mehr als Omega [die endgültige Vereinigung Gottes mit der Schöpfung in Christus] denn als Alpha [Christus als der göttliche Urgrund der Schöpfung] erfahren hatte."[15]

Freilich steht es jedem Gläubigen, auch einem Theologen, Erzbischof, Kardinal und Vorsitzenden der römischen Glaubenskongregation frei, sein Verhältnis zu Teilhard de Chardin zu revidieren, sich weiter- oder zurückzuentwickeln, sein eigenes Gottesbild im Auf und Ab der Evolution zu erfahren. Unerträglich und vor Gott und der Kirche unverantwortlich ist jedoch die Vermengung der persönlichen Gottsuche Ratzingers mit der offiziellen Glaubenslehre der Kirche.

Deshalb scheint es an der Zeit, aus Anlaß dieser irreführenden Attacke Ratzingers auf die Evolutionstheorie wiederum an Teilhard de Chardin zu erinnern. Keiner unter den Theologen des vergangenen Jahrhunderts hat wie er die Hypothese der Evolutionstheorie für den christlichen Glauben fruchtbar gemacht, mehr noch: Teilhard de Chardin ist es gelungen, aus dem christlichen Glauben selbst eine „evolutive Weltanschauung" (Karl Rahner) zu machen, einen christlichen Evolutionismus zu entwickeln in der Überzeugung, erst so der christlichen Offenbarung ihren wahren Umfang und die ihr eigene Tiefe zu geben und den atheistischen Evolutionismus zu taufen. Am 17. Januar 1920 schreibt Teilhard in seinem Tagebuch: „Das große Ereignis im menschlichen Denken der jüngsten Zeit ist, daß es ‚den Sinn' (den *Perzeptor*) für die (evolutive) Bewegung des Kosmos erworben hat. – Man muß dieses Erwachen mit dem des Christentums verbinden, das darin besteht, daß es uns *den (lenkenden) Sinn* eben dieser Bewegung gegeben hat."[16]

Die folgenden Kapitel dieses Buches machen deutlich, wie wenig Teilhards christlicher Evolutionismus das Produkt eines am Schreibtisch sitzenden Theologen ist. Wenn vor einem halben Jahrhundert Hans Urs von Balthasar eine „kniende Theologie" gefordert hat, gegen die Kopflastigkeit der Theologie zugunsten einer mystischen Dimension, dann hat Teilhard diese Dimension dadurch erreicht, daß er als Paläontologe, Evolutionstheoretiker und Theologe Feldforschung betrieb und dadurch ein Mystiker der Evolution geworden ist. *„Meine Stärke"*, heißt es im Tagebuch vom 28. Januar 1920, *„meine einzige Stärke* liegt darin, ‚Mystiker' zu sein, das heißt nur aus einer einzigen *Idee* zu leben (und nur aus ihr lebendig zu scheinen). Möge unser Herr mir das bewahren!"[17] Diese Idee ist „ein Gott im Wandel", und dieser Gott hat für Teilhard einen konkreten Namen: Es ist Jesus von Nazareth als der kosmische Christus einer Schöpfung, die auf dem Kreuzweg ist.

Ratzingers „Einführung in das Christentum" (1968) – von Teilhard inspiriert

Man könnte nun meinen, Ratzinger habe nur in den Konzilskommentaren Teilhard notgedrungen die Ehre gegeben. Tatsächlich ist auch seine „Einführung in das Christentum" von 1968 von Teilhard inspiriert und von Teilhards Terminologie imprägniert. Nachdem Ratzinger an einer zentralen Stelle Teilhard ausgiebig zitiert (nach Claude Tresmontant, „Einführung in das Denken Teilhard de Chardins." Man beachte die Ähnlichkeit zu Ratzingers Titel!), heißt es: „Man wird wohl sagen dürfen, daß hier von der heutigen Weltsicht her und gewiß in einem manchmal gar zu biologistischem Vokabular in der Sache doch die Richtung der paulinischen Christologie erfaßt ist und neu verstehbar wird: Der Glaube sieht in Jesus den Menschen, in dem – vom biologischen Schema her gesprochen – gleichsam der nächste Evolutionssprung getan ist; den Menschen, in dem der Durchbruch aus der beschränkten Art unseres Menschseins, aus seiner monadischen Verschließung, geschehen ist; jenen Menschen, in dem Personalisation und Sozialisation sich nicht mehr ausschließen, sondern bestätigen; jenen Menschen, in dem höchste Einheit – ‚Leib Christi', sagt Paulus, ja noch schärfer: ‚Ihr seid ein einziger in Christus' (Gal 3,28) – und höchste Individualität eins sind; jenen Menschen, in dem die Menschheit ihre Zukunft berührt und in höchstem Maße sie selbst wird, weil sie durch ihn Gott selber berührt, an ihm teilnimmt und so in ihre eigentlichste Möglichkeit gelangt."[18] Was Ratzingers Vorbehalt gegenüber der „biologistischen" Terminologie betrifft: Er selbst macht sich Teilhards Terminus „Komplexität" vollends zu eigen, wie eine genaue Lektüre zeigt. „Biologistisch" wäre der Gebrauch übrigens nur dann, wenn die biologische Terminologie „univok" (in der gleichen Bedeutung wie in der Biologie) und nicht wie bei Teilhard „analog" (in übertragener Bedeutung) verwendet würde.

ERSTER TEIL

Teilhard de Chardin auf der Suche nach dem Gottesbild der Zukunft

„In diese noch recht egozentrische und verschlossene Periode meines inneren Lebens gehören ganz klar die Inspiration und die Redaktion von ‚Die Messe über die Welt' und ‚Das göttliche Milieu'. Das liegt daran, daß ich unter dem Einfluß jener seltsamen Hemmungen, die uns oft daran hindern, das zu erkennen, was wir vor Augen haben, mir keine Rechenschaft darüber gab, daß unausweichlich in dem Maße, als Gott die Welt von den Tiefen der Materie bis zu den Höhen des Geistes ‚umformte', die Welt im Gegenzug Gott ‚einformen' mußte. Gerade durch das einigende Wirken, das ihn uns enthülllt, ‚verwandelt sich' Gott auf irgendeine Weise, indem er uns sich einverleibt. – Also Ihn nicht einfach nur sehen und sich von Ihm umfangen und durchdringen lassen, – sondern ebenso (wenn nicht in erster Linie) Ihn immer noch weiter entdecken (oder sogar in einem gewissen Sinne Ihn ‚vollenden'): So erscheinen mir heute die wesentliche Bewegung und das wesentliche Interesse der hominisierten Evolution. Durch die Begegnung seiner Anziehung mit unserem Denken ist Gott um uns herum und in uns dabei, sich zu ‚verändern'. Durch den Aufstieg der ‚Quantität kosmischer Einigung' werden sein Glanz, seine Farbe reicher. So sind das große Ereignis, die große Neuigkeit endlich erkannt, formuliert …"

„Das Herz der Materie", Paris, 30. Oktober 1950 [1]

1. Vier Phasen des Teilhardschen Gottesbildes

Das Leben Pierre Teilhard de Chardins (1881–1955) war eine einzige „Suche nach Gott oder ein Appell an den, der kommt". So sagt er selbst 1950 in einem Rückblick auf sein Leben unter dem Titel „Das Herz der Materie".[1] Heute, vierzig Jahre nach seinem Tode, wissen wir: Teilhards Gottsuche und der ihm zuteil gewordene Glaube an einen kommenden, werdenden Gott sind das eigentliche Vermächtnis dieses großen Geologen und Paläontologen, Philosophen, Theologen und Mystikers an unsere Zeit und an die Zukunft. Teilhard war überzeugt: Das Bild vom werdenden Gott ist die konsequente Weiterentwicklung der biblischen Gottesoffenbarung und der christlichen Glaubensüberlieferung. Sollte sich Teilhards Überzeugung in den christlichen Kirchen durchsetzen, dann könnte im Namen des werdenden Gottes die große Integration der Weltreligionen, der Religionsphilosophien, der Ahnungen der Dichter und Künstler sowie der Alltagserfahrungen der meisten Menschen erfolgen und die Einigung der Welt fortschreiten. Das entspräche dem Gesetz der Evolution, wie es Teilhard sein Leben lang studiert und propagiert hat. Daß sich das Gottesbild nicht nur im Laufe des eigenen Lebens, sondern auch in der Religions- und Menschheitsgeschichte weiterentwickelt, ist Teilhards Glaubensbekenntnis bereits in seinem vierzigsten Lebensjahr. Am 5. Januar 1921 schreibt er einem ungläubigen Freund zum Trost: „Der Papst und alle Bischöfe zusammen sind *ohnmächtig,* uns genau alles zu sagen, was es in Christus gibt. Christus (sein Leben, sein Wissen) sind in der ganzen Kirche (Gläubige und Hirten) *aller* Zeiten niedergelegt. Damit Christus schließlich begriffen wird, braucht es die Anstrengung aller Christen bis ans Ende der Zeiten; und kein Konzil könnte diese lange Reifung abkürzen [...] Das Dogma entwickelt sich wie ein Mensch, der mit vierzig Jahren *derselbe* ist wie mit zehn Jahren, aber dessen Form mit vierzig Jahren nicht aus der von zehn Jahren *deduziert* werden kann […] Ich glaube, daß die Kirche noch ein Kind ist. Christus, von dem sie lebt, ist unermeßlich viel größer, als sie sich ihn vorstellt; und deshalb werden noch in Tausenden von Jahren, wenn das wahre Antlitz Christi ein wenig mehr enthüllt sein wird, die Christen noch immer ohne Zögern das Credo sprechen."[2]

Teilhard selbst hat in der Entwicklung seines eigenen Gottesbildes vier Phasen unterschieden: vom „Herzen Jesu" (in seiner Kindheit und bis ca. 1916) über den „universalen Christus" (bis ca. 1924) und das „göttliche Milieu" (bis ca. 1942) bis zum „werdenden Gott" (bis zu seinem Tode 1955).[3]

„Der Gott meiner Mutter": Das Herz Jesu

Als Kind auf dem elterlichen Landsitz Sarcenat bei Clermont-Ferrand in der vulkanischen Auvergne, als Schüler im Jesuitenkolleg Mongré bei Lyon, als Jesuitennovize in Aix-en-Provence, als Philosophiestudent auf der englischen Kanalinsel Jersey, als Physiklehrer am Jesuitenkolleg in Kairo, als Student der Theologie in Hastings in England bis zu seiner „Erleuchtung" als Bahrenträger an der Front des Ersten Weltkrieges 1916: die erste Phase seines Gottesbildes verdankt Teilhard weitgehend dem Einfluß seiner Mutter. Rückblickend notiert Teilhard am 17. Oktober 1919 in sein Tagebuch: „Ohne daß ich es recht analysiert habe, hat sich für mich im Herzen Jesu die Verbindung des Göttlichen und des Kosmischen – des Geistes und der Materie – verwirklicht. Darin liegt der machtvolle Zauber, der mich von Anfang an erobert hat … Die ganze spätere Entwicklung meines inneren Erlebens ist lediglich die *Evolution dieses Keims* gewesen."[4]

In dieser kosmischen Interpretation des Herzens Jesu durch Teilhard fand die traditionelle Herz-Jesu-Frömmigkeit ihren zeitgemäßen und für die Zukunft gültigen Ausdruck. 1675 aufgrund von Privatoffenbarungen an Marguerite-Marie Alacoque in Paray-Le-Monial nordwestlich von Clermont-Ferrand in der weiteren Heimat Teilhards entstanden, appellierte die Herz-Jesu-Verehrung zunächst an die Gläubigen, vor allem das Sühneleiden des menschgewordenen Gottessohnes zu betrachten und dadurch an der Rettung der Welt teilzunehmen. Doch schon in der altehrwürdigen und weit verbreiteten Herz-Jesu-Litanei, die Teilhards Vater in der abendlichen Andacht vor der Hausgemeinschaft im Juni, dem Herz-Jesu-Monat, auf Geheiß der Mutter vorzubeten pflegte, klangen bereits die alles, Gegenwart und Zukunft, umfassenden Dimensionen des Herzens Jesu, in dem sich Schöpfung und Schöpfer zu einer unlösbaren Einheit verbinden, an: „Herz Jesu, mit dem Worte Gottes wesenhaft vereinigt", „Herz Jesu, das alle Schätze der Weisheit und Wissenschaft in sich schließt", „Herz Jesu, du Sehnsucht der ewigen Hügel". Statt im Herzen Jesu nur einen wenn auch zentralen „Teil" des Gottmenschen zu verehren und nur einen wenn auch zentralen Teilaspekt der Heilsgeschichte, den Kreuzestod Christi, zu betrachten, war das Herz Jesu für Teilhard der Inbegriff der alles durchdringenden göttlichen Energie geworden, „hatte das Göttliche durch das und unter dem Symbol des ‚Sacré Cœur' für mich die Form, die Konsistenz und die Eigenschaften einer *Energie*, eines *Feuers* angenommen: d. h. ist fähig geworden, alles zu durchdringen, sich in was auch immer zu verwandeln [...], in das kosmische Milieu einzudringen, um es zu amorisieren", mit Liebe aufzuladen, heißt es 1950 in „Herz der Materie".[5]

Das „Gefühl der Vereinigung mit Gott": Der universale Christus

Mitten im zermürbenden Stellungskrieg mit seinen mörderischen Materialschlachten an der deutsch-französischen Front 1914–1918, im Angesicht des Todes, hatte Teilhard 1916 die erste der „großen Eingebungen", die er selbst den „entscheidenden Durchbruch" nennt. In ihnen kam seine „panchristische Mystik" „vollends zur Reife". Die zweite „Eingebung" erfolgte 1923–1927 in den Wüsten Zentralasiens. Dorthin war Teilhard nach dem Abschluß seines naturwissenschaftlichen Doktorats in Paris und dem Beginn seiner Lehrtätigkeit in Naturphilosophie am Institut Catholique zuerst 1923 sicherheitshalber, dann 1926 als Strafe für angeblich häretische Ansichten über die Erbsünde zu naturwissenschaftlichen Expeditionen geschickt worden.

In der ersten typisch Teilhardschen Schrift mit dem Titel „Das kosmische Leben", die er am Osterdonnerstag, dem 24. April 1916, in Fort-Mardik abschloß und als sein „geistiges Testament" bezeichnete – konnte doch jeder Tag der letzte sein – heißt es abschließend: „Aus dem kosmischen Leben heraus leben heißt, mit dem beherrschenden Bewußtsein leben, daß man ein Atom im mystischen und kosmischen Leib Christi ist."[6] Der vom Tod bedrohte Teilhard überläßt sich „mit Vorliebe diesem aktiven Gefühl der Vereinigung mit Gott durch das Universum", wie er rückblickend 1950 formuliert.[7] Was auch geschieht, der „kosmische Christus"[8] wird ihm in diesen Jahren zu einer so lebendigen Wirklichkeit, daß nichts ihn erschüttern kann: weder Krieg noch das Unverständnis der Theologen und kirchlichen Oberen.

Nicht zufällig fällt in diese Periode sein Hymnus an „Das Ewig-Weibliche" (November 1917). Verbindet ihn doch eine gegenseitige Zuneigung mit seiner Cousine Marguerite Teillard (sic) de Chambon, der Direktorin einer Mädchenschule in Paris. In dieser Beziehung erlebt Teilhard das „Ewig-Weibliche" als einen „Bereich der gemeinsamen Anziehung", der „zwischen Gott und die Erde gesetzt" ist und in dem sich „voller Leidenschaft" „die Begegnung ereignet, in der sich das Wachstum und die Fülle Christi durch die Jahrhunderte hindurch vollenden".[9]

Wie sehr es der universale Christus ist, in den man sich nicht in mystischer Ruhe versenken kann, wird Teilhard erst eigentlich in der folgenden Entwicklungsphase seines Gottesbildes deutlich. 1916 konnte er noch am Ende von „Das kosmische Leben" schreiben: „Wer so [im kosmischen Christus] lebt, für den zählen eine Menge Sorgen nicht, mit denen die andern sich aufreiben; er lebt fern davon, und sein Herz ist immer im Weiten ..."[10] Diese Überzeugung – sie war auch damals schon nicht die Teilhard beherrschende – sollte bald im Schatten einer anderen stehen: Diese erkennt in Christus das attraktive Zentrum einer universalen Bewegung.

Christus als „Zentrum der Konvergenz": Das göttliche Milieu

Zwischen 1930 und 1942 lebt Teilhard, als Experte für die Geologie und Paläontologie Zentralasiens immer berühmter geworden, im Milieu der internationalen Forschungseliten: Ausgrabungen in Asien; Exkursionen nach Kalifornien, Indien, Java und Birma; Kongresse und Vorträge in Washington, Paris, Philadelphia und Toulouse. „Wir müssen", schreibt Teilhard an die Freundin Ida Treat am 31. Dezember 1934, „in einem gewissen Maße einen beständigen Hafen suchen. Doch wenn das Leben uns unaufhörlich losreißt, ohne uns irgendwo Wurzeln schlagen zu lassen, ist das vielleicht ein Ruf und ein Segen: die Welt wird nur von jenen begriffen und gerettet werden, die keinen Platz haben, wohin sie ihr Haupt legen können. Persönlich bitte ich Gott, mich am Rande einer Straße sterben zu lassen."[11] So umgetrieben in einer Welt, die angesichts des drohenden und dann tatsächlich ausbrechenden Zweiten Weltkriegs – Teilhard ist verzweifelt – aus allen Fugen zu geraten scheint, erscheint Christus Teilhard nicht mehr nur als der universale kosmische Leib, der aus unzähligen Wunden blutet. Einen religiösen Sinn kann Teilhard dem Weltgeschehen nur noch dann abgewinnen, wenn Christus das „universelle Zentrum der Konvergenz und der Anziehung" ist, der „Punkt Omega", der alles an sich ziehen und in sich vereinigen will durch – die Liebe. „Seit jeher hat diese seltsame Kraft durch ihre Allgegenwart, ihre Gluten und durch das unzählbare Spektrum ihrer Formen die Meister des menschlichen Denkens in ihren Bann gezogen und fasziniert." Nach Teilhard hat die Kosmogenese, die zugleich eine Christogenese ist, notwendig eine konstruktive und eine destruktive Seite: Die Kosmogenese „zentriert" uns auf Christus-Omega und „exzentriert" uns aus der anfänglichen Vielheit des geschöpflichen Daseins. Doch „bis in ihre unerbittlichsten und dunkelsten Zwänge hinein" nimmt die Kosmogenese „die Gestalt von unzählbaren Kontakten mit einem höchsten Pol der Anziehung und der Erfüllung an", mit Christus-Omega.[12] Er ist der vollendete Schöpfungsleib des Schöpfers, die kosmische Entsprechung zum auferstandenen gottmenschlichen Leib Jesu Christi.

„Ein Gott vor uns": Der werdende Gott

Schon seit dem „Durchbruch" Teilhards zur „panchristischen Mystik" während des Ersten Weltkrieges klingt in seinen Schriften nicht nur die Christozentrik der dritten Phase an, sondern auch schon der Gedanke vom Werden Gottes, von der Theogenese, dem Gottesbild der letzten Lebensphase Teilhards (ca. 1943–1955). So heißt es im „kosmischen Leben" von 1916: „Dein Leib, Jesus, ist nicht nur das Zentrum aller Ruhe am Ziel, er ist auch das Band aller nützlichen Anstrengungen. In dir, an der Seite dessen, *der ist,* kann ich leidenschaftlich den lieben, *der wird.*"[13] Das sind zwar nur Anklänge, thematisch wird die dynamische Christozentrik erst später, und so auch der „werdende Gott".

Ein solches Gottesbild setzt bei Teilhard wie bei allen traditionell erzogenen Christen den Abbau vieler Hemmungen voraus. Ist die Unveränderlichkeit Gottes nicht eine seiner zentralen Eigenschaften, die ihn von allem Geschaffenen unterscheidet und die der Grund seiner unerschütterlichen Bundestreue ist im Gegensatz zur wankelmütigen Schöpfung? Verstößt man nicht gegen das Dogma und die Frömmigkeit zugleich, wenn man vom werdenden, leidenden, nicht mehr allmächtigen Gott zu sprechen wagt?[14] Als sich der Zweite Weltkrieg seinem Ende zuneigte und Teilhard, schon über sechzig Jahre alt, an die Rückkehr von China nach Europa dachte, spürte er den Drang und die Verpflichtung, sich über die Entwicklung seines Gottesbildes und über die Konsequenzen für sein christliches Glaubensbekenntnis Rechenschaft abzulegen, nämlich darüber, wie es im „Herz der Materie" von 1950 heißt, „daß unausweichlich in dem Maße, als Gott die Welt von den Tiefen der Materie bis zu den Höhen des Geistes ‚umformte', die Welt im Gegenzug Gott ‚einformen' mußte. Gerade durch das einigende Wirken, das ihn uns enthüllt, ‚verwandelt sich' Gott auf irgendeine Weise, indem er uns sich einverleibt. – Also Ihn nicht einfach nur sehen und sich von ihm umfangen und durchdringen lassen, – sondern ebenso (wenn nicht in erster Linie) Ihn immer noch weiter entdecken (oder sogar in einem gewissen Sinne Ihn ‚vollenden')."[15]

Was vor fünfzig Jahren häretisch und blasphemisch klang, hat, auch herausgefordert durch Teilhard, heute durch die Reflexion der Theologen und die mystischen Erfahrungen vieler Gläubiger in allen Religionen, auch von Christen, an christlicher Wahrscheinlichkeit gewonnen. So hat Bischof Karl Lehmann, der Vorsitzende der Deutschen Bischofskonferenz, eine Arbeit angeregt und begleitet, die unter dem Titel „Unveränderlichkeit und Menschwerdung Gottes" 1989 zu dem Ergebnis kommt, viele Theologen seien sich über ein zu revidierendes Verständnis des traditionellen und aus der Philosophie stammenden Begriffs „Unveränderlichkeit Gottes" einig. „Daß Gott mit der Welt in eine bewegte Geschichte eintritt und dabei dennoch der ‚Unveränderliche' bleibt, kann zwar mit aller gebotenen Vorsicht bedacht werden, es muß aber in einer letzten Hinsicht ein Teil des Mysteriums bleiben, das Gott selber ist."[16] Teilhard hätte dem zugestimmt.

1946 kehrt Teilhard nach Paris zurück; 1947 erleidet er einen Herzinfarkt; 1948 unternimmt er seine sechste Reise in die USA, kehrt mit Depressionen zurück, sucht in der Ordenskurie in Rom vergeblich um Druckerlaubnis für seine theologischen Schriften nach; 1949 hält er Vorlesungen an der Pariser Sorbonne, und im Herbst läßt er illegal 200 Exemplare von „Le Phénomène Humain" („Der Mensch im Kosmos") herstellen; 1950 wird er nichtresidierendes Mitglied des berühmten „Institut de France" und in der Enzyklika Pius XII. „Humani generis" indirekt angegriffen; 1951 vermacht er seiner Sekretärin Jeanne Mortier seinen schriftstellerischen Nachlaß, wodurch seine theologischen Schriften nach seinem Tode schließlich veröffentlicht werden können, siedelt ins „zweite Exil" nach New York über, von wo er noch zwei paläontologische Reisen nach Südafrika unternimmt; 1954 verabschiedet er sich von seiner auvergnischen Heimat und stirbt am 10. April 1955, einem Ostersonntag, in New York an einer Herzattacke, vermutlich im Geist jenes Gebetes „zum immer größeren Christus", das er fünf Jahre vorher ans Ende von „Das Herz der Materie" gesetzt hat:

„Herr, da ich nie aufgehört habe, mit meinem ganzen Instinkt und durch alle Chancen meines Lebens Dich zu suchen und Dich im Herzen der universellen Materie zu sehen, werde ich die Freude haben, geblendet durch eine universelle Transparenz und ein universelles Aufstrahlen, die Augen zu schließen […] Herr der Konsistenz und der Einigung, Du, dessen Erkennungszeichen und Wesen darin bestehen, ohne Deformation und Bruch endlos wachsen zu können, nach dem Maß der geheimnisvollen Materie, deren Herz Du einnimmst und deren Bewegungen Du letztlich alle kontrollierst, – Herr meiner Kindheit und Herr meines Endes, – Gott, für sich vollendet und dennoch für uns im Geborenwerden niemals zu Ende, – Gott, der du, um Dich unserer Anbetung als ‚Evolutor und evolutiv' darstellen zu können, von nun an der einzige bist, der uns genügen kann, – vertreibe endlich alle Wolken, die Dich noch verbergen, – ebenso die der feindlichen Vorurteile wie die des falschen Glaubens."[17]

Kardinal Ratzinger und die Gottesbilder

Auch für Ratzinger ist 1968 die Verschiedenheit der Gottesbilder eine Selbstverständlichkeit: „Das römische (und damit überhaupt das abendländische) Credo ist mehr heilsgeschichtlich christologisch bestimmt. Es verweilt sozusagen im Innern der Positivität der christlichen Geschichte; es nimmt einfach die Tatsache hin, daß Gott zu unserem Heil Mensch geworden ist, und versucht nicht, hinter diese Geschichte auf ihre Gründe und auf ihren Zusammenhang mit dem Ganzen des Seins selbst zurückzufragen. Der Osten dagegen hat den christlichen Glauben immer in einer kosmischmetaphysischen Perspektive zu verstehen versucht, die ihren Niederschlag in den Glaubensbekenntnissen vor allem darin findet, daß Christologie und Schöpfungsglaube miteinander in Beziehung gesetzt werden und so das Einmalige jener Geschichte und das Immerwährende, Umfassende der Schöpfung in engen Zusammenhang treten. Wir werden später darauf zurückkommen, wie diese erweiterte Sicht heute, vor allem infolge der Anstöße aus dem Werk von Teilhard de Chardin, endlich auch im abendländischen Bewußtsein wieder anfängt, stärker zur Geltung zu kommen."[18]

2. Die Messe über die Welt

> Im Grunde wird seit eh und je in der Schöpfung
> nur eines: der Leib Christi.
>
> *Pantheismus und Christentum, 1923*[1]

Die Weltfrömmigkeit Pierre Teilhard de Chardins ist in vierfacher
Hinsicht repräsentativ für das 20. Jahrhundert und darüber hinaus:
Es ist Weltfrömmigkeit 1. eines intuitiven, mystisch begabten gläubigen Christen, 2. eines kritischen, auf dem Gebiet der Geologie
und Paläontologie ausgewiesenen Naturwissenschaftlers, 3. eines
spekulativen, die Tendenzen seiner Zeit aufnehmenden und kritisch
synthetisierenden Philosophen und 4. eines der Bibel und der
kirchlichen Tradition verpflichteten, die Glaubenslehre jedoch in
die Zukunft projizierenden Theologen. Da Weltfrömmigkeit für
Teilhard das zentrale Thema seines Lebens gewesen ist, dürfen wir
erwarten, daß er sie in jeder dieser Hinsichten verantwortlich und
widerspruchsfrei zu leben und zu bezeugen versucht hat: als
Mystiker, als Naturwissenschaftler, als Philosoph und als Theologe.

Wie sehr er sich selbst als für diese Aufgabe in bevorzugter, ein-
maliger Weise prädestiniert verstanden hat, zeigt der Schluß des
Essays „Le Christique" (Das Christische), den er kurz vor seinem
Tode im März 1955 in New York niederschrieb. In ihm hat er die
Summe seines weltfrommen Lebens gezogen, das bereits vierzig
Jahre vorher, während des Ersten Weltkrieges an der Front, zu sich
selbst erwacht war: „Überall auf der Erde gab es in diesem Moment
im Schoß der neuen geistigen Atmosphäre, die durch das Auf-
kommen der Idee der Evolution entstanden war, im Zustand äu-
ßerster gegenseitiger Empfindlichkeit die Liebe zu Gott und den
Glauben an die Welt: die beiden wesentlichen Komponenten des
Ultra-Humanen. Diese beiden Komponenten liegen überall in der
Luft: aber im allgemeinen sind *alle beide zugleich* nicht stark genug,
um sich *in ein und demselben Subjekt* miteinander zu verbinden. In

mir war durch reine Gelegenheit (Temperament, Erziehung, Milieu) das Verhältnis des einen zum anderen günstig, und so entstand spontan die Fusion – noch zu schwach, um sich explosionsartig auszubreiten –, aber jedenfalls genügend stark, eine Reaktion zu ermöglichen, so daß sich eines guten Tages die Kette schließen würde. Ein neuer Beweis dafür, daß es für die Wahrheit genügt, ein einziges Mal in einem einzigen Geist zu erscheinen, um durch nichts nie mehr daran gehindert werden zu können, alles zu erobern und alles zu entflammen."[2]

Die Weltfrömmigkeit des Mystikers

Es sind vor allem drei Texte – neben den zahlreichen Zeugnissen in den Tagebüchern und Briefen –, die Teilhard als Mystiker ausweisen: „Christus in der Materie" vom Oktober 1916, geschrieben am Vorabend eines Einsatzes bei Verdun; dann „Der Priester", verfaßt ebenfalls an der Front im Gebiet zwischen Compiègne und Soissons, abgeschlossen am 8. Juli 1918; und schließlich „Die geistige Potenz der Materie" vom August 1919 aus den Ferien auf der Kanalinsel Jersey. Alle drei Texte sind Niederschlag einer besonders intensiven Erfahrung, wie sie selbst und die begleitenden Briefe und Tagebuchnotizen bezeugen.

Der erste Text „Christus in der Materie" berichtet von drei Quasi-Visionen (Altartisch – Monstranz – Custodia), in denen Christus umgeben erscheint von allem, was es in der Wirklichkeit Erlesenes gibt, und unbegrenzt erreichbar und tätig in jedem Geschöpf: so erläutert Teilhard sein Vorhaben gegenüber seiner Cousine Marguerite.[3] Er faßt die Visionen in eine Rahmenerzählung, in der eine Frau von ihrem vor Verdun gefallenen Freund berichtet. „Mein Freund ist tot", hebt die Erzählung an, „er, der das ganze Leben wie aus einer heiligen Quelle getrunken hat. Sein Herz hat ihn im Innern verbrannt. Sein Leib ist in der Erde verschwunden, vor Verdun. – Ich möchte jetzt einige seiner Worte wiederholen, mit denen er mich eines Abends in die großartige Vision eingeführt hat, die sein Leben erleuchtete und befriedete: ,Du willst wissen', sagte er mir, ,wie das mächtige und vielgestaltige Universum für mich die Gestalt Christi angenommen hat? Das ergab sich Schritt für Schritt; und solche so neuartigen Intuitionen lassen sich sprachlich kaum analysieren. Ich kann dir jedoch von einigen Erfahrungen berichten, durch die daraufhin der Tag in meiner Seele aufgegangen ist, als habe sich ruckweise ein Vorhang gehoben‘…"[4]

Der zweite Text „Der Priester" – Teilhard wurde am 24. August 1911 in Hastings in England zum Priester geweiht, nimmt jedoch am Ersten Weltkrieg nicht als Militärseelsorger, sondern als einfacher Bahrenträger teil – beginnt: „Herr, da ich heute, ich dein Priester, weder Brot noch Wein, noch Altar habe, will ich meine Hände über das All des Universums breiten und seine Unermeßlichkeit zur Materie meines Opfers nehmen." Und nun folgen die bekenntnishaften Beteuerungen: „Du hast mir die Gabe verliehen, mein Gott, unter dieser Zusammenhanglosigkeit der Oberfläche die lebendige und tiefe Einheit zu fühlen, welche deine Gnade erbarmungsvoll über unser verzweifeltes Vielerlei geworfen hat […] Du hast mir die wesentliche Berufung der Welt enthüllt, sich zu einem Teil, der aus all ihrem Sein ausgewählt ist, in die Fülle deines fleischgewordenen Wortes zu vollenden […] Ich knie nieder, Herr, vor dem Universum, das insgeheim unter dem Einfluß der Hostie zu deinem anbetungswürdigen Leib und deinem göttlichen Blut wurde. Ich werfe mich in seiner Gegenwart nieder oder vielmehr, besser, *ich sammle mich in ihm* […] Ich gehe auf in dem Bewußtsein deiner universal ausgegossenen Fülle […] Durch deine Vermittlung kann ich ans Innerste jeden Wesens rühren – und hineingeleiten, was ich wünsche –, wenn ich dich recht bitte und du es gewährst […] Wenn ich mir je eingebildet habe, ich sei es, der das konsekrierte Brot nähme und sich damit nährte – in welch einem Licht gewahre ich jetzt, daß ganz im Gegenteil es mich ergreift und mich an sich zieht! Die kleine reglose Hostie ist in meinen Augen so weit wie die Welt geworden, so verzehrend wie eine Feuersglut. Sie beherrscht mich von überallher. Sie will sich um mich schließen […] Ich wüßte nicht, Herr, wie mich solch großer Gewalt entziehen, und ich liefere mich ihr beseligt aus […] Ich, Herr, möchte, für meinen sehr bescheidenen Teil, der Apostel sein und (wenn ich so sagen darf) der Evangelist *deines Christus im Universum*. – Ich möchte durch meine Betrachtungen, durch mein Wort, durch die Praxis meines ganzen Lebens die Kontinuitätsbeziehungen aufdecken und predigen, die aus dem Kosmos, darin wir uns bewegen, ein durch die Inkarnation vergöttlichtes Medium machen, das durch die Kommunion vergöttlichend wirkt und durch unsere Mitwirkung selbst zu vergöttlichen ist."[5]

Über den dritten Text „Die Potenz der Materie" schreibt Teilhard am 17. September 1919 an seine Cousine Marguerite: Valensin, sein Jesuitenfreund, „möchte, daß das erscheine. Wenn es je durch die Zensur gehe, so wünschte ich, daß es ohne Namen erscheine: die Sache ist nicht als ein persönlicher Einfall, sondern eher als das Offenbarwerden einer Wahrheit geschrieben worden. Einen Namen darunter zu setzen, hieße nach meiner Meinung, sie vollständig herabsetzen. – ‚Stimme eines Rufenden in der Wüste‘, wenn ich so sagen darf."[6] Der Text selbst schildert in hinreißenden Bildern die sich offenbarende, Teilhard gleichsam verbrennende, aus der oberflächlichen Menschheit aussondernde und ins Herz der Welt hineinnehmende Materie: „Der Mensch, begleitet von seinem Gefährten, wanderte in der Wüste, als sich die Sache über ihn entlud […] wie ein Blitz […] Der Mensch drückte sein Gesicht gegen die Erde […] Ein großes Schweigen breitete sich um ihn aus […] Und dann drang ein glühender Hauch […] bis in seine Seele […]" In der den Text abschließenden Hymne lobpreist Teilhard die rauhe, gefährliche, mächtige, universelle, undurchdringliche, sterbliche Materie, zugleich „Hand Gottes, Fleisch Christi […] Pontifex der Wissenschaft und Prediger der Tugend". „Ich grüße dich, göttliches Milieu, geladen mit der schöpferischen Mächtigkeit, Ozean, vom Geist bewegt, Ton, geformt und beseelt vom inkarnierten Wort […] Heb mich hinweg nach oben, Materie, durch die Anstrengung, die Trennung und den Tod, – hebe mich dorthin, wo es endlich möglich sein wird, das Universum keusch zu umarmen!"[7] Teilhard ist mit diesem Text gelungen, was er sich am 27. April 1919 als Plan in sein Tagebuch geschrieben hatte: „Ich will unter Außerachtlassung jeglicher Konvention, jeglicher christlichen Formel, jeglichen systematischen Rahmens sagen, was ich fühle, was meiner Evidenz ebenso unausweichlich ist wie das Gefühl meiner Existenz – was ich nicht als eine Schwäche oder als eine Bedrückung fühle, sondern als ein Licht und eine Stärke … – Ich will die Wahrheit befreien, die in mir ist, die stärker als alles ist, was man mich gelehrt hat und was man mich sagen läßt. Ich will (wider alle sekundären Evidenzen und die konventionellen Formeln) sagen, was, ob ich es will oder nicht, die Seele und die Sprungkraft meines Lebens ist: ‚Ich glaube an die geistige Potenz der Materie …‘ – ‚Ich habe es notwendig, mich in sie hineinzutauchen.‘ – ‚Ich glaube an sie mehr als an alles, was die Menschen sagen und tun.‘ “[8]

Die Bedeutung dieser drei Texte für Teilhards spirituelle Entwicklung zu einem Mystiker der Weltfrömmigkeit hat er selbst dadurch unterstrichen, daß er den ersten („Christus in der Materie“) in Auszügen und den dritten Text („Die geistige Potenz der Materie“) ungekürzt seiner autobiographischen Skizze „Das Herz der Materie“ vom Jahre 1950 beigefügt hat mit den Worten: „Beide Texte sind besonders repräsentativ für meinen Geisteszustand in dem Augenblick (Kriegsperiode), als meine innere Schau (vision) endgültig zu sich selbst erwachte […] Beide bringen besser, als ich es heute tun könnte, den berauschenden Eindruck zum Ausdruck, den ich in dieser Periode im Kontakt mit der Materie erlebte.“[9] Den zweiten Text „Der Priester“ nimmt Teilhard 1923 während einer Expedition in den Ordos Chinas wieder auf, und es entsteht „Die Messe über die Welt“. Das gleiche Thema, nur ins Allgemeinere transponiert, behandelt dann Teilhards „Entwurf des inneren Lebens“ (Untertitel) unter dem Haupttitel „Der Göttliche Bereich“ (Le Milieu Divin), geschrieben in Tientsin 1926/27. Schließlich gipfeln diese Texte in Teilhards Essay „Le Christique“, den er im März 1955 geschrieben hat, zwei Monate vor seinem Tode. In der Einleitung dazu heißt es: „Es ist schon lange her, seit ich in *La Messe sur le Monde* und in *Le Milieu Divin* versucht habe, meine Bewunderung und mein Erstaunen über diese Perspektiven festzuhalten, die in mir eben erst Gestalt angenommen hatten. Heute, nach vierzig Jahren ununterbrochenen Nachdenkens spüre ich das Bedürfnis – noch ein letztesmal –, die genau gleiche grundlegende Schau darzulegen und sie in reifer Form mitzuteilen. Ich tue es mit weniger Farbenfrische und mit weniger Überschwang im Ausdruck als im Augenblick, als ich dieser Schau zum erstenmal begegnete. Doch immer noch mit demselben Entzücken – mit derselben Leidenschaft.“[10]

Da nach alldem kein Zweifel mehr daran besteht, daß Teilhard seine Weltfrömmigkeit einer mystischen Intuition verdankt, die ihm vor allem in den Jahren 1916 bis 1919 geschenkt wurde und sein weiteres Leben entscheidend geprägt hat, wollen wir noch kurz andeuten, was das für die Beurteilung seiner Weltfrömmigkeit bedeutet. Die folgenden Punkte lassen sich unschwer aus den oben zitierten Texten erheben:

1. Teilhard erfährt das Ineins von Gott und Welt, woraus seine Weltfrömmigkeit erwächst, als ein Geschenk aus Natur und Gnade, als eine Art Offenbarung, deren Gewalt er sich nicht entziehen kann.

2. Es handelt sich zunächst nicht um eine angestrengte Erkenntnisleistung oder einen außerordentlichen Willensakt, sondern um eine diesen vorausliegende ursprüngliche Erfahrung, eine Schau, ein Gefühl, die so elementar sind, daß sie von Teilhard nicht bezweifelt werden können. Es handelt sich um eine existentielle Erfahrung, in ihrer Wahrheit und Wirklichkeit für Teilhard so evident wie die eigene Existenz und deshalb auch imstande, das ganze weitere Leben entscheidend zu prägen.

3. Diese alles umfassende existentielle Erfahrung entzieht sich einer adäquaten Darstellung und Mitteilung. Sie übersteigt vor allem das diskursive Begriffs- und Sprachvermögen des Menschen und kann noch am ehesten durch dichterische Darstellungsweisen vermittelt werden.

4. Trotzdem ist diese mystische Erfahrung mit dem unwiderstehlichen Auftrag verbunden, für ihre Wahrheit prophetisch Zeugnis abzulegen und durch priesterliches Engagement an der Ausbreitung dieser Weltfrömmigkeit mitzuwirken.

5. Diese mystische Weltfrömmigkeit entspricht nicht dem konventionellen Christentum, führt zu Spannungen mit der offiziellen Theologie und dem Lehramt, isoliert Teilhard und zwingt ihm eine prophetische Existenz in der „Wüste" – im mehrfachen Sinn des Wortes – auf.

6. Teilhards Weltfrömmigkeit hat für ihn selbst gehalten, was sie ihm von Anfang an versprochen hatte: „Der Seher wird seinen Weg gehen, in der Gewißheit, daß viele seine Sprache verstehen werden und daß sie auf ihn warten – schmerzlich und aufgerieben, weil geheime Sehnsüchte in ihnen aufschreien und weil sie für sie keinen Ausdruck finden. *Das befreiende Wort,* da ist es: dem Menschen ist es nicht genug, nach Überwindung seines Egoismus *sozial zu leben.*

Ihn verlangt es, aus einem ganzheitlichen Herzen, vereint mit dem ihn tragenden Weltganzen – *kosmisch zu leben.*"[11]

Die Weltfrömmigkeit des Naturwissenschaftlers

In die mystische Erfahrung Teilhards, die seine Weltfrömmigkeit begründete, ist auch sein naturwissenschaftliches Wissen eingeflossen, seine Kenntnisse, die er sich als Geologe und Paläontologe angeeignet hatte und die ihn zum „Evolutionisten" gemacht hatten – eine naheliegende, aber für einen Katholiken und Theologen damals unerhörte Entwicklung. Als Teilhard seine entscheidenden Erfahrungen machte, während des Ersten Weltkrieges, hatte er bereits einige Semester naturwissenschaftlichen Studiums am Naturhistorischen Museum in Paris hinter sich, wo er im Oktober 1912 begonnen hatte. Doch schon während seiner philosophischen und theologischen Studien hatte er sich mit Physik und Biologie befaßt, und 1905 bis 1909 hatte er als Physiklehrer am Jesuitenkolleg in Kairo gewirkt.

Als reflektierender Naturwissenschaftler war Teilhard schon 1916 von folgenden Arbeitshypothesen überzeugt: 1. Die Welt bildet trotz ihrer augenscheinlichen Vielfalt eine Einheit, die Einheit der „Materie", die, da sie Leben und Geist aus sich herausentwickelt hat, als mit Lebens- und Geistpotenz begabt gedacht werden muß. 2. Die Welt ist keine statische, fixierte Größe, sondern in dauernder Entwicklung begriffen, ist eine evolutive Welt. 3. Diese Evolution scheint gerichtet zu sein, und zwar tendiert sie dahin, sich immer mehr zu reflektieren, zu vergeistigen, und sich immer mehr zusammenzuschließen, zu lieben. 4. Die Energie, die das Universum zu dieser Entwicklung bedarf, scheint sich nicht zu erschöpfen bzw. zu neutralisieren nach dem Entropiegesetz, gültig für ein geschlossenes System, sondern einer Energiequelle zu entstammen, die das Universum zu einem offenen System macht mit unendlicher Zukunftserwartung. „Offene Welt? – oder geschlossene Welt? Eine schließlich in ein Mehr-Leben einmündende Welt? – oder eine am Ende mit ihrem ganzen Gewicht zurückfallenden Welt? ... Doch sollte diese Antinomie nicht zufällig für unseren Geist ein Hinweis sein, daß er seine Schau der Dinge vollständig umzukehren habe? – Hartnäckig betrachten wir weiterhin im Universum das Physische als das ‚wahrhaft' konstituierende Phänomen und das Psychische als eine Art von Epi-Phänomen. Doch sollte es nicht, wie (wenn ich recht begreife) derart kalt objektive Köpfe wie Louis de Broglie und Leon Brillouin vermuten, richtig sein, wenn wir wahrhaft das Wirkliche einsmachen wollen, die Werte von einem Ende zum anderen umzukehren – das heißt, die ganze Thermodynamik als einen unbeständigen und augenblickshaften Nebeneffekt der Sammlung dessen in sich zu betrachten, was wir ‚Bewußtsein' oder ‚Geist' nennen? Eine innere Energie der Einswerdung (die wahre Energie), die sich nach und nach durch Organisation von dem oberflächlichen System der das Physiko- Chemische konstituierenden Aktionen und Reaktionen ablöst. Mit anderen Worten, nicht nur eine einzige Art von Energie in der Welt: sondern zwei verschiedene Energien (die eine axial wachsend und irreversibel – die andere peripher oder tangentiell, konstant und reversibel); diese beiden Energien sind dabei in der 'Anordnung' aneinander gebunden, können sich jedoch unmittelbar untereinander weder verbinden noch ineinander transformieren, weil sie auf verschiedenen Ebenen wirken ...“[12]

In der „axialen Energie" entdeckte der Naturwissenschaftler Teilhard die geheimnisvolle Anwesenheit jenes Gottes in der „Materie", den er als weltfrommer Mystiker anbetete. Man beginnt zu glauben, „das charakteristische Ereignis unserer Zeit, weit davon entfernt (wie man noch sagen hört), der Niedergang Gottes *in unserem Geist und in unseren Herzen* zu sein, kündige sich im Gegenteil an als eine unerhörte Wiedergeburt Gottes *im Universum in Gestalt von Energie-Liebe,* mit Hilfe und im Schoße einer Materie, die für uns der Sitz und der Ausdruck *eines konvergenten Evolutiven* geworden ist."[13]

Die Weltfrömmigkeit des Philosophen

Weil Teilhard selbst ein Philosoph war – die meisten seiner weltanschaulichen Schriften sind die eines Naturphilosophen oder Religionsphilosophen –, nahm er die philosophische Suche nach einer vernünftigen Weltfrömmigkeit ernst, auch wenn sie, wie man so sagt, meistens im Pantheismus endet. 1923, noch im Bannkreis der Geburtsstunde seiner mystischen Weltfrömmigkeit, setzt sich Teilhard deshalb in einem Vortrag, den er in Paris hält, mit dem Thema „Pantheismus und Christentum" auseinander.

„Ich möchte hier Pantheismus und Christentum einander näherbringen, indem ich herausarbeite, was man die christliche Seele des Pantheismus oder die pantheistische Seite des Christentums nennen könnte. Nach meiner persönlichen Überzeugung verhält es sich nämlich mit dem Pantheismus ähnlich wie mit vielen anderen ‚Ismen' (Evolutionismus, Sozialismus, Feminismus, Internationalismus, Modernismus …). Diese Begriffe werden mißbräuchlich so eingeschränkt, daß sie bestimmte ungeschickte und unannehmbare spezielle Ausbildungsformen von Tendenzen bezeichnen, die insgesamt legitim sind und eines Tages absolut eine Formulierung finden müssen, die von aller Welt als wahr anerkannt werden wird. – Pantheismus ist zum Synonym von Spinozismus, Hegelianismus, Theosophie, Monismus … geworden. Mir scheint, diese Identifizierung ist falsch, ungerecht und gefährlich. Hinter den eben aufgezählten pantheistischen Ausprägungen heterodoxer Gestalt verbirgt sich eine psychologische Wirklichkeit, ein geistiges Bedürfnis, die menschlich viel dauerhafter und umfassender sind als irgendein System des hinduistischen, griechischen oder deutschen Denkens."[14]

Teilhard arbeitet die folgenden Elemente heraus, die philosophisch eine Weltfrömmigkeit stützen können:

1. „Das Bemühen um das *Ganze* hat seine Wurzel in der geheimsten Tiefe unseres Seins."[15] Holismus ist das moderne Wort dafür. Es ist das Bedürfnis unserer Intelligenz, die Vielfalt auf die Einheit zurückzuführen. Einsichtig ist nur eine einsgewordene Welt, in der die Vielheit in der Einheit aufgehoben ist. Es ist auch das Bedürfnis unserer eigenen geteilten, bruchstückhaften Existenz, mit Leidenschaft uns zu vereinen. „Würde der Mann die Frau anbeten, wenn er nicht glaubte, in ihren Augen den Widerschein des Universums zu sehen?"[16] Es gibt bereits hin und wieder Spuren eines „kosmischen Bewußtseins", gleichsam Anzeichen dessen, wozu der Mensch bestimmt ist und wovon er träumt.

2. Das Zeugnis der Dichter und Künstler. „Ich glaube, man darf sagen, es gibt keine tiefe Poesie, keine wahre Lyrik, keine Größe in

Literatur, Kunst oder Musik außerhalb der Beschwörung, der Vorahnung des Ganzen oder der Sehnsucht nach ihm."[17]

3. Was die Dichter stellvertretend für die Menschheit besungen haben, wurde von den Philosophen aller Zeiten und Kulturen auf je eigene Weise reflektiert und zu systematisieren versucht.

4. Dabei geht es immer um eine religiöse Dimension. „Hinter der profansten Erfahrung der Liebe (sofern sie tief ist), hinter der mit kühlsten Überlegungen begründeten Theorie des Universums (sofern sie versucht, das ganze Wirkliche zu umgreifen) scheint immer eine göttliche Erregung durch, und es geht durch sie ein Hauch der Anbetung. Wie könnte es anders sein? Das Ganze mit seinen (zumindest relativen) Attributen Universalität, Einheit, Unfehlbarkeit vermöchte sich uns nicht zu zeigen, ohne daß wir darin Gott oder den Schatten Gottes erkennten. – Und kann Gott seinerseits sich uns anders bekunden als durch das Ganze hindurch, indem er die Gestalt oder zumindest die Umkleidung des Ganzen annimmt?"[18]

5. Die Philosophie der Neuzeit hat bei der Frage nach den Bedingungen unserer Erkenntnis darauf hingewiesen, daß wechselseitiges Begreifen einen Seinsgrund verlangt, „der nur in der Existenz eines regelnden und einsmachenden Prinzips der individuellen Wahrnehmung zu suchen ist … Darüber hinaus muß noch eingeräumt werden, daß alle als ein Ganzes begriffenen Bewußtheiten von einer Art höherem Bewußtsein beherrscht, beeinflußt und gelenkt werden, das die verschiedenen, von jeder Monade isoliert verwirklichten Besitztümer des Universums beseelt, kontrolliert, synthetisiert […] Es gibt ein Zentrum aller Zentren, ein Zentrum, ohne das das ganze Gebäude des Denkens zu Staub zerfallen würde."[19]

6. Die Naturphilosophie hat in Reflexion auf die Ergebnisse der Naturwissenschaften „eine *unendliche Ausdehnung* und einen *unendlichen Zusammenhang* des Universums im *Raum* und in der *Zeit*" entdeckt.[20]

Teilhard kommt als Philosoph zu der Überzeugung „Die Leidenschaft für das Ganze ist weder willkürlich noch künstlich […] sie stellt den aktivsten Teil (vielleicht sogar die Totalität) jener natürlichen Mystik dar, zu der die christliche Mystik nur die Sublimierung und Krönung zu sein vermag."[21]

Bleibt noch die für einen gläubigen Christen und Katholiken, zumal wenn er ausgebildeter Theologe, Priester und Ordensmann ist, entscheidende Frage: Läßt sich die Weltfrömmigkeit des Mystikers, Naturwissenschaftlers und Philosophen mit den Grundwahrheiten des Glaubens, der Bibel, der Tradition und des kirchlichen Lehramtes in Übereinstimmung bringen? Oder handelt es sich etwa nur um schwärmerische Naturmystik, um religiös verbrämten materialistischen Monismus und unchristlichen spekulativen Pantheismus? Teilhard hat sein Leben lang darum gekämpft, seine Weltfrömmigkeit als genuin christlich anerkannt zu sehen, was erst auf dem Zweiten Vatikanischen Konzil geschehen ist.

Der zweite Teil des schon erwähnten Aufsatzes „Pantheismus und Christentum" ist ein Beispiel für Teilhards Bemühen, seine Weltfrömmigkeit christlich zu begründen. Das gelingt jedoch nur „unter einer Bedingung: daß wir das Geheimnis der Inkarnation mit allem notwendigen Realismus begreifen."[22] Dabei geht Teilhard methodisch den Weg, den er auch als Naturphilosoph eingeschlagen hat: das Ganze vom Ende her zu interpretieren. So wie er den aus Materie hervorgehenden Kosmos vom Menschen her versteht – als auf Geist und Personalisation und auf Gemeinschaft in Liebe hin angelegt –, so interpretiert er die Inkarnation von ihrem Zielpunkt her: „Die Inkarnation endet im Aufbau einer lebendigen Kirche, eines mystischen Leibes, einer erfüllten Totalität, eines Pleroma (laut der unübersetzbaren Ausdrucksweise des heiligen Paulus), dies ist ein Faktum, ein Dogma, in dem alle Gläubigen sich einig sind."[23]

Verschiedener Meinung sind die Christen jedoch im näheren Verständnis des mystischen Leibes Christi. Die einen neigen dazu, „den Terminus ‚Mystik' (in: mystischer Leib, mystische Vereinigung) mit einem Minimum an organischem oder physischem Sinn zu verwenden. – Sei es unter dem Einfluß der Evangeliensprache, in der das Reich Gottes gerne in Ausdrücken aus dem Familien- oder Sozialleben angekündigt wird – sei es, weil es beim Aufbau einer Theologie viel einfacher und ungefährlicher ist, mit juridischen Beziehungen und moralischen Bindungen umzugehen (deren Inhalt und Grenzen man beliebig definieren kann), als physische

Beziehungen und organische Zusammenhänge zu benutzen (die sich unseren intellektuellen Systemen weithin entziehen), auf jeden Fall lehnt es die offizielle Kirche im allgemeinen ab, den konkreten, realistischen Charakter der Ausdrücke zu betonen, mit denen die Schrift den Einswerdungszustand des vollendeten Universums beschreibt."[24]

Teilhard beruft sich dagegen auf die Bibel, z. B. auf Kol 1,17 („In ihm hat alles Bestand"), wenn er folgert: „Das inkarnierte Wort vermöchte nicht übernatürliches (hyper-physisches) Zentrum des Universums zu sein, wenn es nicht zunächst letzterem als physisches, natürliches Zentrum dienen würde. Christus kann die Schöpfung nur in Gott sublimieren, indem er sie fortschreitend, unter seinem Einfluß, durch alle aufeinanderfolgenden Kreise der Materie und des Geistes erhebt. Deshalb mußte er, um alles zu seinem Vater zurückzubringen, sich mit allem verbinden — mit jeder Zone des Geschaffenen in Kontakt treten, von der niedrigsten, der irdischsten, bis zu der dem Himmel nächsten."[25] Teilhard zitiert in dem Zusammenhang Eph 4,9-10: „Wenn er aber hinaufstieg, was bedeutet dies anderes, als daß er auch zur Erde hinabstieg? Derselbe, der herabstieg, ist auch hinaufgestiegen bis zum höchsten Himmel, um das All zu beherrschen." Daß sich der mystische Leib Christi, die Erlösungswirklichkeit Gottes auch auf die physische und biologische Natur bezieht, sieht Teilhard in Röm 8,19-23 angedeutet: „Die ganze Schöpfung wartet sehnsüchtig auf das Offenbarwerden der Söhne Gottes. Die Schöpfung ist der Vergänglichkeit unterworfen, nicht aus eigenem Willen, sondern durch den, der sie unterworfen hat; aber zugleich gab er ihr Hoffnung. Auch die Schöpfung soll von der Sklaverei und Verlorenheit befreit werden zur Freiheit und Herrlichkeit der Kinder Gottes. Denn wir wissen, daß die gesamte Schöpfung bis zum heutigen Tag seufzt und in Geburtswehen liegt." Begeistert notiert Teilhard zu dieser Stelle: „Welcher evolutistische Pantheismus hat jemals vom All leuchtender gesprochen als der heilige Paulus zu den ersten Christen!"[26]

Die Weltfrömmigkeit des Christen, wie Teilhard sie versteht, gründet demnach nicht nur darin, daß auch die untermenschliche Welt auf irgendeine Weise respektiert werden muß, weil sie nun einmal sozusagen das Substrat ist, auf dem sich die Menschenwelt, die zum Reich Gottes werden soll, erhebt. Teilhard ist vielmehr fest davon überzeugt, daß das gesamte Universum bereits jetzt von den Anziehungskräften Christi erfüllt ist, der nicht nur das Herz der Menschheit, sondern das der Materie, des ganzen Kosmos ist. Mit der Welt Kontakt haben, heißt immer auch, mit Christus in Beziehung treten. Der Geist Gottes erfüllt nicht nur die Herzen der Gläubigen, sondern den ganzen Erdkreis, nicht nur unseren Geist, sondern auch unseren Leib, deshalb gibt es eine Auferstehung des Leibes und – der ganzen Welt. „Wir können, ganz ohne Zweifel, als Christen (mehr noch, wir müssen) die mystische Vereinigung der Erwählten in Christus so begreifen, daß sie die warme Geschmeidigkeit der sozialen Beziehungen mit der Dringlichkeit und der Irreversibilität der physischen und biologischen Gesetze und Anziehungskräfte des derzeitigen Universums verbinden"[27]

Doch die Gefahren einer solchen Auffassung sind Teilhard nicht fremd. „Man darf nicht (wie die verurteilten Aussagen einiger Mystiker haben annehmen lassen, Eckhart ...) versuchen, aus dem vollendeten Christus ein derart einziges Sein zu machen, daß seine Subsistenz, seine Person, sein ‚Ich' an die Stelle der Subsistenz, der Personalität aller in seinem mystischen Leib vereinten Elemente treten würde. Diese Konzeption einer auf das ganze Universum ausgedehnten hypostatischen Union (eine Konzeption, die, das sei nebenbei bemerkt, ganz einfach der Pantheismus Spinozas ist) steht, ohne in sich widersprüchlich oder lächerlich zu sein, im Gegensatz zu allen christlichen Perspektiven von individueller Freiheit und persönlichem Heil."[28] Dieses Zitat zeigt, wie umsichtig und in Kenntnis der Geschichte der philosophischen Irrwege und theologischen Häresien Teilhard seine Konzeption entwickelt, übrigens sein Leben lang. Fast alle seine theologischen Texte[29] kreisen um dieses Thema.

Die Lösung der Schwierigkeit, das In-Christus-Sein und zugleich das Selbst-Sein der Schöpfung richtig zu verstehen, sieht Teilhard in dem eigentümlichen Gesetz der Liebe. Sie läßt die Liebenden nicht unterschiedslos ineinander aufgehen, sondern die Partner kommen dadurch, daß sie „ein Leib und eine Seele" werden, erst eigentlich zu sich selber, jeder zu seiner leiblichen und geistigen vollen Entfaltung. „Stellen wir uns einen so mächtigen, so vollkommen einsmachenden Einfluß vor, daß er die Differenzierung der von ihm assimilierten Elemente um so mehr akzentuierte, als diese Assimilation weiter voranschreiten würde (eine Eigenschaft, die für die wahrhafte Einswerdung durchaus charakteristisch zu sein scheint): auf diesem Wege gelangen wir zu einem Begriff des mystischen Leibes Christi, der durchaus zugleich die legitimen ‚pantheistischen‘ Bedürfnisse unseres Geistes und unseres Herzens voll zu befriedigen und allein sowohl dem Dogma als auch der christlichen Mystik die Räume zu liefern scheint, in denen sie sich frei entwickeln können.“[30]

Die Praxis der Weltfrömmigkeit Teilhards

Teilhard war kein Theoretiker, der seinen Ehrgeiz in den Entwurf einer akademischen Frömmigkeitslehre gesetzt hätte, und kein Wissenschaftler, dem der Elfenbeinturm ungestörten Studiums ein Ideal gewesen wäre. Teilhard fühlte sich als Prophet, der Gottes Offenbarung neu zu interpretieren hatte, als Priester, der vor allem den Naturwissenschaftlern, überhaupt dem modernen Menschen, der von Leidenschaft für die Welt erfüllt ist, helfen wollte, ihren Weltdienst als Gottesdienst, ihre Liebe zum Universum als Liebe zu Gott aufzufassen und zu leben. Teilhards Weltfrömmigkeit steht im Dienst an der Rettung dieser Welt für Gott. Am schönsten und ergreifendsten hat er seine Botschaft in „Der Göttliche Bereich“ („Le Milieu Divin“) formuliert: „In diesem kleinen Buch wird man nur die ewige Lehre der Kirche finden, von einem Manne wiederholt, der leidenschaftlich mit seiner Zeit zu fühlen glaubt. Es möchte lehren, Gott überall zu sehen: in dem, was das Geheimste, Beständigste, Endgültigste unserer Welt ist. Was diese Seiten enthalten und vorschlagen, ist also nur eine praktische Haltung – oder, genauer vielleicht, eine Erziehung der Augen. Wir wollen nicht diskutieren, nicht wahr? Stellt euch vielmehr hierher, wo ich stehe, und schaut! Dieser bevorzugte Punkt ist nicht ein schwieriger, nur einigen Auserwählten vorbehaltener Gipfel, sondern ein fester, durch zweitausend Jahre christlicher Erfahrung errichteter Standort. Von da aus werdet ihr auf ganz einfache Weise sehen, wie sich die Konjunktion der beiden Gestirne vollzieht, deren entgegengesetzte Anziehungskräfte euren Glauben verwirrten. Ohne Vermischung und ohne Verwechslung wird Gott, der wahre christliche

Gott, vor euren Augen vom Universum Besitz ergreifen: vom Universum, von unserem heutigen Universum, von jenem Universum, das euch mit seiner gefährlichen Größe oder seiner heidnischen Schönheit erschreckte. Er wird es durchdringen, wie ein Strahl einen Kristall durchdringt; Er wird sich euch durch die ungeheuren Schichten des Geschaffenen hindurch überall faßbar und wirkend zeigen – ganz nahe und sehr fern zugleich. Wenn ihr imstande seid, euer geistiges Auge anzupassen und diese Herrlichkeit zu schauen, werdet ihr, ich verspreche es euch, die grundlose Furcht der aufsteigenden Erde gegenüber vergessen und nur noch ausrufen: ‚Noch größer, Herr, immer größer sei Dein Universum, damit ich es immer lebendiger und umfassender berühre und Dich so festhalte und von Dir gehalten werde.‘"[31]

Fassen wir kurz zusammen, welche Konsequenzen Teilhards Weltfrömmigkeit für die alltägliche Lebenspraxis hat:

1. Nach Teilhard ist jede Tätigkeit des Menschen dazu bestimmt, das Universum weiter zu entwickeln und dadurch den mystischen Leib Christi weiter der Vollendung entgegenzuführen. Weltdienst ist Gottesdienst, wenn er wirklich Dienst an der Welt ist und nicht deren Ausbeutung.

2. „Im Handeln schließe ich mich der Schöpferkraft Gottes an; ich falle mit ihr zusammen; ich werde nicht bloß ihr Instrument, sondern ihre lebendige Verlängerung."[32] Das aber bedeutet Vereinigung mit Gott im Handeln.

3. Die Leidenschaft, die Gott zur Schaffung der Welt getrieben hat, muß auch den Christen erfüllen in seiner Hinwendung zur Welt. Er wird sich in seiner Weltverantwortung durch niemand übertreffen lassen.

4. Die Welt nach dem Willen Gottes schöpferisch weiter entwickeln, erfordert mit Notwendigkeit die Loslösung des Menschen aus all den Abhängigkeiten, die die Gestaltwerdung Christi behindern: z.B. aus Egoismus, Gruppeninteressen, Rassismus, Totalitarismus, Fanatismus, Pessimismus und Trägheit.

5. Da der einzelne Mensch eingebettet in das Ganze des Universums lebt und wirkt, wird er den unentwegten Einfluß der Welt auf sich bewußt als Gottes Einwirken erleiden.

6. Dabei wird er nicht nur bei den Leiden, die ihn wachsen lassen, sondern auch bei dem undurchschaubaren Erleiden des Übels

und des Bösen daran festhalten, daß auch dieses ihn mit Gott verbindet. Das gilt erst recht für den Tod.

7. Im Blick auf Christus am Kreuz erkennt der Christ das Gesetz, unter dem diese Welt steht und das ihre Vollendung garantiert: Loslösung aus Liebe zum Ganzen. „Christus am Kreuz ist zugleich Sinnbild und Wirklichkeit der unermeßlichen, jahrhundertelangen Arbeit, die nach und nach den geschaffenen Geist hinaufhebt und ihn in die Tiefen des Göttlichen Bereiches zurückträgt. Christus vertritt (in einem wahren Sinne) die Schöpfung, die, von Gott gestützt, den Hang des Seins hinansteigt. Bald klammert sie sich an den Dingen fest, um an ihnen eine Stütze zu gewinnen, bald reißt sie sich von ihnen los, um über sie hinauszusteigen. Immer aber gleicht sie durch ihre körperliche Mühsal den Rückschritt aus, den das moralische Versagen nach sich zieht.“ [33]

8. In dem Maße, in dem die Menschen diesem Gesetz leben, beschleunigen sie die Vollendung der Welt, die verheißene Wiederkunft Christi. „Wir müssen die Flamme entfachen, mag es kosten, was es will. Um jeden Preis müssen wir in uns selbst die Sehnsucht und die Hoffnung auf die große Ankunft erneuern. Doch wo sollen wir die Quelle dieser Verjüngung suchen? Vor allem, das ist ganz deutlich, in der wachsenden Anziehung, die Christus unmittelbar auf seine Glieder ausübt. – Aber wo noch? *In einem wachsenden Interesse* an der Vorbereitung und Vollendung der Parusie. Und woraus soll dieses Interesse entspringen? Aus der Erkenntnis, daß zwischen dem Sieg Christi und dem Erfolg des Werkes, das die menschliche Anstrengung hienieden aufzubauen sucht, *ein innigerer Zusammenhang besteht.*“ [34]

Es dürfte deutlich geworden sein, daß Teilhards Weltfrömmigkeit in der Tat von prophetischer Größe und Einfachheit zugleich ist, das Ergebnis eines beispiellosen Lebens, wahrlich geeignet, ein „Tor in die Zukunft“ [35] aufzustoßen.

„Weltfrömmigkeit“ ist für Teilhard das „Natürlichste“ von der Welt, weil diese Gottes weltgewordener Schoß ist, Mutterschoß aller Menschen, wie der Apostel Paulus den Griechen in Athen gesagt hat: „Sie sollten Gott suchen, ob sie ihn ertasten und finden könnten; denn keinem von uns ist er fern. Denn in ihm leben wir, bewegen wir uns und sind wir, wie auch einige von euren Dichtern gesagt haben: Wir sind von seiner Art.“ (Apg 17,27-29)

3. Der Gott der Evolution

Wenn wir die Geschichte der natürlichen Theologie von ihren Anfängen bei den Vorsokratikern bis in die unmittelbare Gegenwart überblicken, gibt es nur einen Naturwissenschaftler, Philosophen und Theologen in einer Person, der ein glühender Verfechter einer Gotteserkenntnis aus dem in Evolution begriffenen Universum gewesen ist: der Jesuit Pierre Teilhard de Chardin, geboren 1881 in Sarcenat bei Clermont-Ferrand, gestorben 1955 in New York.

Auf den Spuren des Gottes der Evolution

Sein Leben lang – schon während der Kindheit in der vulkanischen Auvergne, als er sich hin- und hergerissen fühlte zwischen dem göttlichen und doch so schwachen Jesuskind und den soliden Steinen und Metallstücken, die er sammelte und verehrte, dann in den philosophischen, theologischen und naturwissenschaftlichen Studien in England, Ägypten und Paris, in denen sich mühsam eine Synthese anbahnte; vor allem in den Schützengräben des Ersten Weltkrieges, als ihm blitzartig der innige Zusammenhang zwischen dem Gott seines christlichen Glaubens und der Evolution aufging; ferner auf den geologischen und paläontologischen Expeditionen in Asien, in denen sich seine Intuition vertiefte, festigte und immer wieder ihren schriftlichen Ausdruck suchte; schließlich in den aufsehenerregenden Vorträgen der Pariser Nachkriegsjahre bis 1951 und auf den von tiefer Gewißheit erfüllten letzten Forschungsreisen nach Afrika: immer war Teilhard auf der Spur des „Gottes der Evolution".

Schon die Überschriften und Kernsätze einiger seiner Arbeiten zeigen die Kontinuität, mit der Teilhard in jeder Phase seines

Lebens dieses Thema verfolgt hat – im Grunde handeln alle seine philosophisch-theologischen Schriften davon. „Das kosmische Leben" (1916) hat bereits als Motto: „Es gibt […] eine Vereinigung mit Gott durch die Erde."[1] „Auf der ganzen Oberfläche und im Dickicht des Kosmos ist es wirklich das göttliche Handeln, das uns wie den Lehm des ersten Tages knetet", heißt es in „Der Mystische Bereich" (1917).[2] In „Der Priester" (1918) betet Teilhard: „Ich knie nieder, Herr, vor dem Universum, das insgeheim unter dem Einfluß der Hostie zu deinem anbetungswürdigen Leib und deinem göttlichen Blut wurde."[3] Doch „nicht erst seit der verwirklichten Inkarnation, sondern schon zuvor ist (kraft einer geheimnisvollen, aber geoffenbarten Präaktion der Menschheit Jesu) die ganze Weltgeschichte die einer fortschreitenden Information des Universums durch Christus", betont Teilhard in „Forma Christi" (1918).[4]

In „Über den Christus universalis" (1920) versucht Teilhard eine Art Definition: „Unter Christus-Universalis verstehe ich Christus als das organische Zentrum des ganzen Universums: – als *organisches Zentrum,* das heißt als das Zentrum, an dem letzten Endes physisch die ganze, selbst die natürliche Entwicklung hängt; – *des ganzen Universums,* das heißt nicht nur der Erde und der Menschheit, sondern des Sirius, der Andromeda, der Engel, aller Wirklichkeiten, von denen wir nah oder fern physisch abhängen."[5]

Die Konsequenz ist: „Damit durchdringt sein lenkender und informierender Einfluß die ganze Stufenleiter des menschlichen Arbeitens, der materiellen Determinismen und der kosmischen Evolutionen. Diese niederen Bewegungen des Universums nennen wir aus Konvention ‚natürlich'. In Wirklichkeit sind sie kraft der Einsetzung Christi als Haupt des Kosmos bis in ihre greifbarste Wirklichkeit von Finalität, von übernatürlichem Leben durchdrungen. Alles um uns herum ist physisch ‚christifiziert', und es kann … immer mehr christifiziert werden. Dieser ‚Pan-Christismus' hat, das ist leicht einzusehen, nichts falsch Pantheistisches an sich" (in „Mein Universum",1924).[6]

Das bedeutet nichts anderes als ein neues Christusbild, das uns die Evolution geoffenbart hat, wie Teilhard in „Christologie und Evolution" (1933) schreibt: „Wirklich, man könnte sagen, die Evolution hat uns unseren Gott erhalten, wenn unsere Religion durch sie zur Anerkenntnis und gewissermaßen zum Aufblühen des

Christus Universalis gezwungen wird. Und umgekehrt und noch wahrer müßte man hinzufügen, der Christus Universalis sei genau zur rechten Zeit aufgetreten, um die Idee der Evolution vor sich selbst zu schützen."[7] 1942 schreibt Teilhard „nicht für die ‚Öffentlichkeit‘, sondern nur für die ‚Berufstheologen‘" über den „Christus Evolutor oder eine logische Weiterführung des Begriffs der Erlösung" und fordert eine neue Theologie des Kreuzes gemäß dem Motto: „Ein Kreuz, das zugleich Zeichen des Wachstums und des Loskaufs ist, ist in Zukunft das einzige, mit dem die Welt sich bekreuzigen könnte."[8]

Noch einmal als „Anregungen für eine neue Theologie" versteht Teilhard seinen Aufsatz „Christentum und Evolution" (1945), in dem er ausdrücklich von der Evolution als Stütze der Offenbarung spricht: „Nicht nur spekulativ, sondern in der Erfahrung nimmt unsere moderne Kosmogonie die Gestalt einer Kosmogenese an (oder, genauer, einer Psycho- oder Noogenese), an deren Ende sich ein höchster Brennpunkt personalisierender Personalität abzeichnet. Wer sieht nicht, welche Stütze, welche Verstärkung, welche Kraft der Erweckung die Entdeckung dieses physischen Poles der universellen Synthese den Anschauungen der Offenbarung bringt? – *Identifizieren* wir doch einmal (zumindest seiner ‚natürlichen‘, Seite nach) den kosmischen Christus des Glaubens mit dem Punkt Omega der Wissenschaft."[9]

Über das Verhältnis des historischen Christus zum kosmischen heißt es im gleichen Aufsatz „Christentum und Evolution" von 1945: „Dieser allgemeinen Ausweitung des Christus-Redemptor zu einem wahrhaften ‚Christus-Evolutor‘ (der mit den Sünden das ganze Gewicht einer Welt auf dem Wege des Fortschritts trägt); dieser Erhebung des historischen Christus zu einer universellen physischen Funktion; dieser letzten Identifizierung der Kosmogenese mit einer Christogenese hat man entgegenhalten können, sie liefen Gefahr, die menschliche Wirklichkeit Jesu im Übermenschlichen verschwinden, im Kosmischen zerstäuben zu lassen. – Nichts scheint mir weniger begründet als dieses Bedenken. – Je mehr man nämlich über die Grundgesetze der Evolution nachdenkt, um so mehr gewinnt man die Überzeugung, daß der Christus-Universalis am Ende der Zeiten nur auf dem Gipfel der Welt zu erscheinen vermag, wenn er sich vorher unterwegs in sie, und zwar *durch Geburt,* in Gestalt eines *Elements* hineinbegeben hat. Wenn wirklich im Christus-Omega das in Bewegung befindliche Universum seinen Halt hat, so gewinnt umgekehrt Christus-Omega aus seinem konkreten Keim dem Mann aus Nazareth (theoretisch und historisch) für unsere Erfahrung all seine Konsistenz."[10]

Zwei Jahre vor seinem Tode, 1953, faßt Teilhard noch einmal in „Der Gott der Evolution" kurz das Phänomen zusammen, „dessen Evidenz mich seit bald fünfzig Jahren bedrängt: ich meine den unwiderstehlichen (und dennoch immer noch verkannten) Aufstieg dessen über unserem Horizont, was man einen Gott (den Gott) der Evolution nennen könnte".[11] Doch das Thema läßt ihn auch in den folgenden zwei Jahren nicht los. „Das Christliche"[12] heißt der Aufsatz, den er im März 1955, einen Monat vor seinem Tode, abschließt, und worunter er „die ‚implosive'[13] Begegnung des Christlichen mit dem Evolutiven"[14] versteht. In der letzten uns bekannten Tagebucheintragung vom Gründonnerstag 1955, dem 7. April – Teilhard stirbt Ostersonntag, am 10. April –, heißt es: „Die zwei Artikel meines Credo: Das Universum ist zentriert (evolutiverweise, im Oben, im Vorn). Christus ist davon das Zentrum → Noogenese = Christogenese (das christliche Phänomen)."[15] Nach dem Tode Teilhards findet man auf seinem Schreibtisch ein Herz-Jesu-Bild, auf dessen Vorder- und Rückseite Teilhard mit der Hand seine persönliche Herz-Jesu-Litanei aufgeschrieben hat. Sie beginnt auf der Vorderseite: „Der Gott der Evolution. Das Christische, der Trans-Christus. Jesus: Herz der Welt, Wesen der Evolution." Sie endet auf der Rückseite: „Brennpunkt der höchsten und universellen Energie, Zentrum der kosmischen Sphäre der Kosmogenese, Herz Jesu, Herz der Evolution, vereine mich mit Dir."[16]

Die „Grundgesetze der Evolution"

So eindrucksvoll die Überzeugung Teilhards auch sein mag, daß sich Gott in der Evolution offenbart, und so folgenreich diese Offenbarungen auch für das Gottesbild und die Religionen der Zukunft sein mögen, man möchte nun doch genauer wissen, auf Grund welcher „Grundgesetze der Evolution", wie Teilhard in

„Christentum und Evolution" sagt (siehe oben), er zu seinen weit-reichenden Erkenntnissen gekommen ist.

a) Das erste Grundgesetz der Evolution besteht für Teilhard in dem *Gesetz der Zentrierung*. Auf allen Stufen des Universums, vom sogenannten Anorganischen über das Lebendige bis zum Menschen, beobachten wir „eine experimentelle, im phänomenalen Feld überprüfbare und in angemessener Weise auf die Totalität des Raumes und der Zeit extrapolierbare Rekursionsformel"[17] von der Tendenz der evolutiven Welt zur immer stärkeren Vereinigung ihrer Elemente. Das ist für Teilhard „keine abstrakte Metaphysik – sondern eine realistische Ultraphysik der Vereinigung".[18] „Zu Beginn in den äußersten Tiefen das noch verworren Einfache, das gestaltlich undefinierbar und von der Natur des Lichtes ist. Dann plötzlich ein Gewimmel von positiven und negativen Elementarkörperchen: Protonen, Elektronen, Neutronen, Photonen usw.; ihre Liste wird beständig größer. Dann die harmonische Reihe der Elemente, vom Wasserstoff bis zum Uran wie eine Tonleiter sich entfaltend. Und dann die unermeßliche Verschiedenheit der Verbindungen, in denen die molekularen Massen sich allmählich bis zu einem bestimmt kritischen Wert erheben, oberhalb dessen […] der Übergang zum Leben anzusetzen ist. Nicht ein Glied in dieser langen Reihe, das man nicht auf Grund guter, beweiskräftiger Experimente als eine Zusammensetzung von Atomkernen und Elektronen ansehen müßte. Diese grundlegende Entdeckung, daß alle Stoffe sich von der Ordnung eines einzigen Atom-Urtypus herleiten, ist der Blitz, der uns die Geschichte des Universums erleuchtet. Auf ihre Weise gehorcht die Materie von Anfang an dem großen biologischen Gesetz […], dem Gesetz der ‚zunehmenden Verflechtung'."[19]

b) Ausgehend vom Menschen, in dem die Zentrierung des Weltstoffes, soweit wir sehen, ihren bisher höchsten Grad erreicht hat mit dem Effekt, daß der Mensch Selbstbewußtsein besitzt, und wieder, wie schon beim Gesetz der Zentrierung, unter der Voraussetzung, daß eine irgendwo zutage tretende Tendenz für das ganze Universum gültig sein muß, wenn es sich aus einem einzigen Atom-Urtypus herleitet, besteht für Teilhard das zweite Grundgesetz der Evolution im *Gesetz der Verinnerlichung*. „Die ganz träge Materie, die völlig rohe Materie, gibt es nicht. Vielmehr enthält jedes Element des Universums in einem zumindest infinitesimalen Grad irgendeinen Kern der Innerlichkeit und der Spontaneität, das heißt des Bewußtseins. In den sehr einfachen und maßlos zahlreichen Korpuskeln (die sich uns nur durch ihre statistischen Effekte kundtun) bleibt diese Eigenschaft für uns so unwahrnehmbar, *als wäre sie nicht vorhanden.* Andererseits wächst ihre Bedeutung mit der Komplexität – oder, was auf dasselbe hinausläuft, mit dem Grad der ,Zentrierung' der Korpuskel auf sich selbst. Vor einer atomaren Komplexität in der Größenordnung der Millionen (Virus) an beginnt sie für unsere Erfahrung zu emergieren. Weiter oben wird sie durch aufeinanderfolgende Stoßwellen (durch eine Reihe psychischer ,Quanten') evident. Im Menschen schließlich erreicht sie infolge des kritischen Punktes der ,Reflexion' die denkende Form und wird von da an dominierend. – Ebenso wie die großen Zahlen im Winzigen den Determinismus der physikalischen Gesetze erklären; und ebenso wie die Raumkrümmung im Unermeßlichen die Gravitationskräfte erklärt – so läßt in dem dritten Unendlichen die Komplexität (und die ,Zentriertheit', die sie zur Folge hat) die Phänomene der Freiheit hervortreten."[20]

c) Um ein Mißverständnis des Gesetzes der Zentrierung im Sinne einer Vereinheitlichung und Nivellierung oder gar einer Verschmelzung und Auflösung der Elemente auszuschalten, hat Teilhard ausdrücklich auf ein drittes Gesetz der Evolution hingewiesen, auf das *Gesetz der Differenzierung,* das jedoch je nach dem Grad der Zentriertheit unterschiedlich stark zur Geltung kommt. *„Die Vereinigung differenziert.* Damit will ich sagen, daß die Zentren der Ordnung *n* auf Grund der Tatsache ihrer Gruppierung unter dem Einfluß seines Zentrums höherer Ordnung *n* + 1 nicht dahin tendieren, sich zu verwischen oder zu verschmelzen, sondern im Gegenteil in sich selbst gestärkt werden: wie die Räderwerke eines Mechanismus, die untereinander nur zusammenpassen können unter der Bedingung, daß sie strikt determinierte, vielfältige Formen annehmen. So die vielfältigen Zellen, aus denen sich ein Metazoon zusammensetzt. So die Nervenfasern eines Gehirns. So die verschiedenen Glieder eines Insektenstaates ... Die Organisation setzt nicht nur die Komplexität voraus, auf der ihre Einheit aufblüht, vielmehr bringt sie sie hervor. Das ist ein Faktum universeller Erfahrung."[21]

d) Daraus folgt, wenn man wieder vom Menschen ausgeht, in dem der Weltstoff am deutlichsten zeigt, was in ihm ist, das *Gesetz der Personalisierung.* Über das Gesetz der Differenzierung und Verinnerlichung hinaus weist das der Personalisierung darauf hin, bis zu welchem Grade die Evolution den Weltstoff differenziert: bis zum Personalen, wobei Teilhard das Individuelle vom Personalen unterscheidet: „Ein Zentrum wird dadurch ‚individuell‘, daß es von den anderen, es umgebenden Zentren unterschieden ist. Es wird ‚personal‘ dadurch, daß es zutiefst es selbst ist.“[22] Dabei scheint das Personale, wie es sich im Menschen mit Deutlichkeit zeigt, auch noch nicht die Vollendung, sondern erst eine von weiteren Entwicklungsstufen des Personalen zu sein. „Im Laufe der Zeit [...] *steigt das Personale – sowohl der Quantität als auch der Qualität nach* betrachtet – *unaufhörlich im Universum empor.* Wenn wir also den Kreis der Noosphäre sich (wirtschaftlich, politisch, sozial ...) unbarmherzig über uns schließen fühlen, haben wir nicht zu befürchten, den Schatz unserer kleinen Personalität in einem blinden Kollektivismus untergehen zu lassen. Wir zittern davor, in diesem Strom ertränkt oder in diesen Mechanismus hineingenommen zu werden, in die Unbewußtheit zurückfallen. Doch das hat seinen Grund darin, daß wir gleich den Fragmenten von Zentren, die sich in den vorlebendigen Bereichen der Materie suchen, nicht begriffen haben, daß wir auf unserem Evolutionsniveau erst nur Skizzen, Bruchstücke von Personen sind, die sich rufen. Wir stellen uns vielleicht vor, daß die Personalität eine spezifische Eigenschaft des isolierten Elements, des Bewußtseinskorns, ist. Die Zentrogenese hat uns eben im Gegenteil gelehrt, daß allein das All [...] letzten Endes und in der Fülle personal ist.“[23]

e) Die weitere Entwicklung des Personalen nun unterliegt dem *Gesetz der Amorisierung,* der Vereinigung durch personale Liebe. „In den Zonen des Vorlebendigen und des Unreflektierten existiert die Liebe im strengen Sinne des Wortes noch nicht, da die Zentren sich entweder noch nicht in sich selbst verknüpft haben oder aber noch unvollkommen zentriert sind. Doch ist es nicht schon Liebe, die sich unter der wechselseitigen Affinität abzeichnet und wächst, die die Partikeln untereinander zusammenhängen und im Laufe ihres konvergenten Marsches nach vorn vereint bleiben läßt? – Zumindest kann man jedenfalls sagen, daß sich durch den kritischen Schritt der Reflexion hindurch diese dunkle Intersympathie der ersten Atome oder der ersten Lebewesen, indem sie sich hominisiert, in Liebe transformiert. Im Falle des Sexuellen, der Familie, der Rasse ist der Übergang evident. Für ein aufmerksames Auge jedoch erstreckt sich das Phänomen sehr viel weiter. Seit zweitausend Jahren hat man viel von einer Liebe zum Menschengeschlecht gesprochen […] Doch ist es nicht letztlich eine solche Liebe, die theoretisch und faktisch bereits an unserem Horizont aufsteigt und hervortritt? Beginnen nicht die Menschen von dem Augenblick an, da sie, zu dem expliziten Bewußtsein der sie mitreißenden Evolution erwacht, anfangen, alle zusammen nach vorn auf ein und dasselbe Etwas zu schauen, auf Grund eben dieser Tatsache sich zu lieben?"[24]

f) In einer Menschheit, die sich ihrer Personalität bewußt geworden ist und das Gesetz der Liebe als das Entwicklungs- und Überlebensgesetz der Evolution erkannt hat, wachsen der Sinn und das Verlangen für das Irreversible, für die zunehmende Einzigartigkeit, Unersetzlichkeit und Unzerstörbarkeit der Elemente des Universums je nach Höhe der Entwicklungsstufe.[25] Teilhard verallgemeinert diese Erfahrung zum *Gesetz der Irreversibilität,* der Unumkehrbarkeit der Entwicklung des Universums. „Die Irreversibilität der Lebensströmung ist bis zu einem gewissen Grad durch ihren Erfolg selbst bewiesen: weshalb würde sie zurückfallen, da sie in ihrer Gesamtheit seit ihren Ursprüngen nur gewachsen ist? Man kann hinzufügen (und dieser Beweis ist sehr stark, wenn man ihn zu begreifen versteht), das Leben zeigt sich beim Menschen, wo es reflektiert wird, um seiner Funktionsfähigkeit selbst willen mit dem Anspruch, irreversibel zu sein. Gelangten wir nämlich zu der Erkenntnis, das belebte Universum gehe einem totalen Tod entgegen, würde die Freude am Tun ‚ipso facto' in der Tiefe unserer selbst getötet; das heißt, das Leben würde sich automatisch zerstören, indem es seiner selbst bewußt würde. Und das scheint absurd."[26]

Wenn wir diese sechs Grundgesetze der Evolution zusammennehmen, das der Zentrierung, der Verinnerlichung, der Differenzierung, der Personalisierung, der Amorisierung und der Irreversibilität, dann erscheint das Universum nach Teilhard in einer gerichteten Entwicklung begriffen, in einer *Orthogenese,* „derzufolge sich der Weltstoff, soweit wir sehen, auf korpuskulare Zustände hin entwickelt, die in ihrer materiellen Anordnung immer komplexer und in ihrer psychischen Struktur immer innerlicher werden".[27]

Wenn es aber eine gerichtete Entwicklung gibt, dann drängt sich die Frage nach dem Zielpunkt dieser Entwicklung auf, nach dem *Punkt Omega,* wie ihn Teilhard genannt hat. Wie ist dieser Punkt Omega zu fassen, damit er den Erfordernissen der Evolution, die nach den sechs genannten Grundgesetzen verläuft, genügt? „Wenn der Pol seelischer Konvergenz, zu dem die Materie bei ihrer Organisation hingravitiert, nichts anderes und nicht mehr wäre als lediglich die unbegrenzte, unpersönliche und jederzeit reversible Zusammenfassung aller denkenden Elemente des Kosmos, soweit diese sich gerade wechselseitig ihrer selbst bewußt geworden sind, dann würde die Einrollung der Welt (gewissermaßen aus Überdruß an sich selbst) allmählich zum Stillstand kommen, und zwar um so gewisser, als die fortschreitende Evolution immer klarer erkennen müßte, in welcher Sackgasse sie einmal enden wird. Wenn ‚Omega' wirklich den Schlußstein im Gewölbe der Noosphäre bilden soll, dann kann es nur als der Punkt verstanden werden, in dem das zum Abschluß seiner Zentrierung gelangte Universum zusammentrifft mit einem *anderen,* noch unergründlicheren *Zentrum* – einem Zentrum, das aus sich selber existiert, einem absolut letzten Prinzip der Irreversibilität und der Personalisation: dem einzig wahren Omega … An diesem Punkt nun taucht, wie mir scheint, für die Wissenschaft von der Evolution das Problem Gott auf, denn nur so vermag diese Evolution auch in einem Rahmen, der vom Menschen her bestimmt ist, ihren Fortgang zu nehmen: Gott als Triebkraft, Sammelpunkt und Garant – das Haupt der Evolution."[28]

Der Punkt Omega der Evolution

Wenn wir noch einmal systematisch mit Teilhard fragen, wieso die Evolution eine Offenbarung Gottes sein kann, genauer, wieso die Evolution uns einen bestimmten Gott offenbaren kann, dann lautet die Antwort: Die Evolution als gerichtete, zentrierte Entwicklung ist ohne die Annahme eines absoluten Zentrums, das diese Entwicklung in Gang gesetzt hat, trägt und auf das die Entwicklung zielt, für ein kritisches Bewußtsein unbegreiflich.

Gäbe es ein solches absolutes Zentrum nicht, dann wäre die Ausrichtung der Entwicklung des Universums auf Personalität und Liebe entweder das Ergebnis einer bewußten, zielstrebigen Aktivität aller Elemente des Universums von den Elementarteilchen an – wofür es nicht die geringsten Anzeichen gibt –, oder das Ergebnis von „Zufall und Notwendigkeit" (Jaques Monod), eines Mechanismus, der zwar vieles in der Evolution des Lebendigen erklärt, aber für die zielgerichtete Entwicklung auf der Stufe des Anorganischen und auch wieder auf der des Geistes zu viele Fragen offen läßt.

Wie ist nun dieses absolute Zentrum, Teilhards „Punkt Omega", beschaffen, wenn es für die Entwicklung dieses Universums „verantwortlich" sein soll?

Dem Grundgesetz der *Zentrierung* entsprechend ist das absolute Zentrum sowohl Ausgangspunkt wie Zielpunkt des auf Vereinigung ausgerichteten Universums. Da seine Triebkraft wie sein Orientierungssinn die den Weltstoff konstituierenden Elemente sind, kann er sie sich nicht selbst gegeben haben, sondern ist er Produkt des absoluten Zentrums. Dieses liegt als Ursprung des Universums (Punkt Alpha) diesem voraus, aber geht zugleich als Zielpunkt der Vereinigung (Punkt Omega) aus diesem erst noch hervor.

Auch die Art und Weise, wie das absolute Zentrum sich dem Weltstoff mitteilt, ist durch das Gesetz der Zentrierung angedeutet: auf die innigste Weise der Vereinigung, die möglich ist mit Rücksicht auf das gleichzeitig gültige Gesetz der Differenzierung. Ohne letzteres zu verletzen, ist das absolute Zentrum im Weltstoff so präsent, daß es das Zentrum aller Zentren der Evolution ist.

Dem Grundgesetz der *Verinnerlichung* und *Personalisierung* entsprechend ist das absolute Zentrum selbst im höchsten Grade verinnerlicht, ist es vollkommenes Bewußtsein seiner selbst und aller „außer" ihm existierenden oder auch nur möglichen Dinge. Es ist uneingeschränkte Spontaneität, Kreativität und Freiheit.

Entsprechend dem Gesetz der *Differenzierung* ist das absolute Zentrum trotz seiner Gegenwart in den Zentren der Evolution mit diesen nicht identisch, sondern existiert in radikaler Differenz zu ihnen. Je größer die Einheit zwischen dem absoluten Zentrum und den einzelnen Zentren, um so größer ist auch ihre Verschiedenheit voneinander, um so größer das jeweilige Selbstsein und die jeweilige Freiheit.

Dem Gesetz der *Amorisierung, der* Vereinigung durch personale Liebe, entsprechend ist das absolute Zentrum die Liebe in Person, die ohne die geringste Notwendigkeit in vollkommener Freiheit alle Möglichkeiten der Liebe verwirklicht. Dazu gehört auch die Schaffung des Universums, die möglichst innige Vereinigung mit ihm bis zur Freisetzung der Geliebten zu deren freier Erwiderung oder Verweigerung der Liebe sowie die „Liebe bis in den (Erlösungs-)Tod".

Entsprechend dem Gesetz der *Irreversibilität* ist das absolute Zentrum schließlich das einzige Absolute, Unbedingte, Unzerstörbare, Urlebendige, Urquell aller Dinge, „Gott" im Vollsinn des Wortes aller Religionen und Philosophien, aller Mystiker und Frommen dieser Welt. „Wenn Omega sich nicht in gewisser Weise den Bedingtheiten von Zeit und Raum entzöge, könnte es weder bereits gegenwärtig sein – noch wäre es fähig (da es selbst ganz der unbarmherzigen Entropie unterworfen wäre), die Hoffnungen auf Irreversibilität zu begründen, ohne die, vom Menschen an, die Zentrogenese aufhören würde zu funktionieren. Mit einer Seite seiner selbst also, die von jener verschieden ist, unter der wir es sich bilden sehen, emergiert es immer schon über eine Welt, aus der es doch, aus einem anderen Gesichtswinkel gesehen, derzeit emergiert. Und gerade in der Vereinigung dieser beiden Hälften (der emergierten und der emergierenden) seiner selbst will sich in dem Typus einer ‚bipolaren' Vereinigung die universelle Einswerdung vollenden. So in seiner Natur und seinen Eigenschaften definiert, strahlt Omega wirklich am Himmel der Zukunft als der Beweger und der vollständige Totalisator der Zentrogenese. Unter seiner Anziehungskraft und nach seinem Bilde formen und vertiefen sich die elementaren kosmischen Zentren in ihrer Gebärmutter, der Komplexität. Und von ihm gesammelt, gelangen eben diese Zentren zur Unsterblichkeit in eben dem Augenblick, da sie, euzentrisch (das heißt personal) geworden, strukturell fähig werden, mit seiner höchsten Konsistenz von Zentrum zu Zentrum in Kontakt zu treten."[29]

Es fällt nun für einen christlichen Theologen wie Teilhard, dem die Versöhnung zwischen Wissenschaft und Glauben das zentrale

Problem seines Lebens war, nicht schwer, in dem so aus den Gesetzen der Evolution abgeleiteten absoluten Zentrum – als der realen Möglichkeitsbedingung für das existierende Universum – die Charakteristika des universalen Christus zu erkennen, wiederzuerkennen, muß man korrekterweise sagen, denn als gläubiger Christ hatte er sie immer vor Augen gehabt. „Dieser Christus-Universalis ist der, den die Evangelien und insbesondere der heilige Paulus und der heilige Johannes uns darstellen. Der, aus dem die großen Mystiker gelebt haben. Nicht immer der, mit dem sich die Theologie am meisten befaßt hat."[30]

Welche Attribute dem Christus-Universalis oder dem kosmischen Christus nach Teilhard näherhin zukommen, ist bereits aus den Kernsätzen deutlich geworden, die wir im 1. Abschnitt unseres Beitrages zitiert haben. Sie weiter zu entfalten, würde den Rahmen dieses Aufsatzes sprengen. Statt dessen wollen wir uns noch kurz der Auseinandersetzung mit Teilhard zuwenden.

Teilhard in der Diskussion

Bei vielen Naturwissenschaftlern hat Teilhards Versuch, im evolutiven Universum den kosmischen Christus auszumachen, Befremden, Unverständnis und Ablehnung hervorgerufen. Zum Beispiel hat der französische Molekularbiologe Jacques Monod von einer „biologischen Philosophie" Teilhards gesprochen, bei der ihn der „Mangel an intellektueller Schärfe und Nüchternheit" abstoße. Über letzteres kann man streiten, nicht aber darüber, daß es sich bei Teilhards Versuch tatsächlich um Philosophie (und Theologie) handelt und nicht um Naturwissenschaft im strengen Sinn. Deshalb sind die Stellungnahmen gegen oder für Teilhard von Naturwissenschaftlern so gut oder so schlecht wie deren philosophischen Fähigkeiten oder theologischen (Des-)Interessen.

Ein auf den ersten Blick gewichtiger naturwissenschaftlicher Einwand gegen Teilhards aufsteigende Evolutionskraft scheint das „Entropie-Gesetz" nach dem zweiten Hauptsatz der Thermodynamik von Clausius aus dem Jahre 1865 zu sein, wonach „die Entropie der Welt einem Maximum zustrebt", d. h. wonach die sich im Ungleichgewicht befindlichen, ein Energiegefälle darstellenden und somit als Wärme in Erscheinung tretenden Energien einen Gleichgewichtszustand anstreben, der den Kältetod zur Folge hat. Tatsächlich gilt dieser naturwissenschaftliche Erfahrungssatz (kein „Gesetz"!) nur für geschlossene Systeme ohne Energiezufuhr von außen. Ob unser Universum diese Bedingung erfüllt, ist, da ein entsprechendes Experiment unmöglich ist, naturwissenschaftlich unbeantwortbar und philosophisch mehr als zweifelhaft eben wegen der auch von Teilhard aufgewiesenen Phänomene. Der zweite Hauptsatz ist nach Carsten Bresch „weder anwendbar auf die Materieverteilung im Universum noch auf die Wirkung von Mustern, die im Hervorbringen neuer Muster besteht".[31] Teilhard selbst hat das Problem wiederholt diskutiert: „Das Leben ist im Gegensatz zum nivellierenden Spiel der Entropie die methodische, unaufhörlich erweiterte Konstruktion eines immer unwahrscheinlicheren Gebäudes. Der Einzeller, der Vielzeller, das gesellige Wesen, der Mensch, die Menschheit, alles wachsende Herausforderungen an die Entropie; alles immer maßlosere Ausnahmen zu dem gewöhnlichen Verhalten der Energetik und des Zufalls."[32]

Mit dieser Auffassung steht Teilhard der des Physicochemikers Ilya Prigogine nahe, worauf der Biologe und Theologe Günter Altner hingewiesen hat: „Wer sich durch die dynamische Sprache Teilhards nicht verstören läßt, für den ist unübersehbar, daß Teilhard bei der Interpretation von Evolution über das Denken in geschlossenen Systemen hinausführen will. Die sich selbst überholende Expansion bei Teilhard findet durchaus ihre prinzipielle Entsprechung im Denkansatz Prigogines und den von ihm benutzten Begriffen wie Irreversibilität, Nichtgleichheit, Instabilität bis hin zu dem eigentümlichen Gedanken, man müsse unter Streichung der Vorstellung unabänderlicher Gesetze vielmehr von der ‚Geburt der Gesetze' im Prozeßgeschehen des Universums ausgehen."[33]

Und wenn der Genetiker Carsten Bresch in seinem Werk „Zwischenstufe Leben. Evolution ohne Ziel?" eine an Teilhard erinnernde Beschreibung der Evolution gegeben hat, ohne zunächst Teilhard zu kennen, und dann seinen „Epilog – jenseits von Wissenschaft" mit den Worten beschließt „Omega ist das Ziel"[34], dann ist für Bresch „Omega" zwar (noch) nicht der kosmische Christus, aber immerhin das Ziel der Evolution, wie es Teilhard als Naturwissenschaftler und Philosoph zu beschreiben versucht hat.

Und die christlichen Theologen? Der katholische Theologe Georg Kraus hat in seinem Werk „Gotteserkenntnis ohne Offenbarung und Glaube? Natürliche Theologie als ökumenisches Problem" mehr als dreißig Jahre nach dem Tode Teilhards diesen mit keinem Wort erwähnt, weder auf den fünfhundert Seiten Text noch in den fünfzig Seiten Literaturverzeichnis. Und wenn in dem ganzen Buch der „Gott der Evolution" überhaupt keine Rolle spielt und die „kosmische Christologie" gerade auf zwei Seiten behandelt wird, wobei bezeichnenderweise Karl Rahners wichtiger Text „Die Christologie innerhalb einer evolutiven Weltanschauung" dort und auch in dem Abschnitt über Karl Rahner unterschlagen wird[35], dann zeigt das deutlich, wie wenig die Durchschnittstheologie aller Konfessionen auch heute noch realisiert hat, daß wir uns „innerhalb einer evolutiven Weltanschauung" befinden und sich die Frage „Evolution als Offenbarung" aufdrängen müßte.

Karl Rahner ist neben Teilhards Freund und Berater Henri de Lubac, der in vielen Arbeiten die theologische Bedeutung Teilhards herausgearbeitet hat, einer der wenigen großen Theologen, die wenigstens andeutungsweise zu erkennen gegeben haben, wieviel sie Teilhard verdanken: „Wir suchen Theoreme zu vermeiden, die von Teilhard de Chardin her geläufig sind. Treffen wir uns mit ihm, ist es gut, und wir brauchen das nicht absichtlich zu vermeiden. Wir selber wollen hier nur das überlegen, was eigentlich jeder Theologe sagen könnte, wenn er seine Theologie unter den von der evolutiven Weltanschauung gestellten Fragen her aktualisiert."[36] Diese distanzierte Redeweise sogar Karl Rahners spiegelt das gebrochene Verhältnis der deutschen katholischen Theologen zu Teilhard: Einerseits wissen sie, daß sie, von der französischen „Neuen Theologie" inspirierte, vor allem Teilhardsche Theologie übernommen haben[37] – dazu gehört auch Joseph Ratzinger –, andererseits wurde diese Theologie von Rom schon sehr früh verurteilt und ist es bis heute geblieben, trotz einer gewissen Anerkennung Teilhards durch das II. Vatikanische Konzil und durch Papst Johannes Paul II. anläßlich des hundertsten Geburtstags Teilhards 1981.

Nehmen wir Karl Rahner beim Wort, dann enthält seine „Christologie innerhalb einer evolutiven Weltanschauung" nur das, „was eigentlich jeder Theologe sagen könnte", zum Beispiel: „Wir dürfen ruhig das, was wir Schöpfung nennen, als ein Teilmoment an jener Weltwerdung Gottes auffassen, in der faktisch, wenn auch frei, Gott sich selbst aussagt in seinem welt- und materiegewordenen Logos. Wir haben durchaus das Recht, Schöpfung und Menschwerdung nicht als zwei disparat nebeneinander liegende Taten Gottes ‚nach außen' zu denken, die zwei getrennten Initiativen Gottes entspringen. Sondern wir dürfen uns Schöpfung und Menschwerdung in der wirklichen Welt als zwei Momente und zwei Phasen *eines* — wenn auch eines innerlich differenzierten — Vorgangs der Selbstentäußerung und Selbstäußerung Gottes denken. Eine solche Auffassung kann sich auf eine uralte Tradition der ‚Christozentrik' in der Geschichte der christlichen Theologie berufen, in der eben das schöpferische Wort Gottes, das die Welt setzt, von vornherein diese Welt setzt als eine Materialität, die seine eigene oder die Umwelt seiner eigenen Materialität werden soll."[38] In diesen Sätzen ist — wenn auch in anderen Worten und implizit — Teilhards Botschaft vom „Gott der Evolution" und vom „kosmischen Christus" als dem „Punkt Omega der Evolution" enthalten. Es ist das Programm einer Theologie des 21. Jahrhunderts, in der sich natürliche Theologie und die Offenbarungstheologien der Welt verbinden werden.[39]

Dieser Ansicht ist auch der evangelische Theologe Jürgen Moltmann. Denn in seiner „Christologie in messianischen Dimensionen" ist ein Hauptkapitel dem „Kosmischen Christus" gewidmet, die Antwort der Christologie auf die ökologische Krise: „Erst das wachsende Bewußtsein für die tödlichen ökologischen Katastrophen in der Welt der Natur erkennt die Grenzen des modernen Paradigmas ‚Geschichte' und läßt nach der Weisheit der antiken kosmischen Christologie und ihrer physischen Erlösungslehre zurückfragen."[40] Moltmann entwickelt nun eigene Ansätze dazu in Auseinandersetzung mit Teilhards „Christus evolutor" und Karl Rahners „Selbsttranszendenz" der Evolution kraft des in ihr wirkenden kosmischen Christus. Moltmann kritisiert an beiden, sie nähmen die Zweideutigkeiten und die Opfer der Evolution nicht ernst genug: „Christus muß zum Erlöser der Evolution werden, wenn er mit ihr zusammengedacht werden soll."[41] Diese Kritik an Teilhard ist die traditionelle, die bei genauerem Studium seines Lebens und Werkes nicht aufrechterhalten werden kann.[42] Sinngemäß findet sich auch bei Teilhard der Satz Moltmanns: „Die ver-

schiedenen Prozesse der Evolution in Natur und Menschheit können nur dann mit Christus dem Schöpfungsvollender in eine positive Beziehung gebracht werden, wenn Christus als das Opfer
unter den Opfern der Evolution erkannt wird."[43] Der Christus
crucifixus und der Christus evolutor schließen sich für Teilhard
nicht aus, sondern sind ein und derselbe: Der Weg der Evolution
ist ein Kreuzweg, sein Ziel das kosmische Ostern.

Kardinal Ratzinger verwendet Teilhards Terminologie

Dem hat auch Kardinal Ratzinger 1968 noch in der Terminologie
Teilhards zugestimmt: „Damit sie [die Liebe] mehr werden kann als
der Tod, muß sie zuerst mehr sein als das bloße Leben [...] In der
Terminologie von Teilhard de Chardin gesprochen: Wo das stattfände, da wäre die entscheidende ‚Komplexität‘ und Komplexion
geschehen; da wäre auch der Bios umgriffen und einbegriffen von
der Macht der Liebe. Da würde sie seine Grenze – den Tod ...
überschreiten und Einheit schaffen, wo er trennt. [...] Eine solche
letzte ‚Mutations-‘ und ‚Evolutionsstufe‘ wäre dann selbst keine
biologische Stufe mehr, sondern würde den Ausbruch aus der
Alleinherrschaft des Bios bedeuten, die zugleich Todesherrschaft
ist; sie würde jenen Raum eröffnen, den die griechische Bibel ‚Zoë‘
nennt, das heißt endgültiges Leben, welches das Regiment des
Todes hinter sich gelassen hat. Die letzte Stufe der Evolution, deren
die Welt bedarf, um an ihr Ziel zu kommen, würde dann nicht
mehr innerhalb des Biologischen geleistet, sondern vom Geist, von
der Freiheit, von der Liebe. Sie wäre nicht mehr Evolution, sondern Entscheidung und Geschenk in einem."[44] Dem hätte auch
Teilhard zugestimmt.

4. Der kosmische Christus

Der Glaube an den kosmischen Christus und die entsprechende Theologie sind eine mögliche Antwort auf die neue Epoche holistischen, das heißt ganzheitlichen Denkens und Verhaltens, die angebrochen ist. Die weltweite soziale und ökologische Krise ist nur zu verstehen und kann, wenn überhaupt noch, nur bestanden werden, wenn wir von der Hypothese ausgehen: Das gesamte Universum, nicht nur die Erde oder die Menschheit, ist eine einzige, zusammenhängende Wirklichkeit, die sich ähnlich einem Organismus, wie wir ihn aus dem Bereich des Lebendigen kennen, in gerichteter Entwicklung befindet, die jedoch äußerst empfindlich ist gegenüber Gleichgewichtsstörungen, wie der Mensch sie zur Zeit in immer größerem Ausmaß verursacht.

Auf der Suche nach dem Grund des Universums

Diese Hypothese wird von vielen holistisch denkenden Wissenschaftlern vertreten, so auch von dem Genetiker Carsten Bresch: «Die *Alpha*-Bedingungen – das sind die Naturgesetze, der Anfangszustand des Universums und die Eigenschaften von Materie (Energie) und Raum-Zeit – führen zwangsläufig zu Mustern immer höherer Komplexität mit ständig wachsender Wirkungspotenz auf andere Muster (Information). In seiner ganzen Breite ist dieses Prinzip nicht beweisbar, doch deutet alles Wissen der Naturwissenschaft in diese Richtung. Die menschliche Existenz ist in dieses Geschehen einer umfassenden Evolution als fortwirkende Folge der *Alpha*-Bedingungen eingebettet. Unser Bestreben, die Natur zu verstehen, ist letztlich Suche nach dem unerreichbaren Grund des Universums."[1]

„Gott" nennen seit Menschengedenken die Religionen diesen

letzten „Grund des Universums". Dabei hat Gott je nach Kulturen und Traditionen die unterschiedlichsten Namen angenommen: „Das Eine, Brahman, die Leere, das Tao, die ewige Vereinigung von Shiva und Shakti, die Heilige Dreieinigkeit."[2]

In diesen Namen spiegelt sich mehr oder weniger deutlich auch das Verhältnis Gottes zum Universum: Ist Gott der Welt immanent, innewohnend, oder übersteigt er sie, ist er transzendent? Ist er der freie Schöpfer der Welt, oder ist sie ein notwendiger Ausfluß Gottes, seine Emanation? Ist Gott der ganz andere, der nur blind geglaubt werden kann, oder «schmeckt er durch», ist er im Universum erfahrbar, aus der Natur erkennbar? Eines ist sicher: «In all diesen Traditionen erreichen wir früher oder später die Grenzen des begrifflichen Denkens und das Gewahrsein dieser Grenzen. Nur Glaube, Liebe, mystische Einsicht, Kontemplation, Erleuchtung oder göttliche Gnade geben uns die Möglichkeit, diese Grenzen zu überschreiten."[3]

Der Wandel des Christusbildes im Laufe der Geschichte

Soll das Gottesbild einer Kultur für die jeweiligen Menschen der praktischen Orientierung dienen und Überlebenswissen bereitstellen, so muß es den Bedürfnissen des Wissens und Glaubens der Epoche entsprechen. Das läßt sich auch an den Gottesbildern im Christentum ablesen, die sich gemäß dem Wort Jesu, „Wer mich gesehen hat, hat den Vater gesehen" (Joh 14,9), in den jeweiligen Christusbildern konkretisieren.

Auf vereinfachte Formeln gebracht – die historische Wirklichkeit ist komplexer, farbiger, auch widersprüchlicher –, wurde Christus in der Antike teils als der Gute Hirte, teils als der Weltenschöpfer und Allherrscher gesehen; im Mittelalter ist Christus der Heerführer und siegreiche König, aber auch der erlösende Leidensmann und mystische Freund der Seele; die Renaissance sieht in Christus den antik-schönen Weisheitslehrer der Menschheit, die Barockzeit die himmlisch-irdische Heldengestalt in dramatischer Auseinandersetzung mit dem Bösen; in der Aufklärung erscheint Christus als der Anwalt des gesunden Menschenverstandes, in der Romantik und im Biedermeier als der milde, dem Wandel der Zeiten enthobene Nazarener; im 19. und 20. Jahrhundert greift man, je nach Bedürfnis, zweifelnd und suchend auf historische Christusbilder zurück oder gibt Christus expressionistisch die Züge persönlicher oder kollektiver Glaubensnöte.

Auf die Frage, welches Gottesbild, welches Christusbild nun den Bedürfnissen der Zukunft, die sich bereits in unserer Gegenwart andeuten, entspricht, hat der Naturwissenschaftler und Theologe Pierre Teilhard de Chardin bereits 1916 geantwortet: das Gottesbild des kosmischen Christus. Dabei war er davon überzeugt, nur einen bis dahin – weil es dafür keine existentielle Notwendigkeit gegeben hatte – vernachlässigten Strang der biblischen Offenbarung aufzugreifen. „Wie aktuell es immer erscheinen mag – dieses Evangelium vom kosmischen Christus, darin vielleicht das Heil unserer Zeit liegt, ist wahrhaft und wirklich das unseren Vätern vom Himmel gesandte Wort, der neue Schatz, der vorsorglich neben den alten Werten niedergelegt ist [...] Die Inkarnation [Menschwerdung Gottes in Christus] ist eine Erneuerung, eine Wiederherstellung *aller* Kräfte und Mächte des Universums; Christus ist das Instrument, das Zentrum, das Ziel *all* der beseelten und materiellen Schöpfung; durch ihn ist *alles* geschaffen, geheiligt, belebt. Dies ist die beständige und geläufige Lehre des heiligen Johannes und des heiligen Paulus (des vornehmlich «kosmischen» unter den heiligen Schriftstellern), eine Lehre, die in die feierlichsten Sätze der Liturgie eingegangen ist [in der bis zum Zweiten Vatikanischen Konzil geltenden römisch-katholischen Meßliturgie betete der Priester über die in Christus verwandelten Gaben von Brot und Wein: „Durch ihn erschaffst du, Herr, immerfort all diese Gaben, heiligst, belebst, segnest und gewährst sie uns."] ... welche wir indes wiederholen und welche die Generationen bis zum Ende wiederholen werden, ohne deren geheimnisvolle und tiefe Bedeutung zu überschauen noch zu ermessen – denn sie ist an das Erfassen des Universums gebunden."[4] Es scheint, daß wir das Universum schon jetzt, am Ausgang des 20. Jahrhunderts – schneller als Teilhard 1916 ahnen konnte – in einer Weise erfassen, die auf religiöser Ebene im Rahmen der christlichen Traditionen dem Glauben an den kosmischen Christus entspricht.

Der kosmische Christus heiligt die Evolution

Das Neuartige an diesem Gottesbild ist die Ausdehnung der Göttlichkeit, die bisher nur von dem historischen Jesus geglaubt wurde – Gott ist in ihm Mensch geworden –, auf das ganze Universum: Gott will Universum werden. Was im historischen Christus aufscheint und sich in seiner individuellen Person bereits vollendet hat, ist ein – die Christen glauben *der* exemplarische Fall des Entwicklungsgesetzes, das für das ganze Universum gilt. Das „Christische", wie Teilhard in seinen späteren Schriften dafür sagt, ist, um mit dem eingangs zitierten Carsten Bresch zu sprechen, das „*Alpha*-Prinzip" des Universums und bereits seit seinem Anfang wirksam.

So ist es nur konsequent, wenn Teilhard auch den Punkt *Omega*, den Endzustand der Entwicklung des Universums, wiederum mit Christus identifiziert, jetzt aber mit dem voll entfalteten, vollendeten kosmischen Christus, in dem das Universum, soweit das einer geschaffenen Wirklichkeit nur möglich ist, die Gestalt Gottes angenommen hat. „*Der mystische Christus hat seinen vollen Wuchs noch nicht erreicht* [in den Herzen der Menschen] – so denn *auch nicht der kosmische Christus. Der eine wie der andere, in einem, sie sind und sie werden;* und in der Fortsetzung dieser Zeugung steckt die Triebkraft aller geschaffenen Tätigkeit. Durch die Inkarnation, die die Menschen gerettet hat, wurde selbst das Werden des Universums umgestaltet, geheiligt; Christus ist das Endziel *selbst der natürlichen Evolution der Wesen; die Evolution ist heilig.* Dies ist die *befreiende Wahrheit,* das göttlich bereitete Heilmittel für die Glaubenden und doch auch Leidenschaftlichen, die es quält, daß sie nicht wissen, wie sie die beiden fast gleich gebieterischen und vitalen Antriebe, den Glauben an die Welt und den Glauben an Gott, in sich vereinbaren sollen."[5]

Der kosmische Christus entspricht dem holistischen Weltbild

In den letzten Worten Teilhards klingt an, wieso das Gottesbild des kosmischen Christus geeignet ist, die Bedürfnisse des gegenwärtigen und zukünftigen holistischen Weltbildes zu erfüllen. Zunächst wird die Gespaltenheit des Christen, vermutlich auch vieler religiöser Menschen in anderen Religionen, zwischen Gottes- und Weltliebe, zwischen religiösem und weltlichem Engagement aufgehoben: Weltdienst ist Gottesdienst. Das hat angesichts der ökologischen Krise dringend notwendige praktische Konsequenzen: Der Mensch ist auch aus religiösen Gründen gehalten, sich der Rettung der Natur zu widmen – nicht nur um des Menschen, sondern um ihrer selbst willen –, denn sie ist der in Entwicklung begriffene kosmische Leib Christi.

Zum holistischen Weltbild gehört ebenso die Einheit der Natur, die Überwindung ihrer Trennung in Materie und Geist, in Leben und Unbelebtes. Die Idee des kosmischen Christus, die es erlaubt, das Universum analog den uns bekannten Lebewesen als lebendigen Organismus aufzufassen, führt über die Forderung Albert Schweitzers nach „Ehrfurcht vor dem Leben" noch hinaus. Wir werden Ehrfurcht haben auch vor den „anorganischen" Stufen der Wirklichkeit, die für unsere oberflächliche alltägliche und naturwissenschaftliche Erfahrung als unbelebt erscheinen. Das kann uns daran hindern, sie als bloße Rohstoffe rücksichtslos auszubeuten, und uns dahin führen, ihren Eigenwert anzuerkennen und sie in ihrer letztlich wunderbaren Struktur als Erscheinungsformen des Göttlichen zu verehren.

Holistisch ist auch die Überwindung des modernen Gegensatzes zwischen Wissen und Glauben. Die Evolutionslehre steht nicht länger im Gegensatz zum Schöpfungsglauben. Gott selbst ist das Prinzip der Evolution, nicht nur von außen – „Gott macht, daß die Dinge sich selbst machen", wie es Teilhard formuliert und der neue katholische Erwachsenenkatechismus für die deutschsprachigen Bistümer übernommen hat –, sondern von innen: Gott ist es, der *in* der Evolution wirksam ist, sie ist das Wachstum des kosmischen Christus, deshalb „ist die Evolution heilig", wie Teilhard sagt.

Auch die eine holistische Ethik erschwerende strikte Trennung zwischen Sein und Sollen, zwischen dem Faktischen und dem Moralischen – als könne man aus dem, was ist, überhaupt keine Orientierung gewinnen für das, was sein soll –, wird durch den Glauben an den kosmischen Christus in Verbindung mit dem Leben des historischen Jesus in Frage gestellt. Was sich für den holistisch orientierten Wissenschaftler bereits im Rückblick auf die Evolutionsgeschichte nahelegt – die suchende und tastende Entwicklung des irdischen Teils des Universums in Richtung auf immer mehr Bewußtsein, Selbststeuerung und Selbsthingabe, wie sie im liebenden Menschen gipfeln –, das findet seine Bestätigung in der exemplarischen historischen Erscheinungsweise des kosmischen Christus: im historischen Jesus von Nazareth. In ihm wird das Entwicklungsgesetz des Universums menschlich greifbar: „Wenn das Weizenkorn nicht in die Erde fällt und stirbt, bringt es keine Frucht." (Joh 12,24) Die für den Menschen gültige Version dieses kosmischen Gesetzes lautet: „Ein neues Gebot gebe ich euch: Liebt einander! Wie ich euch geliebt habe, sollt auch ihr einander lieben" (ebd. 13,34), das heißt, euch für die Weiterentwicklung der Menschheit zu mehr Freiheit, Wahrheit und Liebe engagieren, wenn nötig bis zur Selbsthingabe.

Die innige Verbindung der menschlichen mit der kosmischen Dimension ahnte schon die Urkirche. So schreibt Paulus an die Römer: „Die ganze Schöpfung wartet sehnsüchtig auf das Offenbarwerden der Söhne Gottes. Die Schöpfung ist der Vergänglichkeit unterworfen, nicht aus eigenem Willen, sondern durch den, der sie unterworfen hat; aber zugleich gab er ihr Hoffnung: Auch die Schöpfung soll von der Sklaverei und Verlorenheit befreit werden zur Freiheit und Herrlichkeit der Kinder Gottes" und darin des kosmischen Christus. „Denn wir wissen, daß die gesamte Schöpfung bis zum heutigen Tag seufzt und in Geburtswehen liegt." (Röm 8,19-22)

Wenn der neue Holismus aus der hypothetischen Einheit der Natur die Einheit der Menschen als kommende Menschheitsaufgabe folgert und fordert, dann kann er sich dafür auch auf den historischen Jesus berufen. Jedenfalls legt das Johannes-Evangelium Jesus die Worte in den Mund: „Alle sollen eins sein: Wie du, Vater, in mir bist und ich in dir bin, sollen auch sie in uns sein, damit die Welt glaubt, daß du mich gesandt hast." (17,21)

Deutlich begründet Jesus die Notwendigkeit der Einheit mit der seinsmäßigen Einheit in Gott. Sie ist das Fundament, die *Alpha*-Bedingung für die Möglichkeit der Einheit der Menschen und der Religionen. Wo diese Einheit wächst, wächst der kosmische Leib Christi, im kirchlichen Bereich – „so sind wir, die vielen, *ein* Leib in Christus" (Röm 12,5) – und im interkonfessionellen, interreligiösen, schließlich im interkulturellen, ja kosmischen Bereich, wie die Rede des Paulus auf dem Areopag zu Athen andeutet: „Athener, nach allem, was ich sehe, seid ihr besonders fromme Menschen. Denn als ich umherging und mir eure Heiligtümer ansah, fand ich auch einen Altar mit der Aufschrift: *Einem unbekannten Gott.* Was ihr verehrt, ohne es zu kennen, das verkünde ich euch. Gott, der die Welt erschaffen hat und alles in ihr, er, der Herr über Himmel und Erde, wohnt nicht in Tempeln, die von Menschenhand gemacht sind. Er läßt sich auch nicht von Menschen bedienen, als brauche er etwas: er, der allen das Leben, den Atem und alles gibt. Er hat aus einem einzigen Menschen das ganze Menschengeschlecht erschaffen, damit es die ganze Erde bewohne ... Sie sollten Gott suchen, ob sie ihn ertasten und finden könnten; denn keinem von uns ist er fern. Denn in ihm leben wir, bewegen wir uns und sind wir, wie auch einige von euren Dichtern gesagt haben: Wir sind von seiner Art. Da wir also von Gottes Art sind, dürfen wir nicht meinen, das Göttliche sei wie ein goldenes oder silbernes oder steinernes Gebilde menschlicher Kunst und Erfindung" (Apostelgeschichte 17,22-29) – es ist vielmehr die Dimension, in der wir alle leben ohne Unterschied der Rassen, Klassen und Religionen, es ist – in unserer Terminologie – der kosmische Christus, das Einheitsprinzip des Universums der Menschheit.

Vorreiter dieser wiederherzustellenden Einheit zwischen den Menschen untereinander und den Menschen mit der Natur sollten die religiösen Menschen sein – um so tragischer, daß gerade sie so oft die Spaltungen zwischen den Menschen vermehrt und vertieft haben. Das widerspricht dem kosmischen Christus, denn er ist das ökumenische Prinzip im weitesten Sinne: gültig nicht nur für die christlichen Kirchen und Sekten, sondern für alle Religionen. Letztere werden sich an dem Namen „Christus" nicht stören, wenn sie erkennen: Es ist nur der historisch und kulturell bedingte, eben der „christliche" Terminus für die Immanenz Gottes, die Einwohnung des göttlichen Prinzips im Universum und im Menschen, eine Wirklichkeit, die andere Kulturen und andere Religionen auch kennen, nur anders bezeichnen: als Schechina in der talmudischen Tradition des Judentums, als Brahman im Hinduismus oder als Tao (Dao, Dau) im Buddhismus.

Es sind die mystischen Traditionen aller Kulturen, jene Frauen und Männer, die auf der Suche nach der letzten Wurzel der religiösen Erfahrung sind, denen wir das weltweite esoterische Wissen vom kosmischen Christus unter seinen verschiedenen Namen verdanken. Der evangelische Pfarrer Takeshi Yasui hat in einem Vortrag „Christus und die tibetische Mystik" über die Zukunft der Religionen erklärt: „Es ist sicher, daß die Begegnung der Religionen eine andere, neue Welt der Religionen hervorbringen wird. Der kosmische Christus transzendiert zwar alle Formen der Religionen. Er ist aber gleichzeitig in allen Formen der Religionen gegenwärtig und wirksam. Denn er ist nicht nur der Schöpfer, der Versöhner, der Erlöser der christlichen Religion, sondern auch aller Religionen. Paulus wußte das, als er an die Kolosser schrieb: ‚Es gibt nicht mehr Griechen oder Juden [...], sondern Christus ist alles in allen' (Kol 3,11)."[6]

Wiederstände gegen den kosmischen Christus

Es drängt sich nun die Frage auf, warum die traditionell christlichen Kirchen, ihre Leitungsgremien und Theologen, das Gottes- und Christusbild des kosmischen Christus, wenn überhaupt, dann nur zögerlich aufnehmen und verkünden.

Ein erstes Hindernis ist die vermeintliche Abgeschlossenheit der göttlichen Offenbarung, die Überzeugung also, es könne keine Weiterentwicklung des christlichen Gottesbildes geben; jede weitere Entfaltung der ursprünglichen, mit Jesus Christus und der urkirchlichen Deutung gegebenen Offenbarung könne nur Marginales, letztlich Unbedeutendes betreffen. Abgesehen davon, daß es Auslegungssache ist, inwieweit man spätere Interpretationen der urchristlichen Verkündigung als radikal neu oder als legitime Weiterentwicklung des Ursprünglichen ansieht – das eigentliche Hindernis für den Glauben an den kosmischen Christus ist die Angst vor der Veränderung gerade des Gottesbildes, eine Angst, die sich in den letzten Jahrzehnten immer mehr ausbreitet. Ist nicht Gott als der Absolute auch der Unveränderliche, in einer Welt der Evolutionen und Revolutionen der letzte Halt, auf den man sich verlassen kann und der einem nicht auch noch ständig zumutet, umzudenken und sich neu zu orientieren? Diesem auf den ersten

Blick plausiblen und legitimen Bedürfnis der Menschen versuchen die meisten Religionen zu entsprechen, ihm verdanken sie ihre konservative und, wenn schon einmal etwas in Bewegung geraten ist, restaurative Grundhaltung.

Tatsächlich entspricht diese Auffassung vom ewig unveränderlichen Gott und dem konservativen Charakter der Gottesbilder und der Religionen der christlichen Offenbarung gerade nicht: Gipfelt diese doch in der Menschwerdung Gottes in Jesus von Nazareth, in der Geschöpfwerdung des Schöpfers, in dem Eintauchen des Ewigen in den Strom des Zeitlichen. Man kann und muß im christlichen Glauben paradoxerweise beides bekennen: die Unveränderlichkeit Gottes und seine Partizipation an der sich in Evolution befindlichen Welt. Der katholische Theologe Karl Rahner hat, beeinflußt durch Teilhard de Chardin, diese Zusammenhänge so angedeutet: Wir erfahren „durch die Inkarnationslehre, daß die Unveränderlichkeit Gottes – ohne dadurch aufgehoben zu sein – gar nicht einfach das allein Gott Auszeichnende ist, sondern daß er in und trotz seiner Unveränderlichkeit wahrhaft etwas werden kann: er selber, er in der Zeit. Und diese Möglichkeit ist nicht als Zeichen seiner Bedürftigkeit zu denken, sondern als Höhe seiner Vollkommenheit, die geringer wäre, wenn er nicht weniger werden könnte, als er bleibend ist … Das glaubensmäßig gegebene Urphänomen ist gerade die Selbstentäußerung, das Werden, die *kenosis* [Entäußerung] und *genesis* [Entstehung] Gottes selbst, der werden kann, indem er im Setzen des entsprungenen anderen selbst das Entsprungene *wird,* ohne in seinem eigenen, dem Ursprünglichen selbst, werden zu müssen. Indem er bei seiner bleibenden unendlichen Fülle sich selbst entäußert, entsteht das andere als seine gotteigene Wirklichkeit."[7]

Daraus folgt: Der Mensch, der seine religiöse Sicherheit darin sieht, daß er an der Unveränderlichkeit Gottes festhält und seinen Kinderglauben unverändert bewahren möchte, ist in Gefahr, gerade dadurch den lebendigen Gott zu verfehlen. Nur wenn wir unsere Gottesbilder und darin uns selbst „lassen" können, wie Meister Eckhart es formuliert hat, nur wenn wir Gott in uns eine Chance geben, zu wachsen und dadurch sich selbst und uns zu verändern, sind wir auf dem Wege zur Vergöttlichung, sind wir lebendige Zellen am kosmischen Leib Christi. Damit ist schon angedeutet:

Die Offenbarungsgeschichte Gottes gegenüber dem einzelnen Menschen wie gegenüber der Menschheit und der Natur ist ein dramatischer Prozeß, in dem Phasen der Transparenz gegenüber dem Göttlichen abwechseln mit Phasen der Verdunkelung. Das ist die Konsequenz daraus, daß Gott die Schöpfung nicht als Demonstrationsobjekt für seine Macht, sondern als Subjekt entworfen hat, das ihm Raum geben oder sich verschließen, das mit ihm sterben und auferstehen oder für sich bleiben und vereinsamen kann.

An drei Beispielen – aus der Glaubenslehre im engeren Sinne (Dogmatik), aus dem Bereich der Praxis (Ethik) und aus der weltanschaulichen Auseinandersetzung (Apologetik) – wollen wir noch zeigen, welche Veränderungen für die Interpretation, die Umsetzung und den Dialog des Christentums die Theologie des kosmischen Christus mit sich bringt, Veränderungen, vor denen viele Christen zurückschrecken, weshalb sie sich gegen den Glauben an den kosmischen Christus wehren.

Da ist zunächst die Überzeugung des Christen von der Sünde der Menschen von Anbeginn ihrer Geschichte an (Ursünde) und von der Verderbtheit, in die wir dadurch zunehmend allesamt geraten sind (Erbsünde), sowie von der Erlösung daraus durch den Sühnetod Jesu Christi am Kreuz. Teilhard de Chardin hat keinen Zweifel daran gelassen, daß die in diesen Formulierungen gemeinte Wirklichkeit im Lichte des Glaubens an den kosmischen Christus neu zu interpretieren ist. „Einerseits will die Erbsünde, wenn man sie in die Dimensionen des Universums transponiert, wie es uns heute in der organischen Totalität von Zeit und Raum erscheint, sich (zumindest in ihren Wurzeln) immer deutlicher mit dem Gesetz des in einer Welt im Zustand der Evolution immer möglichen Falles und immer gegenwärtigen Leidens verbinden" – die Erbsünde als Ausdruck dessen, daß die individuelle und kollektive Entwicklung der Welt und Menschheit zu der ihr gemäßen Vollendung ein mühsamer Prozeß der Suche, der Irrwege, der Verweigerung ist bis hin zur Verzweiflung. „Anderseits neigt die christliche Aufmerksamkeit, ohne den Aspekt der ‚Sühne' aus dem Auge zu verlieren, dahin, den Blick im Heilswirken Christi weit stärker nach vorn auf den Aspekt ‚Neuguß und Aufbau' zu richten." Christus ist gerade dadurch der Erlöser, daß er diesen mühsamen Prozeß mitmacht und mit seiner göttlichen Energie vorantreibt.

„Aus diesem doppelten Grunde", schreibt Teilhard 1944 in Peking weiter, „glaube ich mich nicht zu täuschen, wenn ich sage, daß sich langsam aber sicher eine geistige Transformation vollzieht, an deren Ende der leidende Christus, ohne aufzuhören, derjenige zu sein, ,der die Sünden der Welt trägt' und gerade als dieser, für die Gläubigen immer mehr zu demjenigen wird, ,der die Last der in Evolution befindlichen Welt trägt und erträgt'. Vor unseren Augen, in unseren Herzen, davon bin ich überzeugt, vollendet und entfaltet sich der Christus-Redemptor [Erlöser] in der Gestalt eines Christus-Evolutor [Entwickler]. Und gleichzeitig weitet und dynamisiert sich der Sinn des Kreuzes für unseren Blick: das Kreuz, Symbol nicht nur der dunklen, regressiven Seite – sondern auch und vor allem der erobernden und lichten Seite des in Genese befindlichen Universums; das Kreuz, Symbol des Fortschritts und des Sieges durch die Sünden, die Enttäuschungen und das Bemühen hindurch."[8]

Wenn das Kreuz Christi nicht nur historisches Zeichen für unsere Erlösung, sondern auch Zeichen ist für die Anstrengung, die es braucht, die Schöpfung voranzubringen, dann folgt daraus auch eine Neuinterpretation der Weltaufgabe des Christen. Der evangelische Theologe Jürgen Moltmann, der seiner jüngst erschienenen Christologie ein Kapitel über den kosmischen Christus beigefügt hat, fragt in Fortsetzung der Ausführungen Teilhards und Rahners, welche Ethik aus der so entwickelten kosmischen Christologie folge. „Im Zeitalter progressiver Naturzerstörung bewahrheitet sich Joseph Sittlers Wort [1961 auf der Weltkirchenkonferenz in Neu-Delhi über den kosmischen Christus gesprochen]: Ein Stück von Gott stirbt bei jeder neuen Naturbezwingung. Die heutige kosmische Christologie muß Christus mit diesem modernen Chaos konfrontieren. Nicht an den Spitzen der Evolution, sondern in den schwächsten Geschöpfen der Natur, die zu den ersten Opfern der entwickelten menschlichen Gesellschaften werden, ist Christus präsent."[9]

Die Evolution der Menschheit und die jetzt vom Menschen abhängige weitere Entwicklung der irdischen Natur ist immer auch ein Kampf zwischen dem kosmischen Christus, der das Ganze im Auge hat, und dem kurzsichtigen, eigensüchtigen Menschen. Es ist nicht ausgeschlossen, daß diese Auseinandersetzung für den kosmischen Christus, sofern es seine Existenz auf dieser Erde betrifft, so endet, wie sie für den historischen Jesus geendet ist: am Kreuz. Der Mensch kann die Vergöttlichung dieser Erde vereiteln wie auch seine eigene: Das wird das Wachstum des kosmischen Christus im Universum zwar *be*hindern, aber nicht *ver*hindern.

Man kann sich den Widerstand gegen die Konzeption des kosmischen Christus bei den christlichen Kirchen und noch mehr bei den sich christlich nennenden Parteien in aller Welt auch damit erklären: Diese Christen möchten weiter so bedenkenlos mit der Natur und Umwelt umgehen, wie es ein überholter Fortschrittsglaube nach der falsch verstandenen biblischen Devise „Macht euch die Erde untertan" nahelegt. Der kosmische Christus würde uns eine andere Politik und ein rücksichtsvolleres tägliches Handeln gegenüber unserer natürlichen Mitwelt abverlangen, würden wir ihn dort, wo er im Augenblick weiter gekreuzigt wird, wahrnehmen und ernst nehmen.

Bei dem Versuch, den Glauben an den kosmischen Christus mit unchristlichen Weltanschauungen in Verbindung zu bringen und dadurch zu diskreditieren, wird häufig die Gefahr des Pantheismus und eines nichtpersonalen Gottesbildes beschworen, jener im Lauf der Religionsgeschichte immer wieder aufgetauchten und von den christlichen Kirchen als Irrglauben verurteilten Auffassung von der Identität des Universums mit Gott: Alles ist Gott, Gott ist nur ein anderer Name für das Weltall. Die Fragen, woher dieses stammt und ob etwas bleibt, wenn das Universum verschwindet, weiß der Pantheismus in der Tat nicht zu beantworten.

Dennoch hat Teilhard de Chardin das Bedürfnis, dem die verschiedenen Formen des Pantheismus zu entsprechen versuchen, ernst genommen. Hinter ihnen „verbirgt sich eine psychologische Wirklichkeit, ein geistiges Bedürfnis, die menschlich viel dauerhafter und umfassender sind als irgendein System des hinduistischen, griechischen oder deutschen Denkens". Dieses Bedürfnis ist heute größer denn je und artikuliert sich in der Bewegung des neuen Holismus, der Suche nach der Ganzheit unserer Welt, wie wir es eingangs angedeutet haben. „Was die alten Dichter, Philosophen und Mystiker vor allem intuitiv erahnt oder entdeckt hatten – was die moderne Philosophie mit größerer Strenge in der metaphysischen Ordnung verlangt – hat die heutige Wissenschaft bis in die niedrigsten und wahrnehmbaren Bereiche greifbar gemacht. Das Universum in seiner Totalität und seiner Einheit zwingt sich unausweichlich heute unserem Bemühen auf", und für viele deutet sich eine göttliche Dimension des Universums an: Ist es nicht der Gott selbst, den wir suchen?

Die Antwort, die der Glaube an den kosmischen Christus darauf gibt, ist die des Pan-*en*-theismus, des „Alles ist *in* Gott, Gott ist *in* allem", im Gegensatz zur pantheistischen Formel: „Gott ist alles, alles ist Gott." Diese entscheidende theologische Differenz zwischen Schöpfung und Schöpfer garantiert auch die Freiheit des Menschen, ohne die das Schöpfungsdrama zwischen Gott und Mensch nicht denkbar ist. „Unter der machtvollen Umarmung des allgegenwärtigen Christus weiß der Gläubige, der so spricht [...], daß die Seelen ihre Personalität nicht verlieren, sondern gewinnen."[10]

So sehr der im Namen des kosmischen Christus vertretene Pan-en-theismus die Personalität des Menschen verteidigt und an der Möglichkeit eines Dialogs zwischen Mensch und Gott festhält, so wenig teilt er die allzu menschliche Vorstellung von Gott als Person, wie sie als Argument gegen die Theologie des kosmischen Christus von Christen vorgebracht wird. Sie fürchten um Gott, zu dem sie Vater (oder in der feministischen Theologie „Mutter") zu sagen gelernt haben und zu dem man sprechen (beten) kann wie zu einer menschlichen Person. Zunächst ist zurückzufragen, ob nicht auch Christen heute immer größere Schwierigkeiten haben mit ihrem Glauben an einen so verstandenen personalen Gott? Dabei geht es nicht darum, Gott diese uns aus der persönlichen Begegnung mit Menschen und aus der Eigenerfahrung vertraute und geschätzte Qualität abzusprechen. Es geht vielmehr darum, ob es angeht, Gott auf diese Qualität zu reduzieren? So unausweichlich es ist, daß wir menschliche Qualitäten auf Gott übertragen und deshalb notgedrungen anthropomorph von ihm sprechen und ihn uns vorstellen – ist damit schon ausgeschlossen, daß wir nicht auch kosmische Qualitäten auf ihn übertragen dürfen und deshalb notgedrungen „kosmomorph" von ihm sprechen und ihn uns vorstellen dürfen? Ist es nicht eine traditionelle und auch heute besonders notwendige Forderung der christlichen Philosophie und Theologie, diese Übertragungen mit dem Zusatz „eminenter" vorzunehmen?

Was bedeutet: Sie treffen auf Gott nur zu in unendlich „überragender" Weise, wobei uns alle Möglichkeiten fehlen, uns die so entstehende Qualität auch nur annäherungsweise vorzustellen. Wenn dem so ist, dürfen wir dann nicht davon ausgehen, daß gerade die paradoxen, die nach unserer Logik gegensätzlichen, wenn nicht gar widersprüchlichen Aussagen eher auf Gott zutreffen als die menschlich begreiflichen? Kann dann Gott nicht „Person" und „kosmische Energie" zugleich sein, „Urgrund" und „Ziel" der Schöpfung in einem, „Seelengrund" des Menschen und zugleich dessen „personales Gegenüber", „historischer" und „kosmischer" Christus zugleich, der „eine", „transzendente" Gott in „drei" göttlichen „Personen" und in „Verlängerung" dieser „Personen" gleichzeitig der „immanente" Gott in unendlich vielen personalen Zentren, die von ihm verschieden sind und doch in ihm geborgen?

Die Religion der Zukunft

Trotz der Widerstände innerhalb der christlichen Kirchen und Theologien gegen einen Glauben an den kosmischen Christus scheint dieser Glaube die Religion der Zukunft zu werden. Die neueren religiösen Bewegungen bedienen sich vieler Vorstellungen und Formulierungen, die denen über den kosmischen Christus nahekommen. Der einzelne spürt immer mehr den göttlichen Impulsen nach, die er in seinem Innern verspürt, und erfährt ihre Resonanz im Gespräch mit anderen und im Umgang mit der Natur. Auf der Suche nach den letzten Prinzipien der Wirklichkeit nähern sich Naturwissenschaftler immer mehr der Gaia-Hypothese, der Auffassung des Universums als eines lebendigen Zusammenhangs, dessen Funktionen von einem Prinzip garantiert werden, dem frühere Generationen den Namen „Weltseele" gegeben haben. „Doch wie auch immer wir die Übereinstimmung und Unterschiede zwischen der alten Idee der Weltseele und der neuen Idee des Welt-Feldes interpretieren mögen", schreibt der Biochemiker Rupert Sheldrake, „unweigerlich stoßen wir auf die Frage nach ihrem Ursprung und der Quelle dessen, was in ihnen geschieht. Selbst wenn wir ewige und transzendente Ideen oder Gesetze als die allem zugrunde liegende Wirklichkeit erachten, bleibt die Frage, woher solche Gesetze kommen und wie aus solchen transzendenten, nichtmateriellen Entitäten die materielle Wirklichkeit des Universums hervorgegangen sein soll. Und weshalb sollten wir – in einem evolutionären Universum – überhaupt annehmen, daß die Gesetze im vorhinein festgelegt wurden?"[11]

Angesichts solcher Erfahrungen und Überlegungen kann sich der Christ wie jeder religiöse Mensch der Frage nicht entziehen, ob und in welcher Weise der Gott, an den man glaubt, damit zu tun hat. Nur ein Gottesbild, das so großartig ist, daß es die angedeuteten Phänomene in sich begreift und dadurch uns begreiflich macht – in den Grenzen menschlichen Begreifens –, hat Aussicht, auch in Zukunft Gläubige zu finden. Das Gottesbild des kosmischen Christus scheint mir von der Art zu sein.[12]

Ratzinger teilt Teilhards Auffassung von der „Erbsünde"

1968 heißt es in der „Einführung in das Christentum": „Kirche und Christentum überhaupt sind um der Geschichte willen da, der kollektiven Verstrickungen wegen, die den Menschen prägen ... Kategorien wie Erbsünde, Auferstehung des Fleisches, Weltgericht usw. sind überhaupt nur von hier aus zu verstehen, denn der Sitz der Erbsünde ist eben in diesem kollektiven Netz zu suchen, das als geistige Vorgegebenheit der einzelnen Existenz vorausgeht, nicht in irgendeiner biologischen Vererbung zwischen lauter sonst völlig getrennten einzelnen. Von ihr zu reden besagt eben dies, daß kein Mensch mehr am Punkt Null, in einem ‚status integritatis' (= von der Geschichte völlig unversehrt), anfangen kann. Keiner steht in jenem unversehrten Anfangszustand, in dem er nur frei sich auszuwirken und sein Gutes zu entwerfen brauchte; jeder lebt in einer Verstrickung, die ein Teil seiner Existenz selbst ist."[13]

ZWEITER TEIL

Vorläufer und Weggefährten auf der Suche nach dem Gottesbild der Zukunft

„Gott [wird in der jüdisch-christlichen Mystik] geliebt *jenseits* aller Dinge (mehr als *in* [allen] und *durch* alle Dinge). Von daher eine gewisse ‚Magerkeit' der Mystik der Propheten und vieler Heiliger: eine im einschränkenden Sinn zu ‚jüdische' und zu ‚menschliche' Mystik, nicht genug universalistisch und kosmisch (Ausnahmen, natürlich: Eckhart, Franz von Assisi, der heilige Johannes vom Kreuz …).“

„Einige Bemerkungen ‚Um klar zu sehen' über das Wesen des mystischen Fühlens" *Winter 1951.*[1]

„Haben Sie jemals realisiert, bis zu welchen Punkt es ein absolutes Muß und eine großartige Möglichkeit ist, die Exerzitien [des Ignatius von Loyola] zu transponieren für den Dienst an einem Universum im Werden [...]?'“

An den Ordenskollegen und Freund Pierre Leroy, New York, 4. April 1955, sechs Tage vor Teilhards Tod.[2]

5. Gottes Werden ist unser Sein

In seinem Gespräch mit Alphonse Goettmann sagt Graf Dürckheim: „Viele würden die Zeit gern zum Stillstand bringen, ‚immer
jung bleiben' [wollen]. Aber ‚Gottes Sein ist unser Werden', sagt
Meister Eckehart. Das göttliche Sein zeigt sich uns nur, wenn wir
Werdende bleiben und unsere menschliche Berufung im nie en-
denden Weiterwerden erfüllen. Das Alter muß nicht nur das Ende
des bisherigen Lebens bedeuten, sondern den Anfang eines neuen,
aufgrund fortschreitender Einswerdung mit dem uns immanenten
göttlichen Wesen." [1]

Dieses Zitat scheint in aller wünschenswerten Klarheit und
Kürze das Menschen- und Gottesbild Graf Dürckheims zu enthalten. Es steht „im Zeichen der Wandlung", des Werdens. Dennoch,
oder gerade deswegen, kann man über das Zitat von Eckhart, der
für Dürckheims spirituellen Lebensweg eine entscheidende Rolle
gespielt hat, stolpern. Müßte es statt „Gottes Sein ist unser Werden" nicht umgekehrt heißen: „Gottes Werden ist unser Sein"?
Wären wir sonst nicht über Platon hinausgelangt, nach welchem
es auf der einen Seite das unveränderliche göttliche Sein in der
Ewigkeit gibt und auf der anderen Seite das veränderliche Seiende
in der Zeit, dazu bestimmt, dem göttlichen Sein immer ähnlicher
zu werden durch die Angleichung an das Urbild, dessen Abbild wir
sind. Platon hat es im Timaios beschrieben: „Das ‚War' und das
‚Wird sein' sind gewordene Formen der Zeit, die wir, uns selbst
täuschend, mit Unrecht auf das unvergängliche Sein beziehen. [...]
Dem ewig unbeweglich sich Gleichbleibenden [...] steht es nicht
an, älter noch jünger zu werden in der Zeit. [...] Überhaupt hat es
nichts zu tun mit alledem, womit die in Bewegung befindlichen
Gegenstände der sinnlichen Wahrnehmung infolge des Werdens be-
haftet sind. [...] Das Urbild für sie aber war die eigentliche Ewigkeit: diesem sollte das Weltall so ähnlich wie nur möglich werden;

denn dem Urbild kommt ein schlechthin ewiges Sein zu, das Abbild aber ist der Art, daß es die ganze endlose Zeit hindurch geworden, seiend und sein werdend ist."[2]

Wer Dürckheim und Meister Eckhart nur einigermaßen kennt, weiß, daß beide, obwohl sie in der Tradition des Neuplatonismus stehen, diesen weiterentwickelt haben in Richtung auf ein dynamisches Bild nicht nur vom Menschen, sondern auch vom Göttlichen. Das deutlicher zu machen, ist die Absicht dieser Studie. Scheint es doch, daß das Menschen und Gottesbild der Zukunft noch dringender als bisher unmißverständlich lauten müßte: „Gottes Werden ist unser Sein", in dem Sinne: Wir sind nur in dem Maße auf der Höhe unseres Menschseins, als wir das Göttliche – und da gehen wir über Platon hinaus – in uns werden lassen. Das hat Graf Dürckheim gemeint, wenn er in dem obigen Zitat von der „fortschreitenden Einswerdung mit dem uns immanenten göttlichen Wesen" spricht, und das ist auch die Ansicht Meister Eckharts.

Wir wollen nun diese Bestandsaufnahme nicht auf scholastische, mittelalterlich schulmäßige Art und Weise vornehmen, wie es Eckhart als professoraler Lehrmeister noch gelernt und auch praktizierte, nämlich Thesen vortragen und explizieren. Wissen wir doch heute mehr als früher: Ein Menschen- und Gottesbild hat man nicht ein für allemal, sondern es entsteht im Laufe des Lebens jedes einzelnen, einer Gesellschaft und einer Kultur, und es verändert sich dauernd. Als Außenstehender kann man es am ehesten nachvollziehen, wenn man sieht, wie es geworden ist. Denn es fällt nicht vom Himmel, sondern entwickelt sich in der Auseinandersetzung mit dem jeweiligen Zeitgeist und den diversen Zeitgenossen. Dazu bedarf es der Unterscheidung der Geister und – das jedenfalls ist die Meinung Graf Dürckheims – der Wegweisung durch Lehrmeister, besser noch durch – wie Meister Eckhart klug unterscheidet – Lebemeister. Es wird uns deshalb nicht schwerfallen, durch den Blick auf den Weg Dürckheims zu Eckhart und auf Eckarts eigenen Weg für den unsrigen heute zu profitieren.

Im ersten Teil wollen wir deshalb Dürckheim eine Weile begleiten auf der Suche nach dem ihm wesensverwandten Meister, im zweiten Teil wenigstens andeuten, inwiefern Eckhart und Dürck-

heim den Neuplatonismus überstiegen haben und sich darin mit
Teilhard de Chardin treffen.

Ignatius von Loyola oder Meister Eckhart?

Von keinem anderen, nur von Eckhart, hat Graf Dürckheim gesagt,
er sei nicht nur sein Meister, sondern *der* Meister. Es war in München um das Jahr 1920. Die Erfahrungen an den Fronten des Ersten
Weltkrieges hatten wie schon bei Teilhard de Chardin dem Leben
des vierundzwanzigjährigen Dürckheim „einen numinosen Hintergrund" gegeben: angesichts der Erfahrung des Todes die Erfahrung
der Nähe des Lebens. Wie aus der Leere zwischen den Speichen
das Wesen des Rades wird, aus der Leere im Ton das Wesen des
Topfes entsteht – blitzartig traf Dürckheim dieser elfte Vers des
Tao-te-king von Laotse und bestätigte seine Kriegserfahrung.

Was brauchte er noch? „Der Zustand der Seinsnähe, der mich
von da an nicht losließ, veranlaßte mich, in allem, was mir begegnete, etwas Bestimmtes zu suchen."[3] Was war es, das er suchte?
Dürckheim hat es später so formuliert: Es war der Meister, „der
Ruf nach dem Meister"[4] (Weilheim, 1972), der ihn umtrieb. „So
war es nicht verwunderlich, daß es Meister Eckehart war, der mich
im Innersten traf. Ich konnte mich nicht mehr von seinen Predigten
und Traktaten losreißen, die ich aufnahm wie einen vielfältigen
Widerhall der göttlichen Musik, die ich vernommen hatte. Ich erkannte in Eckehart meinen Meister, den Meister"[5] (Goettmann,
S. 12).

Doch warum diese Suche nach dem Meister? Dürckheim hatte
sich auf einen Weg begeben, auf dem man sich ohne Wegweisung,
ohne Führung, ohne Begleitung verirren konnte, auf dem man
scheitern kann. Schon allein diese Erkenntnis und das Einge-
ständnis, daß auch er einer solchen Wegweisung bedurfte, ferner
der Mut, sich auf die Suche zu begeben nach einem Meister, stellen Dürckheim in die weltweite, die Kulturen übergreifende
Tradition der Gottsucher, die ihren Meister gesucht und gefunden
haben und schließlich selbst Meister geworden sind: Gurus und
Schamanen, Rabbiner und Starzen, Zen- und Exerzitienmeister.

Es war Dürckheims Freund Ferdinand Weinhandl, der ihn mit

Meister Eckhart bekannt machte und dessen Schrift „Meister Eckehart im Quellpunkt seiner Lehre" 1923 in Erfurt erschien. Doch noch vor diesem Buch über Eckhart hatte Weinhandl sich mit einem anderen spirituellen Meister befaßt und 1921 im Verlag O. C. Recht in München in der Reihe „Katholikon. Werke und Urkunden" als Band 1 „Ignatius von Loyola. Die Geistlichen Übungen. Eingeleitet und übertragen von Dr. Ferdinand Weinhandl" veröffentlicht. Die Einleitung trug die Überschrift „Zur religionsphilosophischen und psychologischen Würdigung des religiösen Erlebens".

Wie Dürckheim und Teilhard de Chardin hatte auch Ignatius von Loyola durch Kriegserleben den Anstoß zu seinem spirituellen Weg bekommen: nachdem ihm bei der Verteidigung der aufständischen kastilianischen Städte gegen Franz I. von Frankreich am 21. Mai 1521 in Pamplona das Bein zerschmettert worden war. Doch auf dem neuen Lebensweg – es sollte zunächst eine Art privater Kreuzritterfahrt nach Jerusalem werden –, türmten sich für Ignatius die inneren und äußeren Schwierigkeiten fast bis zur Katastrophe des Selbstmordes. Der Grund war offensichtlich: Ignatius hatte sich ohne Meister auf den Weg gemacht. Wenn er auf die Dauer trotzdem nicht scheiterte, so verdankte er es der Unterscheidung der Geister, eine Kunst, die er unter Schmerzen lernte.

Weinhandl beschreibt es, und der junge Dürckheim, noch auf der Suche nach einem Meister, wird es mit wachem Interesse gelesen haben. Erst allmählich lernt Ignatius, „aller Störungen Herr werden, gewinnt feste Kriterien für die Bewertung aller Einfälle, nach denen er sie entweder als göttlicher Herkunft oder als ‚Einflüsterungen' des bösen Feindes erkennt. Er bekommt sein immer mehr mit psychologischem Scharfblick und Spürsinn durchschautes Innenleben in die Gewalt des Willens. Niederschlag dieser Kämpfe und Siege, sachlich knappe Aufzeichnungen der dabei gemachten psychologischen Erfahrungen sind die ‚Geistlichen Übungen'. Schon in Manresa sehen wir Ignatius seine ‚Übungen' anderen mitteilen. Vornehme Damen aus Barcelona waren seine ersten Schülerinnen."[6]

Dürckheim, daran besteht kein Zweifel, ist wie Teilhard de Chardin auf seine Weise auch ein Schüler der Ignatianischen Übungen. Oder sollte es nur eine zufällige lautliche Assoziation sein, wenn Dürckheim seine Exerzitien später „Initiatische Übungen" nennt? So ist es sicher auch kein Zufall, daß er seinen Beitrag zur Festgabe für den alten Freund Ferdinand Weinhandl 1967 „Die Wendung zum Initiatischen" betitelt. Trotzdem, und darauf kommt es uns in diesem Zusammenhang an: Dürckheims Weg von den Ignatianischen zu den Initiatischen Übungen ist die Konsequenz einer Unterscheidung der Geister schon in den zwanziger Jahren seines Lebens und dieses Jahrhunderts, und zwar zwischen dem „Exerzitienmeister" Ignatius von Loyola – dieser selbst und sein Exerzitienbuch kennen diesen anspruchsvollen Ausdruck zwar nicht – und dem „Meister" Eckhart von Hochheim. „Meister" bedeutete zur Zeit Eckharts zunächst auch nur Magister, Lehrer, Professor, also Lehrmeister. Eckhart war jedoch in Wirklichkeit ein Lebemeister, wie geschaffen für – Dürckheim.

„Stirb und werde"

Dabei sind die Gemeinsamkeiten zwischen Ignatius und Eckhart unbestritten. Beide sind sich – mit Laotse – darin einig, daß es für den gottsuchenden Menschen zunächst darauf ankomme, sich seiner selbst zu entäußern, damit Gott sich in diese Leere ergießen könne. Doch die Art und Weise, wie beide sich darüber äußern, verrät nicht nur unterschiedliche Temperamente und den Unterschied von zweihundert Jahren. Man hat vielmehr den Eindruck, Eckhart spricht aus dem Herzen Gottes oder spricht Gott aus dem Herzen, Ignatius hingegen bleibt in ehrfürchtiger Distanz.

Doch hören wir selbst aus Eckharts frühen „Reden der Unterscheidung" – später in den Predigten wird er noch enthusiastischer und kühner sprechen: „Dafür, daß ich um seinetwillen mich meiner selbst entäußere, dafür wird Gott mit allem, was er ist und zu bieten vermag, ganz und gar mein Eigen sein, ganz so mein wie sein, nicht weniger noch mehr. Tausendmal mehr wird er mein Eigen sein, als je ein Mensch ein Ding erwarb, das er in dem Kasten hat, oder er je sich selbst zu eigen wurde. Nie war etwas einem so zu eigen, wie Gott mein sein wird mit allem, was er vermag und ist."[7] Eckhart ist wie später Teilhard de Chardin hingerissen von der rückhaltlosen Übereignung Gottes an den Menschen.

Demgegenüber ist Ignatius darauf bedacht, daß bei aller gegenseitigen Hingabe zwischen Gott und Mensch die Grenzen gewahrt bleiben und es vor allem der Mensch ist, der sich Gott zu eigen geben muß. Er läßt in der „Beschauung zur Erlangung der Liebe" – in der Übersetzung von Dürckheim-Freund Weinhandl – den Exerzitanten bedenken, „wie der Herr sich selbst mir zu geben wünscht, so weit er dies seiner göttlichen Anordnung gemäß vermag. Dann soll ich auf mich selbst meine Gedanken richten und betrachten, was ich, nach dem Gebot der Vernunft und der Gerechtigkeit, seiner göttlichen Majestät von meiner Seele darbringen und opfern muß, all das Meine nämlich und mich selbst damit, wie einer, der einem anderen voll Herzinnigkeit etwas anbietet: Nimm hin, O Herr, und empfange alle meine Freiheit, mein Gedächtnis, meinen Verstand und allen meinen Willen, alles, was ich habe und besitze. Du hast mir dies alles gegeben; Dir, o Herr! stelle ich es zurück. Alles ist Dein; verfüge ganz nach Deinem Willen. Gib mir Deine Liebe und Gnade, denn diese genügt mir."

Über sechshundert Jahre nach Eckhart und vierhundert Jahre nach Ignatius entscheidet sich Graf Dürckheim für das spirituelle Grundgesetz des „Stirb und werde" in der Art und Weise, wie Meister Eckhart es in immer neuen, schöneren und kühneren Sätzen sogar, wie es scheint, auf Gott selbst anwendet. Siebzehn dieser Sätze wurden am 27. März 1329 in der Bulle Johannes' XXII. „In agro dominico" als häretisch, elf als der Häresie verdächtig verurteilt. Der zehnte Satz lautet: „Wir werden völlig in Gott umgeformt und in ihn verwandelt; auf gleiche Weise, wie im Sakrament das Brot verwandelt wird in den Leib Christi: so werde ich in ihn verwandelt, daß er selbst mich hervorbringt als sein Sein als eines, nicht (etwa nur) als gleiches; beim lebendigen Gott ist es wahr, daß da kein Unterschied besteht." Der dreizehnte Satz lautet: „Alles, was der göttlichen Natur eigen ist, das alles ist auch dem gerechten und göttlichen Menschen eigen; darum wirkt solch ein Mensch auch alles, was Gott wirkt, und er hat zusammen mit Gott Himmel und Erde geschaffen, und er ist Zeuger des ewigen Wortes, und Gott wüßte ohne einen solchen Menschen nichts zu tun."[8] Teilhard hat gegenüber Eckhart den bleibenden personalen Unterschied zwischen Gott und Mensch betont (siehe oben S.46).

Man muß diese und die vielen anderen Sätze Eckharts vor Augen haben, wenn man die Tragweite ermessen will, die Dürckheims Entscheidung für Eckhart als seinen spirituellen Meister bedeutete. „Ich bin", sagte Dürckheim zu Goettmann, „im wissenschaftlichen Sinn kein Fachmann für Eckehart und auch kein Theologe. Man kann sich ‚meinem' Meister nur nähern, wenn man das Denken in Begriffen ausschaltet. Welch ein Hauch geht von allem aus, was er sagt! Diese unglaubliche Einfachheit, mit der er von Gott spricht, die Beispiele, die er gibt, die Probleme, die er aufwirft […]. Es liegt eine eigenartige Atmosphäre des Essentiellen, des Wirklichen im Schweigen des Überweltlichen in seinen Gedanken, hörbar nur für jene, die Ohren haben zu hören."[9]

Dürckheim hatte solche Ohren, er spürte die Wesensverwandtschaft zwischen sich und Eckhart. Dieser schloß eine seiner letzten Predigten, die berühmte Armutspredigt, bevor er im Frühling 1327 von Köln nach Avignon abreiste, um sich vor dem Papst gegen den Vorwurf der Häresie zu verteidigen, mit den Worten: „Wer diese Rede nicht versteht, der bekümmere sein Herz nicht damit. Denn solange der Mensch dieser Wahrheit nicht gleicht, solange wird er diese Rede nicht verstehen. Denn es ist eine unverhüllte Wahrheit, die da gekommen ist aus dem Herzen Gottes unmittelbar. Daß wir so leben mögen, daß wir es ewig erfahren, dazu helfe uns Gott. Amen."[10] Dürckheim war zumindest auf dem Weg, sich dieser Wahrheit anzugleichen, als er ihr bei Eckhart begegnete. Er verstand so viel von ihr, daß es zur Unterscheidung der Meister reichte.

Ob Dürckheim damals schon spürte wie später: „daß ich mich ein wenig in der Situation Meister Eckeharts fühlte, für den in der Lehre der Kirche kein Platz für seine Gottes-Erfahrung war."[11] Ähnlich war es auch Teilhard de Chardin ergangen. Jedenfalls setzte Dürckheim damals auf seine Erfahrung, auch auf die Gefahr hin, wie Eckhart „nicht voll verstanden und erkannt" zu werden. Dabei wußte er sich auch noch in guter Gesellschaft mit dem suchenden Ignatius von Loyola, über den der Freund Weinhandl zu berichten wußte, wie der ehemalige Offizier während der nachzuholenden Philosophie- und Theologiestudien wegen der ‚Geistlichen Übungen', die er Mitstudenten gab, von der Inquisition aus Alcalá und Salamanca vertrieben wurde und wie es in Paris fast zu öffentlicher Auspeitschung gekommen wäre und wie Ignatius und ein Kreis Gleichgesinnter daraufhin beschlossen, als Heidenmissionare im Morgenland ihr Heil zu suchen und sich, falls das nicht gelänge, dem Papst zur Verfügung zu stellen.

Eckhart und die Meister des Zen

Was Ignatius damals in Jerusalem nicht fand – die Orientierung für seine Lebensarbeit, so daß er sich tatsächlich in Rom dem Papst zur Verfügung stellte –, begab sich für Graf Dürckheim in Japan – nicht als Missionar, sondern als Schüler des Zen – in betonter Distanz zu den etablierten Theologien und Kirchen des Westens.

Vor allem wurde während Dürckheims Aufenthalt im Osten seine Entscheidung für Meister Eckhart bestätigt durch die Meister des Zen, mit weitreichenden Konsequenzen für die Begegnung der Religionen von Ost und West. Gibt es doch heute kaum ein Gespräch zwischen Repräsentanten westlicher und östlicher Spiritualität oder Philosophie, in dem Meister Eckhart nicht wichtige Bezugsperson ist. 1961 erzählt Dürckheim selbst die entscheidende Episode, und sie sei wegen ihrer Schlüsselfunktion ungekürzt zitiert:

„Als ich einst den Abt des Zen-Klosters bei Sendai, Meister Miura, der meine Veröffentlichung über Meister Eckehart gelesen hatte, nach seiner Meinung über das Verhältnis von Eckehart zu Zen fragte, sah er mich erst still und unbewegt an. Dann schoß wie ein Schwerthieb seine rechte Hand vor, sinnend schaute er einen Augenblick auf den winzigen Zwischenraum zwischen Daumen und Zeigefinger und sagte: ‚So ist das! Nur ein hauchdünnes Blatt ist dazwischen. Daran besser nicht rühren.' Das hauchdünne Blatt, das er meinte, was ist es? Und warum besser nicht daran rühren? Der Meister wollte damit folgendes sagen: ‚Was wissen wir davon, ob nicht in der Weise, in der Eckehart von der Gottheit spricht, die große Einheit mit anklingt, die wir meinen und die jenseits von Person und Nicht-Person ist? Wißt ihr aber so gewiß, daß das göttliche Wesen uns nicht auch personhaft gegenwärtig ist, wir uns aber hüten, dem Einen noch einen Namen zu geben in Sorge, den Unnennbaren in einen Begriff einzuschließen, in dem sich der Fürchte- und Wünsche-Gott des Ichs spiegelt?' Und doch ist hier ein Unterschied! Vielleicht muß der Abendländer, und zwar nicht nur der, der sich zum Christentum bekennt, auch wenn er *Sein* als das Unfaßbare erfuhr, das Geheimnis doch wieder als eine ,höchste Gestalt' verehren und sich nicht scheuen, es beim heiligen Namen zu nennen. Der Osten aber scheut sich davor, nimmt sich zurück und bewahrt es im Schweigen."[12]

Daß Dürckheims Entscheidung für Meister Eckhart und für die Meister des Zen keine totale Absage gegenüber Ignatius von Loyola bedeutete, sondern daß dieser höchstwahrscheinlich Dürckheims Entscheidung begrüßt hätte, dafür spricht die Art und Weise, in der sich Schüler des Ignatius, Jesuiten des zwanzigsten Jahrhunderts, zum Beispiel die Patres Enomiya-Lassalle und Dumoulin, auf das Zen eingelassen haben und – auf Meister Eckhart. Daß Pater Lassalle regelmäßiger Rütte-Besucher war, ist bekannt, auch daß Graf Dürckheim gesagt hat: „Seit dieser Begegnung sind wir enge Freunde geworden."[13] Demgegenüber können wir die Polemik anderer Jesuiten gegen Dürckheim und Lassalle vergessen und uns stattdessen fragen, wieweit das Urteil eines der Nachfolger des Ignatius von Loyola, wie dieser ein Spanier, des Jesuitengenerals Pedro Arrupe über Lassalle nicht auch auf Graf Dürckheim zutrifft: „Er ist kein ,Guru', kein ,Pater Spiritual', kein ,Romantiker', kein ,westlicher Jesuit'. Nein! Er ist all das und noch viel mehr: er ist ein Apostel, der allen alles werden wollte (1 Ko 9,22). Und das ist ihm gelungen."[14]

„Allen alles werden"

Die Voraussetzung dafür, allen alles werden zu können, ist sowohl für Paulus, aus dessen Erstem Brief an die Korinther die Formel stammt, wie für Eckhart und Ignatius, für Lassalle und für Dürckheim die Erfahrung innerer Unabhängigkeit: „Da ich also von niemand abhängig war", sagt Paulus, „habe ich mich für alle zum Sklaven gemacht, um möglichst viele zu gewinnen: den Juden ein Jude; denen, die unter dem Gesetz stehen, einer unter dem

Gesetz; den Gesetzlosen ein Gesetzloser; den Schwachen ein Schwacher, „allen bin ich alles geworden".

Doch woher diese Unabhängigkeit, die es Paulus und Eckart, Ignatius, Lassalle und Dürckheim – trotz aller persönlichen und situationsbedingten Unterschiede zwischen ihnen – erlaubte, angestammte und anerzogene religiöse Grenzen zu überschreiten, konfessionelle Fesseln zu sprengen, theologische Begriffswelten zu relativieren, Dogmatismen und Fundamentalismen hinter sich zu lassen und – in den Augen der sogenannten religiösen Autoritäten – „gesetzlos" zu werden? Nicht dadurch, daß sie, wie Paulus sagt, „Gesetzlose wurden vor Gott", sondern dadurch, daß sie „gebunden waren an das Gesetz Christi" (1 Ko 9, 21), das von allen menschlichen und pseudogöttlichen Gesetzen befreit. Beginnt doch Paulus diesen Absatz seines Briefes mit dem triumphalen Ausruf: „Bin ich nicht frei? [...] Habe ich nicht Jesus, unseren Herrn, gesehen?" – Nein, er hatte ihn nicht gesehen wie Petrus und Johannes, als historische Augenzeugen, sondern gesehen mit seinem inneren Auge und gehört mit seinem inneren Gehör – wie später Eckhart und Ignatius, Lassalle und Dürckheim Jesus gesehen haben und dadurch frei wurden. Dürckheim hat diese Krise und den Wendepunkt beschrieben: „Im Leben eines Menschen ist es ein erschütterndes Ereignis, wenn er gewahr wird, daß Gott außerhalb ist, weil er ihn nach außen verlegt hat und das Göttliche in sich nicht zur Wirkung kommen läßt. Der Wendepunkt kommt, wenn er der Tür, die ihn vom Wesen trennt, erlaubt, sich zu öffnen und nicht mehr dem, was in seinem Innersten ist, widersteht, dem, was er werden kann aus seinem geheimsten Kern. Dann hat er die Stimme des inneren Christus gehört; um ihm aber auf dem Weg folgen zu können, bedarf er der Hilfe eines Wegbegleiters, des Meisters, der ihm zur Seite steht."[15]

Marguerite Porete

Einen solchen Wendepunkt gab es auch im Leben Eckharts. Dabei war sein Wegbegleiter und Meister auf dem Weg in die größere göttliche Freiheit eine Frau. Der Germanist Kurt Ruh, einer der besten Kenner Eckharts, beginnt in seinem neueren Eckhart-Buch das Kapitel „Meister Eckhart und die Beginenspiritualität" mit zwei Sätzen, die uns die katastrophalen religiösen Verhältnisse zu der Zeit, als Eckhart zu seinem zweiten Professorenaufenthalt 1311–1313 nach Paris aufbricht, drastisch vor Augen führen: „Wenige Tage nach der Verbrennung einer größeren Gruppe von Templern am 27. Mai 1310 bei der Mühle Saint Anthoine war den Parisern ein neues Scheiterhaufen-Schauspiel beschert. Am 1. Juni [...] wurde die Begine Marguerite Porete, die Verfasserin eines häretischen Buches, auf der Place de Grève den Flammen übergeben."[16] Diese Begine – Angehörige einer der zahlreichen kleinen Frauengemeinschaften, die ohne approbierte Klosterregel und bindende Gelübde dennoch keusch, gehorsam und arm lebten, Gebetszeiten und Kirchgang pflegten und sich vor allem sozial in der Krankenpflege engagierten – diese Begine, Marguerite Porete aus Hainaut bei Valenciennes, nimmt unter den Lehr- und Lebemeistern Eckharts einen hervorragenden Platz ein.

Sie erinnert an Pierre Teilhard de Chardins Cousine Marguerite Chambon. Ihr verdankte der Jesuitenpater Teilhard – wie Dürckheim während des Ersten Weltkrieges – seine mystische Erweckung. Und beide Marguerites erinnern an Maria Hippius, Graf Dürckheims Gefährtin auf dem Weg. Von diesen Frauen gilt, was Meister Eckhart in seiner Predigt über die Maria-Martha-Perikope des Evangeliums sagt: „Daß ein Mensch Gott in sich empfängt, das ist eine gute Sache, und soweit er das kann, ist er ‚Jungfrau'. Daß aber Gott im Menschen fruchtbar werde, das ist noch besser; denn Dankbarkeit für ein Geschenk ist allein, es fruchtbar auszuschöpfen. Der Geist, der dies kann, ist gleichsam ‚Frau' und ‚Mutter', denn er gebiert in Dankbarkeit den empfangenen Jesus neu in Gottes väterliches Herz, aus dem er kommt."[17]

Obwohl Eckhart vermutlich keinen persönlichen Kontakt zu Marguerite hatte, stellt Kurt Ruh mit guten Gründen die These auf, Eckhart habe das Buch der Marguerite, den „Spiegel der einfachen und zu Nichts gewordenen Seelen, die einzig im Wollen und Verlangen der Liebe ruhen", gekannt und entscheidende Passagen dieses Buches, die seinen eigenen Vorstellungen entsprachen oder entgegenkamen, aufgegriffen und ihnen eine präzisere, nach Meinung Eckharts theologisch vertretbare Formulierung gegeben.[18]

Diese Auseinandersetzung Eckharts mit den Ansichten Marguerites markieren einen Wendepunkt in seinem spirituellen Leben. Wenn es auch keinen Bruch mit seinen früheren Positionen gegeben hat: die ethische Orientierung seiner früheren Lehre von der radikalen Befreiung des Menschen von allem Eigenen, der Verzicht auf das Haben, das Stehen im Sein bekommt nach den Worten von Kurt Ruh nun „einen mystischen Grund in der ‚Abgeschiedenheit‘, die nicht nur das ‚Lassen‘ vom Kreatürlichen, sondern auch" – und das ist in unserem Zusammenhang von höchstem Interesse – das ‚Lassen‘ „von religiösen Erkenntnisbildern mit einschließt". Auch die ‚Vernünftigkeit‘ des Menschen, die beim frühen Eckhart immerhin schon ‚der Tempel Gottes‘ ist, „bleibt in Eckharts Lehre und Verkündigung erhalten, wird aber spezifiziert als das intimum animae, das Innerste der Seele, ihr ‚Fünklein‘, als ‚Ort‘ der Gottesgeburt."[19] Mit diesen beiden, in der mystischen Erfahrung Marguerites fundierten und durch die philosophisch-theologische Formulierungskunst Eckharts neu gefaßten Wegmarken – in Stichworten: die Gottesbilder sein lassen und Gott in uns gebären lassen – gewinnt die westliche mystische Tradition von der Gottesgeburt einen Höhepunkt, an dem wir uns heute noch orientieren können.

Die spirituellen Wege der Meister Eckhart, Ignatius, Teilhard und Dürckheim zeigen, wie sich ihr Menschen- und Gottesbild mit der Zeit und beeinflußt von ihrer Zeit entwickelte und daß sie eine Weggemeinschaft bilden, die sowohl Geschichtsepochen wie psychische Temperamente verbindet und in der auch wir uns wiederfinden können. Ist es vermessen anzunehmen, daß sich in ihrem Werden zur spirituellen Meisterschaft auch das Werden des Göttlichen ereignete, der Wirklichkeit, die sich nicht nur als platonische Meisteridee unserer Vernunft zu erkennen gibt, sondern vor allem dem Herzen als der kreaturgewordene göttliche Weg, als unser innerer Meister? Graf Dürckheim war davon überzeugt: „So erfüllt sich der *Weg*. Und ist der Mensch schließlich eins mit ihm geworden, der Schüler selbst zu dem sich in ihm darlebenden Weg, so ist er selbst zum Meister geworden."[20]

Welche Voraussetzungen und Konsequenzen es nach Eckhart und Dürckheim hat, wenn wir nicht nur eine zwischenmenschliche Weggemeinschaft bilden, sondern dabei immer auch und sogar primär mit dem Göttlichen zusammen unterwegs sind, das wollen wir wenigstens noch kurz andeuten.

„Gottes" ledig werden

Nach Dürckheim geht es um die „Einswerdung mit dem Wesen"[21], nach Eckhart um die „Gottesgeburt" in uns, nach dem Zen – in den Worten Dürckheims – um die „Neugeburt des Menschen aus der Erfahrung des Seins."[22]

Wenn wir neugeboren werden sollen aus der Erfahrung des Seins, des Göttlichen, dann müssen wir, so Meister Eckhart, zuvor und immer wieder „Gottes" ledig werden, „Gott" los werden, „gott-los" werden in dem Sinne, daß wir alle Gotteserscheinungen, Gottesgestalten, Gottesworte, Gottesbilder hin zur Gottheit, wie sie in sich selbst ist, durchbrechen. „Denn, ehe die Geschöpfe waren, war Gott nicht ‚Gott': sondern er war, was er war", heißt es in der schon erwähnten Armutspredigt von 1327, gleichsam Eckharts geistlichem Testament, ist er doch vermutlich im Frühjahr des folgenden Jahres 1328 gestorben. Eckhart fährt fort: „Als aber die Geschöpfe entstanden und sie ihr geschaffenes Sein empfingen, da war Gott nicht [mehr] ‚Gott in sich selbst', sondern er war ‚Gott' in den Geschöpfen. Nun sagen wir, daß Gott, soweit er ‚Gott' ist, nicht das höchste Ziel der Geschöpfe ist; [...] Und wäre es so, daß eine Fliege Vernunft hätte und auf dem Wege der Vernunft den ewigen Abgrund göttlichen Seins, aus dem sie gekommen ist, zu suchen vermöchte, so würden wir sagen, daß Gott mit alledem, was er als ‚Gott' ist, nicht (einmal) dieser Fliege Erfüllung und Genügen zu schaffen vermöchte. Darum bitten wir Gott, daß wir ‚gott'-los (wörtlich: ‚Gottes' ledig) werden und daß wir die Wahrheit dort erfassen und sie ewiglich genießen, wo die obersten Engel und die Fliege und die Seele gleich sind."

Worauf es Eckhart ankommt, ist die Unterscheidung zwischen der Gottheit, wie sie in sich selbst und das letzte Ziel jeglicher Kreatur ist, und der Gottheit, die eine Geschichte beginnt, indem sie sich schaffend den Kreaturen mitteilt, selbst begrenzte Kreatur wird und sich den eingeschränkten kreatürlichen Seins- und Kommunikationsbedingungen unterwirft. Die Konsequenz: Die eine Gottheit erscheint den Kreaturen und in den Kreaturen in so vielen göttlichen Gestalten, wie es Kreaturen gibt. Aus der Gottheit wird ein je und je anders nuancierter Gott, werden Göttinnen und Götter, die nicht selten gegeneinander ausgespielt werden. Keine dieser Gestalten jedoch vermag letztlich die Sehnsucht der Kreaturen zu stillen, nicht einmal die einer Fliege, hätte sie Vernunft genug, ihre eigentliche Bestimmung – die Vereinigung mit der Gottheit, wie sie in sich selbst ist – zu begreifen.

Um die mehr und mehr verdunkelte Wahrheit über die Gottheit, wie sie in sich selbst ist, wieder zu gewinnen, ist es nach Meister Eckhart nötig, alle vordergründigen, sich nicht selten absolut setzenden Wahrheiten über die „Götter" und „Göttinnen" der Religionen sowie auch über den „Gott" der Philosophen und Theologen als Nichtwahrheiten zu entlarven, als Nichts. „Die Meister sagen, Gott sei ein Sein und ein vernünftiges Sein und erkenne alle Dinge. Wir aber sagen" – Eckhart distanziert sich offensichtlich nicht nur von seinen nächsten Lehrern Albertus Magnus und Thomas von Aquin, sondern in der paradoxen Redeweise der Mystik auch von sich selbst als scholastischem Lehrmeister – „wir aber sagen: Gott ist weder Sein noch vernünftig, noch erkennt er dies oder das. Darum ist Gott aller Dinge ledig, und (eben) darum ist er alle Dinge. Wer nun arm in geistiger Weise sein soll, der muß arm sein an allem eigenen Wissen, so daß er von allem nicht wisse, weder von Gott, noch von Welt, noch von sich selbst. Darum ist es nötig, daß der Mensch danach begehre, die Werke Gottes weder wissen noch erkennen zu können. In dieser Weise vermag der Mensch arm zu sein an eigenem Wissen."[23]

Bemerkenswert ist, wie selbstverständlich Eckhart hier die innere Korrespondenz zwischen dem jeweiligen Gottes-, Welt- und Selbstbild voraussetzt: Sage mir dein Gottesbild, und ich sage dir, wer du bist und wie du mit der Welt umgehst, mit Luft und Wasser, Pflanzen, Tieren und Menschen. Der Schluß gilt auch umgekehrt. Ist es beispielsweise nicht entlarvend für das kirchenamtliche römisch-katholische Gottesbild, daß es bis heute keine päpstliche Verlautbarung zur ökologischen Krise gibt, obwohl diese vermutlich, wenn wir nicht schnellstens weltweit reagieren, das Werk Gottes auf dieser Erde, die Vollendung seiner Inkarnation, vereiteln wird. Der Grund für diese Blindheit ist nicht die von Eckhart geforderte geistige Armut an Wissen, der heilsame Zweifel an allem eigenen Wissen, sondern das Gegenteil davon: das eigenwillige und eigensinnige Besserwissen, das sich aufbläht zu pseudogöttlicher Unfehlbarkeit.

Negative Theologie und religiöser Fundamentalismus

Dabei täte der Menschheit des ausgehenden 20. Jahrhunderts nichts mehr not als diese von Eckhart geforderte geistige Armut! Bilden wir uns doch ein, alles zu wissen oder wenigstens bald alles zu wissen über den Menschen, den Kosmos, über Gott. Bliebe es doch nur bei dieser Einbildung! Doch wir setzen dieses eingebildete Wissen auch unbedenklich in Taten um und wundern uns, wenn sie Katastrophen auslösen. Was den religiösen Sektor betrifft, ist eine besonders gefährliche Spielart dieses Mit-absoluter-Gewißheit-Wissens der religiöse Fundamentalismus inner- und außerhalb der etablierten Religionen, bei den Christen und Juden, im Islam und in den zahlreichen Sekten. Der religiöse Fundamentalismus lebt davon, daß er – in der Sprache Eckharts – jeweils seinen „Gott", sein Gottes- und Menschenbild, für absolut, für die „Gottheit" selbst nimmt und die Herrschaft dieses „Gottes" durchsetzen will, wenn nötig, mit Gewalt. Auch die politischen, wirtschaftlichen und wissenschaftlichen Ersatzreligionen wie Nationalismus, Kapitalismus und Reduktionismus haben ihren jeweiligen „Gott": Volk und Rasse, Profit und Wirtschaftswachstum, Materie und Gene. Fanatismus und Intoleranz sind die Merkmale des Fundamentalismus, den es immer gegeben hat, der sich aber heute dank der nahe zusammengerückten Menschheit, der Globalisierung aller Krisen, als Weltbedrohung auswächst. Man kann die zunehmenden Auseinandersetzungen unserer Tage auch verstehen als einen Kampf der Fundamentalismen um die Weltherrschaft.

Auch Eckhart kannte den Fundamentalismus seiner Zeit nur zu gut: zum Beispiel den Machtkampf zwischen der päpstlichen Universalherrschaft und dem nationalen Königtum Frankreichs. Hieß es doch in der Bulle Papst Bonifaz' VIII. „Unam sanctam" von 1302: „Für die Erlösung der Menschheit ist es unerläßlich, daß jedes menschliche Geschöpf dem römischen Pontifex untertan ist."

Eckhart selbst wurde das Opfer der Inquisition, einer der schrecklichsten Ausgeburten des religiösen Fundamentalismus.

Es ist offensichtlich, daß Eckhart seine Form der sogenannten negativen Theologie auch als Gegenwehr gegen die fundamentalistischen Strömungen seiner Zeit entwickelte. Deshalb wurde er zum Häretiker gestempelt. Seine Theologie vom Wahn und Wahnsinn des Genau-Bescheid-Wissens über Gott und damit über Mensch und Welt rüttelte an den Fundamenten sowohl der religiösen wie der politischen fundamentalistischen Orthodoxien seiner Zeit.

Dabei führte Eckharts negative Theologie nur die neuplatonische Tradition von Plotin, Porphyrios und Proklos weiter. Ein Markstein in dieser Ahnenreihe ist der Proklos-Schüler Dionysios der Areopagite, ein Pseudonym vermutlich für den Syrer Petrus Fullo, der von 471 bis 485 Patriarch von Antiochien war und später verbannt wurde. Fullo wählte für seine Texte, die ein ungeheures Echo fanden, den Namen des Paulusschülers Dionysius, der durch die Areopagrede des Apostels über den unbekannten Gott bekehrt worden sein soll. Des Dionysius schmale, hymnische Schrift mit dem Titel „Mystische Theologie" sagt über Gott:

> „Keine Aussage überhaupt und keine Verneinung
> mittels dessen, was unter Ihm liegt,
> trifft Ihn oder sagt etwas, was Er nicht ist;
> denn er ist über jeder Bejahung
> als der völlige und eins seiende Grund und
> Ursprung von allem
> und über jeder Verneinung
> als die Erhabenheit des von allem völlig Gelösten,
> das alles überragt."[24]

Ende des 9. Jahrhunderts eröffnete Johannes Scotus Eriugena die Reihe der zahlreichen Dionysius-Kommentare bis hin zu Eckharts Lehrer Albertus Magnus und Thomas von Aquin. Das um 1250 an der Pariser Universität entstandene „Corpus Dionysiacum" mit Texten, Kommentaren und Paraphrasen wird Eckhart gekannt haben. Jedenfalls zitiert er gelegentlich Dionysius. Auch bei Marguerite Porete konnte er lesen: „Wer alles von Ihm (Gott) erkennen würde, was man von Ihm sagt, hätte noch nichts begriffen gegenüber der gewaltigen Erkenntnis, die in Ihm ist und unserem Erkennen fremd bleibt."[25]

Wie die spekulative negative Theologie etwas Positives über Gott aussagt, nämlich die Erhabenheit der Gottheit über alle Gottesbilder hinaus, ebenso dient die praktische Entsprechung zur negativen Theologie, die Meditation zur Entleerung des Herzens, dazu, der Gottheit Raum zu geben, wie Graf Dürckheim sagt: „Das Freiwerden von Bildern und Gedanken führt, wenn es gelingt, zur Erfahrung der Leere. Die Leere, die Abwesenheit des gegenständlichen Vielen, ermöglicht das Aufgehen der ungegenständlichen Fülle."[26] Dieses „Aufgehen der ungegenständlichen Fülle" in uns ist jenes geheimnisvolle Geschehen, das die große mystische Tradition die „Gottesgeburt" nennt. Sie ist das Herzstück der mystischen Theologie Meister Eckharts und der initiatischen Übung Graf Dürckheims.

Die „Gottesgeburt"

In seiner Predigt über den zwölfjährigen Jesus im Tempel[27] hat Meister Eckhart die „Gottesgeburt" so hinreißend beschrieben und charakterisiert, daß jedes eigene Wort darüber oder jede Paraphrase ein Verlust gegenüber dem Originalton darstellt, wie wir gleich hören werden.

Das erste Charakteristikum dieses mystischen Geschehens ist nach Eckhart: Dem göttlichen Wirken allein verdankt der Mensch die Gottesgeburt in seinem Inneren. Es muß „alles von innen, aus Gott heraus, aufquellen, wenn diese Geburt authentisch und klar dort leuchten soll, und all dein Tun muß stillgelegt werden, und alle deine Kräfte müssen dem Seinen dienen und nicht dem Deinen. Soll dieses Werk vollkommen sein, dann muß es Gott allein wirken, und du sollst es nur erleiden." Diese Priorität der Gnade verbindet Eckhart besonders mit Luther, aber auch mit Ignatius, Dürckheim und dem Zen.

Das zweite Charakteristikum ist: Das Göttliche geht in uns ein mit seiner ganzen unvorstellbaren Fülle und schenkt uns auch die entsprechende Fassungskraft: „Wo du wahrhaft aus deinem Willen und deinem Wissen herausgehst, da geht Gott mit seinem Wissen und Willen wahrhaft hinein und leuchtet dort voll Klarheit [...]. Dann kann Gott mit seinem Licht hineinleuchten und alles, was du aufgegeben hast, und tausendmal mehr mit sich bringen und eine neue Form dazu, die die ganze Fülle faßt." Es sind die Heiligen zu allen Zeiten und in allen Kulturen, in denen die Fülle Gottes am ehesten sichtbar geworden ist.

Das dritte Charakteristikum ist die – man hört es zunächst mit Skepsis und Staunen – Zwangsläufigkeit der Gottesgeburt: „Wann immer dich Gott bereit findet, muß er wirken und sich in dich ergießen, ebenso, wie wenn die Luft klar und rein ist, die Sonne sich ergießen muß und sich dessen nicht zu enthalten vermag. Es wäre gewiß ein großer Mangel an Gott, wenn er nicht große Werke an dir wirkte und großes Gut in dich gösse, wenn er dich entsprechend ledig und entblößt vorfindet." Den Einwand, wo denn da die Freiheit Gottes bleibe, erledigt Eckhart genial mit dem bloßen Hinweis auf das göttliche Wesen als überströmende Fülle und sich ergießende Liebe: Gott würde sich selbst Gewalt antun, ja sich selbst in seinem Wesen aufheben – was er nicht kann –, würde er nicht seinem Wesen gemäß handeln.

Das vierte Charakteristikum der Gottesgeburt: Sie ist sozusagen Gottes Lieblingsidee von Ewigkeit her, und Gott sehnt sich unendlich nach ihrer baldigen Verwirklichung:

„Du darfst ihn weder hier noch dort suchen, er ist nicht ferner als vor der Herzenstür; da steht er und harrt und wartet, wen er bereit findet, ihm aufzutun und ihn einzulassen. Du brauchst ihn nicht von weither herbeizurufen; er drängt mehr als du, daß du öffnest. Er begehrt tausendmal mehr nach dir als du nach ihm. Auftun und Eindringen ist nichts als ein (einziger) Zeitpunkt." Das sind die Bilder und die Sprache der Brautmystik, wie sie sich in allen Religionen findet, zum Beispiel im „Hohenlied" der hebräischen Bibel.

Das fünfte Charakteristikum beantwortet die Frage, ob es Anzeichen gibt dafür, daß sich die Gottesgeburt in uns ereignet habe. Eckharts Antwort: „Ja, bei der Wahrheit! Wenn diese Geburt wirklich geschieht, können dich alle Geschöpfe nicht hindern, sondern sie weisen dich alle zu Gott und zu dieser Geburt [...]. Ja, was dir vorher ein Hindernis war, das fördert dich nun allesamt. Das Antlitz wird ganz dieser Geburt zugewandt. Ja, alles, was du siehst und hörst, was immer das sei, du kannst in allen Dingen nichts anderes empfangen als diese Geburt. Ja, alle Dinge werden lauter

Gott, denn in allen Dingen sinnst du nichts als lauter Gott [...]. Wo dir dies mangelt, daß du in allem und jedem Gott sinnst und suchst, da mangelt dir diese Geburt." Es gibt zu diesem Zug der Braut-mystik, den Eckhart hier meint, eine Parallele in der zwischen-menschlichen Liebe. Die große Liebe zeichnet sich dadurch aus, daß die Verliebten nichts anderes mehr kennen als ihre Liebe. Alles übrige ist nur dazu da, dieser Liebe zu dienen, an sie zu erinnern, sie zu fördern und zu bestätigen. Jedes Hindernis macht die Liebe stärker, entflammt sie um so heftiger.

Die Dürckheimsche „Seinsfühlung in Permanenz" zielt in die gleiche Richtung. Sein „großes Spürbewußtsein" zeichnet sich da-durch aus, „daß in ihm die allem wahrhaft gespürten Leben inne-wohnende [...] Tiefenqualität bewußt wahrgenommen wird. Im Spüren der alltäglichsten Gegebenheit, im Wind, der Luft, der Atmosphäre eines Raumes, einer körperlichen Berührung, einer Bewegung, im Dahingleiten des eigenen Wagens, im Essen und Trinken [...] Seinsfühlung und Seinserfahrungen vollziehen sich im großen Spürbewußtsein."[28] Dieses Spürbewußtein setzt voraus, daß sich die Gottesgeburt nicht nur im Menschen ereignet, son-dern in allen Kreaturen, mit dem Unterschied, daß sich diese ihr nicht widersetzen können. Weil das Göttliche nicht nur im Herzen der Menschen anwesend ist, sondern im Herzen der Welt und des Weltalls als – wie Teilhard de Chardin gesagt hat – der „kosmische Christus", deshalb kann Eckhart formulieren: „Alle Dinge werden lauter Gott, denn in allen Dingen sinnst du nichts als lauter Gott." Es ist diese göttliche Wesensverwandtschaft, welche die aus Gott Geborenen in allem spüren, und weswegen wir alle Dinge so faszi-nierend finden, jeweils um so mehr, als sie für das in ihnen woh-nende Göttliche transparent sind und immer mehr werden.

Wenn man diese von Herzen kommende und zu Herzen gehen-de Predigt Eckharts über die Gottesgeburt auf sich wirken läßt, fragt man sich, wie es möglich ist, daß sich Eckhart-Experten dar-über gestritten haben, ob Eckhart aus eigener mystischer Er-fahrung heraus gepredigt, oder ob er sich nur theoretisch damit befaßt habe. Wurde er doch nach dem Abschluß der Pariser Lehrtätigkeit im Sommer 1313 nach Straßburg berufen, wo ihm die Betreuung der – sage und schreibe – etwa siebzig süddeutschen Frauenklöster allein des Dominikanerordens übertragen wurde. In ihnen war die unio mystica, die mystische Vereinigung mit Gott, Thema Nr. 1, und die Spirituale mußten sich damit auseinandersetzen, so auch Eckhart. Was jedoch seine Predigten von denen der nur scholastisch-thomistisch orientierten Theologen unterschied, war gerade ihre mystische Spiritualität. Eckhart war nicht nur der Vertreter einer mystisch-spekulativen Theologie, sondern er war das, weil er selbst als Mystiker entsprechende Erfahrungen gemacht, weil er die Gottesgeburt am eigenen Leibe erlitten hatte. „Gottesgeburt" aber bedeutete für Eckhart: Gott „wird und entwird".

Gott „wird und entwird"

Was für Platon nicht denkbar gewesen war und was der Neuplatonismus erst durch die christliche Offenbarung lernte, wobei auch er nicht immer ganz konsequent war, das ist Gottes eigenes Werden in der Schöpfung, Gottes eigene Geschichtlichkeit.

Wie wenig selbstverständlich dieses Werden Gottes selbst fortschrittlichen Theologen dieses Jahrhunderts war, dafür ist Teilhard de Chardin ein Beispiel. In Rom wegen seiner abweichenden Auffassung vom Paradies und von der Erbsünde bereits in Ungnade gefallen, weshalb ihn die Jesuitenoberen aus der Schußlinie holten und nach China versetzten, äußerte sich Teilhard zu unserem Thema 1924 in Tientsin unter dem Titel „Mein Universum" noch ziemlich verklausuliert: „So wird der organische Komplex [der Schöpfung] errichtet sein: Gott und die Welt [bilden gemeinsam die Fülle], das Pleroma – geheimnisvolle Wirklichkeit, von der wir nicht sagen können, daß sie schöner sei als Gott allein, da Gott nicht auf die Welt angewiesen ist, von der wir aber auch nicht glauben können, daß sie absolut nebensächlich sei, ohne die Schöpfung unverständlich, das Leiden Christi absurd und unsere Anstrengung bedeutungslos zu machen."[29]

Erst in seiner 1950 geschriebenen autobiographischen Skizze „Das Herz der Materie" gesteht Teilhard, wie er sich unter dem Einfluß „jener seltsamen Hemmungen, die uns so oft daran hindern, das zu erkennen, was wir vor Augen haben", lange Zeit keine Rechenschaft darüber gegeben habe, „daß unausweichlich in dem

Maße, als Gott die Welt von den Tiefen der Materie bis zu den Höhen des Geistes ,umformte', die Welt im Gegenzug Gott ,einformen' mußte. Gerade durch das einigende Wirken, das ihn uns enthüllt, ,verwandelt sich' Gott auf irgendeine Weise, indem er uns sich einverleibt." Wie Eckhart – wir werden es hören – ringt auch Teilhard um Worte, und er steigert sie von Aussage zu Aussage: „Gott nicht einfach nur sehen und sich von Ihm umfangen und durchdringen lassen, – sondern ebenso (wenn nicht in erster Linie) Ihn immer noch weiter entdecken oder sogar in einem gewissen Sinne ihn ,vollenden'." Für Teilhard, den Theologen der Evolution, gibt es demnach nicht nur eine Kosmogenese, sondern mit ihr verbunden auch eine Theogenese, eine Evolution Gottes: „Durch die Begegnung seiner Anziehung mit unserem Denken ist Gott um uns herum und in uns dabei, sich zu ,verändern'. Durch den Aufstieg der ,Quantität kosmischer Einigung' werden sein Glanz, seine Farben reicher." Da Teilhard Meister Eckhart nur flüchtig gekannt hat, kann er sechshundert Jahre später erleichterten Gewissens ausrufen: „So sind das große Ereignis, die große Neuigkeit endlich erkannt, formuliert."[30]

Das erinnert in der Tat frappierend an Meister Eckharts berühmte Predigt „Fürchtet euch nicht."[31] Auch Eckhart ist sich bewußt, daß er Ungewöhnliches zu sagen hat, etwas, das ihm selbst erst mit der Zeit zur Gewißheit geworden ist. Deshalb heißt es an drei Stellen in dieser Predigt: „Ich will jetzt etwas sagen, was ich noch nie gesagt habe. [...] Gott und ,Gottheit' sind so weit voneinander verschieden wie Himmel und Erde." Wir erinnern uns an diese Unterscheidung Eckharts zwischen der Gottheit, wie sie in sich selbst ist, und „Gott", in dem sich die Gottheit nach außen entäußert. Eckhart bringt nun diese Verschiedenheit auf die Formel: Im Gegensatz zur Gottheit, die keinem Werden unterworfen ist: „Gott wird und entwird." In diesen Satz drängt Eckhart die ganze Schöpfungsgeschichte zusammen, deren Grund, wie er breit ausführt, die überströmende göttliche Liebe ist.

Hören wir einige Kernsätze dieses außerordentlichen Textes. Eckhart spricht zunächst von sich selbst in seiner vorgeschichtlichen Existenz als göttliche Idee, ganz eins mit der ewigen, fraglosen und nicht fragenden Gottheit: „Als ich (noch) im Grunde, im Boden, im Strom und Quell der Gottheit stand, da fragte mich niemand, wohin ich wollte und was ich täte: da war niemand, der mich gefragt hätte." Eckhart spricht dann von der Schöpfung, in der „Gott" und das „Geschöpf" zugleich werden und zu einer Schicksalsgemeinschaft zusammengeschlossen sind, beide voneinander abhängig. „Als ich (dann) ausfloß, da sprachen alle Geschöpfe [von] ‚Gott'. [...] Und warum reden sie nicht von der ‚Gottheit'? (Weil) alles, was in der ‚Gottheit' ist, Eins ist, und davon kann man nicht reden." Eckhart handelt dann von der Schöpfung, die, weil sie sich der überströmenden göttlichen Liebe verdankt, auch Ausdruck dieser Liebe werden soll durch die Vereinigung der Geschöpfe einerseits mit ihrem jeweiligen „Gott" und andererseits mit der ewigen Gottheit, die gleichsam als mystischer Untergrund immer und überall gegenwärtig ist, und schließlich durch die Einheit zwischen den Geschöpfen untereinander: „Wenn ich in Gott [eins geworden] zurückkomme und nicht dabei stehen bleibe, dann ist mein ‚Durchbrechen' [in die Gottheit]" – wir kennen den Terminus „Durchbruch" bei Dürckheim – „viel edler als mein Ausfließen. Ich allein bringe alle Geschöpfe in ihrem geistigen Sein in meine Vernunft, so daß sie in mir eins sind."

Schließlich spricht Eckhart von dem letzten Durchbruch als endgültigem Zurückfluten der mit „Gott" vereinten Schöpfung in die ewige Gottheit: „Wenn ich [dann] in den Grund, in den Boden, in den Strom und in die Quelle der ‚Gottheit' [zurück]komme, so fragt mich [wiederum] niemand, woher ich komme und wo ich gewesen bin. Dort hat mich (ja) niemand vermißt, dort entwird [ja auch] Gott [wieder]."

An dieser Stelle wird besonders deutlich, wie Eckhart versucht, die Bewegung, die Betroffenheit, kurz das die Ruhe störende Werden vom Herzen der Gottheit fernzuhalten – so sehr wirken auch bei ihm wie in der gesamten abendländischen Philosophie und Theologie bis heute Platons Gottheit als das „ewig unbeweglich sich Gleichbleibende" und des Aristoteles „unbewegter Beweger" nach. Daß die ewige Gottheit uninteressiert sein soll am zeitlichen Schicksal ihres „Gottes" und seiner „Geschöpfe", ist für uns schwer nachvollziehbar und scheint auch im Widerspruch zu stehen zum Wesen der Gottheit als überströmender Liebe, wie sie uns Eckhart immer wieder schildert.

Teilhard de Chardin ist in diesem Punkt schon in dem Text

„Mein Universum" von 1924 konsequenter, wenn er über das Ende der Schöpfung schreibt, der kosmische Leib Christi, Eckharts „Gott", bleibe auch in der ewigen Umarmung mit der Gottheit eigen- und selbständig. Daß Teilhards Terminologie in ihren Schlüsselwörtern an Eckhart erinnert, scheint keine direkte Abhängigkeit von Eckhart zu sein, sondern bezeugt die durch die Sache bedingte Universalität der mystischen Sprache über die Jahrhunderte hinweg: „In diesem Augenblick, wenn Christus alle geschaffenen Kräfte ihrer selbst entleert haben wird (indem er verwirft, was Faktor der Auflösung ist, und alles überbeseelt, was Kraft der Einheit ist), wird er die universelle Einswerdung vollenden, indem er sich in Seinem vollständigen und erwachsenen Leib [...] den Umarmungen der Gottheit hingibt. [...] Wie eine gewaltige Flut wird das Sein das Brausen der Seienden übertönen. In einem zur Ruhe gekommenen Ozean, von dem aber jeder einzelne Tropfen das Bewußtsein haben wird, er selbst zu bleiben, wird das außerordentliche Abenteuer der Welt beendet sein. Der Traum jeder Mystik wird seine volle und berechtigte Erfüllung gefunden haben. Erit in omnibus omnia Deus (Gott wird alles in allem sein, 1 Ko 15, 28)."[32]

Das ist auch der Traum Graf Dürckheims gewesen: „Das *Wesen* ist die Weise, in der in uns und allen Dingen das überweltliche göttliche *Leben* anwest und in uns und durch uns Gestalt gewinnen möchte in der Welt."[33]

Durch dieses Schöpfungsgeschehen, in das hinein sich nach Eckharts, Teilhards und Dürckheims gemeinsamer Überzeugung das Göttliche ständig selbst entäußert, weil seine überströmende Liebe noch weiter wachsen und werden will, hat sich Gott aber auch von uns abhängig gemacht. Der Mensch, mit Freiheit begabt, kann sich der Liebe öffnen, aber auch verweigern, und er kann für die ganze Schöpfung handeln, was er heute mehr denn je tut. Der Satz von Meister Eckhart aus der zuletzt angeführten Predigt bekommt heute einen tiefen, unheimlichen Sinn: Erst „wo alle Geschöpfe Gott aussprechen: da wird ‚Gott'", in jüdisch-biblischem Verständnis: Gott muß „erkannt", anerkannt und geliebt werden, wenn es zur Heiligen Hochzeit zwischen Himmel und Erde kommen, wenn das Göttliche vollendet werden soll.

Damit ist auch schon angesprochen, welche Bedeutung dieses

Menschen- und Gottesbild, nach dem die Schöpfung die Entwicklungsgeschichte des Göttlichen ist, für unser alltägliches Denken und Handeln hat, heute und in Zukunft noch mehr. Wir haben es in allem, was wir tun, immer mit dem werdenden Gott zu tun: Wir fördern oder wir behindern ihn, wir lassen ihn leben oder wir kreuzigen ihn, je nachdem, wie wir uns selbst, die Mitmenschen und unsere Mitwelt behandeln. Die radikale Immanenz der transzendenten Gottheit ist das Geheimnis unseres Lebens und Tuns und ist die Erklärung dafür, warum von uns nicht nur viel, sondern alles abhängt, sogar das Wachstum der göttlichen Liebe.

Wir kommen zum Schluß. Es gibt für unsere gemeinsame Besinnung – und das sollte es sein – auf die Formel „Gottes Werden ist unser Sein" kein treffenderes Schlußwort als jenes von Meister Eckhart in der zitierten Predigt „Fürchtet euch nicht". Diese heißt wegen ihres Schlußwortes auch die „Opferstockpredigt". Ihr Inhalt scheint Eckhart so wichtig gewesen zu sein, daß er schließt: „Wer diese Predigt verstanden hat, dem gönne ich sie gern. Wäre hier niemand gewesen, ich hätte sie diesem Opferstocke predigen müssen. Es gibt [jedoch] manche unbedarfte Leute, die kehren wieder heim und sagen: ‚Ich will an meinem Platze sitzen (bleiben) und [in Ruhe] mein Brot verzehren und Gott dienen!' Ich sage bei der ewigen Wahrheit: Diese Leute bleiben in der Irre und können niemals so weit gelangen noch das erringen, was die anderen erreichen, die Gott in [die] Armut und in [die] Fremde nachfolgen."[34]

6. Teilhard de Chardin und Graf Dürckheim

Wer beide Persönlichkeiten auch nur flüchtig kennt, den wird es nicht überraschen, wenn hier der Versuch gemacht wird, beide – Graf Dürckheim (1896–1988) und Teilhard de Chardin (1881–1955) – im Hinblick auf die Zukunft der Menschheit an der Schwelle ins dritte Jahrtausend miteinander ins Gespräch zu bringen. Sind doch beide unabhängig voneinander und doch in einer auffallenden Konvergenz ihrer Lebensläufe, deren Divergenz dadurch nur um so deutlicher hervortritt, zu Rufern in der Wüste geworden. Ähnlich allen prophetischen Gestalten haben sie nicht nur die gegenwärtige katastrophale Situation der Menschheitsgeschichte und deren Ursachen hellsichtig erkannt und beschrieben: Sie haben vor allem die Wege gezeigt, auf denen sich uns „Das Tor in die Zukunft"[1] wieder öffnet.

Der gefährdete Weg in die Zukunft

> „Wir müssen in einem gewissen Maße einen beständigen Hafen suchen. Doch wenn das Leben uns unaufhörlich losreißt, ohne uns irgendwo Wurzeln schlagen zu lassen, ist das vielleicht ein Ruf und ein Segen: die Welt wird nur von jenen begriffen und gerettet werden …, die keinen Platz haben, wohin sie ihr Haupt legen können. Persönlich bitte ich Gott, mich (zumindest metaphorisch) am Rande einer Straße sterben zu lassen."[2]
>
> *Pierre Teilhard de Chardin*

Wie sehr Teilhards Werk – obwohl er als Geologe und Paläontologe mehr an der Vergangenheit der Menschheit hätte interessiert sein müssen – nach Ansicht der kompetenten Herausgeber seiner 13bändigen französischen Werkausgabe zukunftsorientiert gewesen ist, zeigen schon die von ihnen stammenden Buchtitel von Band 5 „L'Avenir de l'Homme" (1959, dt. „Die Zukunft des Menschen", 1963) und von Band 11 „Les Directions de l'Avenir" (1973, nur teilweise deutsch unter dem Titel „Mein Weltbild", 1973).[3] „Les Directions de l'Avenir" wäre am treffendsten mit „Die Wege der Zukunft" zu übersetzen in dem Sinne: Bereits eine gründliche Analyse der Gegenwart lasse die Richtungen erkennen, welche die Zukunft der Menschheit nehmen werde, – sollten die Menschen denn eine Zukunft haben wollen.

Denn darauf sei gleich zu Anfang hingewiesen und so eine weit verbreitete Meinung über Teilhards Zukunftsauffassung – als sei er ein unverbesserlicher Optimist gewesen – korrigiert. Obwohl für Teilhard – und für Dürckheim – der Weltstoff dahin drängt, sich in Liebe zu vollenden, ist auch für Teilhard das Gelingen der Evolution auf unserer Erde an Voraussetzungen gebunden, die nicht ohne weiteres garantiert sind: die weitere Bewohnbarkeit der Erde (für uns heute durchaus keine Selbstverständlichkeit mehr); genügend, nicht durch Naturkatastrophen eingeschränkter Lebensraum; ausreichende Rohstoffe und Lebensmittel; genügend Quantität und Qualität der menschlichen Gehirnsubstanz zur Ausbildung eines Universalwissens: „Wenn irgendein solcher Mangel auftreten sollte", sagt Teilhard 1949 in seinen Vorlesungen an der Sorbonne, die 1956 auf französisch erschienen („Le Groupe Zoologique Humain", dt. „Die Entstehung des Menschen", 1961), „dann würde dies offensichtlich den Fehlschlag des Lebens auf der Erde bedeuten, und es bliebe nichts anderes übrig, als daß die Welt (das Weltall, G. S.] ihre Bemühung um eine Zentrierung an anderer Stelle, an irgendeinem anderen Punkt des Weltraums zum Ziele zu führen suchte" – eine kosmische Zukunftsperspektive, die es in dieser Form bei Dürckheim kaum geben dürfte.

Doch die Zukunft der Menschheit ist nach Teilhard wie auch nach Dürckheim vor allem abhängig von Voraussetzungen, die noch mehr in unsere freie Entscheidung gegeben sind als die zuerst genannten. „Der Mensch muß verstehen", so fährt Teilhard in der Sorbonne-Vorlesung fort, „die zahlreichen und vielfältigen Fallstricke und Sackgassen (Mechanisierung der politischen und sozialen Beziehungen; Bürokratisierung der Verwaltung; Überbevölkerung; Auslese im negativen Sinne usw.) zu vermeiden, welche die

Totalisation [der Prozeß der Ganzwerdung des Universums durch die einigende und zugleich differenzierende Energie der Liebe, G. S.] eines so riesigen Ganzen hemmen und vereiteln könnten. Und dann vor allem die Voraussetzung des *Tun-Wollens,* das heißt, der Mensch muß so fest entschlossen sein, daß er sich durch keine Enttäuschung, Entmutigung oder gar Furcht von seinem Wege abbringen läßt."[4]

Daß wir individuell wie kollektiv „auf dem Wege" sind, war auch die Grundüberzeugung Dürckheims, und mit Teilhard war er einer Meinung über das Ziel des Weges, auch wenn beide es in der ihnen eigenen Sprache formulierten. „Es gibt kein stetiges Hineinwachsen in das Reich der Großen Mitte", beschreibt Dürckheim mit seinen Worten Teilhards leidvolle Zentrierungsbewegung: „Der Weg ist nicht eben. Er beginnt mit einem Sturz, und zahllos sind die Schlingen, die Wände und Löcher, die zu überwinden sind. Immer wieder fällt der Mensch aus der Höhe des Ganz-Anderen, darin er sich einen Augenblick fand, in die Lebensform seines natürlichen Ichs zurück oder taucht aus der Tiefe des Geheimen an die Oberfläche des Gewohnten auf. Und jedesmal trägt ihn nur eine totale Wendung, ein waghalsiger Sprung wieder in das Reich seines wahren Wesens hinein. Das ist ein gefährliches Leben von besonderer Art, ein Leben, das auch die Ruhe nicht kennt, aber seine segenspendende Stille daraus gewinnt, daß der Mensch an nichts haftet, sondern im Zulassen wie im Selbst-Tun ohne Widerstand dem Gesetz der Verwandlung gehorcht. Das erfordert einen anderen Menschen, als die Welt ihn verlangt. Darum wird auch die Welt des zum initiatischen Weg bestimmten Menschen eine andere. Sobald das Sein in ihm aufzugehen und ihn zu verwandeln beginnt, verwandelt sich auch seine Welt."[5]

Es ist, als habe Dürckheim hier ihrer beider Leben beschrieben, sein eigenes und das Teilhard de Chardins, man vergleiche das einführende Motto zu diesem Kapitel. Haben ihre Biographien doch in der Tat viele Parallelen. Das Entscheidende jedoch, worin sie übereinkommen, ist die ihnen gemeinsame, alles andere fundierende mystische Erfahrung.

Die Geburt als Mystiker

> „Damals habe ich noch nicht verstanden, daß es sich um einen Ruf und um die Geburt eines neuen Bewußtseins handelte."[6]
>
> *Karlfried Graf Dürckheim*

Beide, Teilhard wie Dürckheim, waren bereits während des Ersten Weltkrieges bzw. unmittelbar danach zu der Überzeugung gelangt: Unabdingbar für die Zukunft der Menschheit sei die Wiedergewinnung der mystischen Dimension der Wirklichkeit. Das entsprach ihrer eigenen Erfahrung, die sich zweier auslösender Momente verdankte: der Fronterfahrung sowie der Begegnung mit einer Frau.

Teilhard und Dürckheim haben den Ersten Weltkrieg über vier Jahre lang miterlebt. Teilhard de Chardin, schon über dreißig Jahre alt, Jesuit, Priester, wird einberufen, meldet sich freiwillig an die Front als Sanitäter 2. Klasse, ein „Bahrenträger", der es gerade bis zum Korporal bringt und wegen tapferen Verbleibs in der Kampflinie ausgezeichnet wird, u. a. als Ritter der Ehrenlegion. Graf Dürckheim, 18jährig, Notabitur, Kriegsfreiwilliger, wird Offizier, Kompanieführer, Ordonnanz, Adjutant und erhält das Eiserne Kreuz II. Klasse. 1916 vor Verdun liegen sich die beiden nichtsahnend als Gegner gegenüber, den Kopf voll von der jeweils eigenen patriotischen und chauvinistischen Kriegs- und Greuelpropaganda, mit Leib und Seele jedoch auf der Suche nach einem tieferen Sinn für dieses Gemetzel.

Teilhard findet ihn in einer Erfahrung, die *„die Bedingung des menschlichen Fortschritts* [ist], wie der Krieg sie uns gezeigt hat: daß die Menschen, wenn sie es endlich aufgeben, isoliert zu leben, so weit kommen, *ein allen gemeinsames Ziel ihres Lebens* zu entdecken (ein für immer an ihren Himmel geheftetes Ziel, durch Erziehung überlieferbar, durch Forschung erreichbar und vollendbar), an welchem (in einer weder individuellen noch regionalen, noch sozialen, sondern *menschlichen Anstrengung)* die ganz sicher in ihnen noch schlummernden Kräfte *sich entzünden und gruppieren.* Dieses gemeinsame und höhere Ziel, dieses erwartete Ideal, dessen Anreiz uns heranziehen und vervollkommnen soll, es *existiert,* zweifeln wir nicht daran, *in natura rerum* [in der Natur der Dinge]. – Denn wenn es ein durch die allgemeine Erfahrung bestätigtes Prinzip gibt, dann dieses, daß *jeder Hunger irgendwo sein Brot hat, das auf ihn wartet* [...] Aber wenigstens ist bewiesen, daß uns die Kräfte nicht fehlen, das Werk des Geistes auf Erden zu vollenden. – Die Zukunft liegt in unserer Hand."[7]

Für Teilhard liegt die Zukunft in der mystischen Entdeckung des sich in der Evolution und nicht ohne Mitwirkung der Menschen entfaltenden Göttlichen, christlich gesprochen im „kosmischen Christus"[8], ein Terminus, den Teilhard neben dem Terminus „universaler Christus" zur innerchristlichen Bezeichnung für eben diese Wirklichkeit einführt. Dürckheim wird später von der „Verwandlung" aller zu der in ihrem göttlichen „Wesen" angelegten „Gestalt" sprechen.

Auch Dürckheim erfährt „im Krieg angesichts des Todes [die] Präsenz eines größeren Lebens [...] Eine mich insgeheim begleitende und mich tragende Kraft sollte nun in einer Weise ins Innesein treten, die sie immer deutlicher zum bestimmenden Faktor meiner Laufbahn werden ließ [...] Die in solchen Erfahrungen erscheinende überweltliche Kraft aus der Tiefe erweist ihre Realität in einer Verwandlung des Menschen, insbesondere in der Geburt eines neuen, eines ‚absoluten Gewissens'. Das ist eine Kraft zu bindenden Entscheidungen, eine Kraft zur Abwehr entgegengesetzter Tendenzen und Verlockungen, aber auch eine Kraft zur ‚Untreue' gegenüber bestehenden Verpflichtungen, zum Zerschneiden bestehender Bindungen."[9]

Auch wenn für Dürckheim – er ist über ein Jahrzehnt jünger und ohne die theologische und spirituelle Vorbildung des Jesuiten Teilhard – die Zielsetzung noch vage bleibt und er im Gegensatz zu Teilhard die Bedeutung dieser Erfahrung für sein künftiges Leben noch nicht voll erkennt, – die inhaltlichen und terminologischen Anklänge an Teilhard liegen auf der Hand. Dabei handelt es sich um keine direkten oder indirekten Abhängigkeiten – wie sollten sie auch zustande gekommen sein –, sondern um Konvergenzen in der Erfahrung und um das die nationalen Sprachgrenzen übersteigende begriffliche und sprachliche Ausdrucksvermögen ihrer Epoche.

Wie Graf Dürckheim andeutet, bedeutete die Geburt des Mystikers in beiden Fällen auch die Berufung zur prophetischen Existenz mit allen ihren Konsequenzen. Dessen war sich auch

Teilhard de Chardin bewußt, wie eine Tagebucheintragung von Fronleichnam 1919 mit aller Deutlichkeit zeigt: „Mit erneuter Entschlossenheit und Hellsichtigkeit *weihe* ich mein Leben und meine Gelübde dem besonderen Dienst des Leibes Christi, der in jedem Bereich erlitten, geliebt und vorangebracht wird, in dem der Geist geboren wird und sich für Gott im Schoße des Universums und des menschlichen Bemühens bildet."

Teilhard ist sich des revolutionären Charakters seines Christus- und Gottesbildes voll bewußt, ebenso des Widerstandes, den er erfahren wird. Deshalb fährt er fort, und es klingt wie die logische Fortsetzung seines jesuitischen absoluten Gehorsamsgelübdes, das jetzt gegenüber dem göttlichen Licht selbst gilt:

„*Während des Krieges bin ich in einem Milieu hellsichtig geworden, in dem die Welt für mich eine Transparenz gewonnen hat, die sie vielleicht niemals mehr wiederfinden wird.* – Die Rückkehr zum Alltagsleben, zu den Menschen (sogar den sehr heiligen), die nicht gesehen haben (und deren Kritik und deren Unverständnis auf die Dauer dahin tendieren, mich zu den ‚konventionellen‘ Ansichten zurückzuführen), konnten meine Schau verblassen lassen ... *Ich werde ihnen ohne Zögern Widerstand leisten ... Ich will unerschütterlich mein Licht bewahren ...*"[10]

Die von Graf Dürckheim angesprochene mystische Geburt eines „absoluten Gewissens" mit der Kraft zu Entscheidungen, zur „Untreue" und zum „Zerschneiden" von Bindungen erfahren Teilhard und Dürckheim während ihres Lebens vor allem angesichts des zweiten auslösenden Moments für ihre zukunftsorientierte „Neue Mystik": der weiblichen Dimension aller spirituellen Wirklichkeit – eine erst heute um sich greifende Erkenntnis.

Diese Erfahrung entzündete sich für Teilhard in der Begegnung mit seiner Cousine Marguerite Teillard-Chambon, mit der er während der Kriegsjahre einen intensiven Briefwechsel führt und der er seine Erweckung zum Mystiker verdankt. Eindrücklichstes Zeugnis davon ist Teilhards Hymne an „Das Ewig-Weibliche" vom März 1918, worin er das Ewig-Weibliche sagen läßt: „Versteht ihr jetzt das Geheimnis eurer Regung, wenn ich euch nahe? ... Das zarte Mitgefühl, der Reiz der Heiligkeit, die von der Frau ausgehen – und das auf so natürliche Weise, daß ihr sie nur in ihrer Nähe sucht, und doch wieder so geheimnisvoll, daß ihr nicht sagen könnt, wo ihre

Quelle liegt –, es ist die Gegenwart Gottes, die sich verspüren läßt und die euer Herz ganz entflammt. Zwischen Gott und die Erde gesetzt als ein Bereich der gemeinsamen Anziehung, lasse ich den Einen auf den anderen zukommen, voller Leidenschaft, bis sich in mir die Begegnung ereignet, in der sich das Wachstum und die Fülle Christi durch die Jahrhunderte hindurch vollenden."[11]

Für Dürckheim war es 1919/20 „die entscheidende Begegnung" mit seiner zukünftigen Frau Enja von Hattingberg und deren Schwabinger Freundeskreis in München. Es war nach Dürckheims Zeugnis Enja, die bei einem Besuch des Malers Willi Geiger das Insel-Buch mit chinesischen Weisheitstexten aufschlug und laut Laotses „Dreißig Speichen treffen die Nabe ..." vorlas. „Und da geschah es", schreibt Dürckheim. „Beim Hören des elften Spruches schlug der Blitz in mich ein. Der Vorhang zerriß, und ich war erwacht. Ich hatte ES erfahren. Alles war und war doch nicht, war diese Welt und zugleich durchscheinend auf eine andere. [...] Schmerzliches Warten auf mehr ‚Sein‘, auf Erfüllung tief empfundener Verheißung. Zugleich unendlicher Kraftgewinn und die Sehnsucht zur Verpflichtung – auf was hin –?"[12]

Wie oft in der Geschichte der mystischen Sprache ähneln sich die Bilder, in denen die Erfahrungen beschrieben werden, bis zur Verwechslung. So erinnert die Metapher „Vorhang" bei Dürckheim deutlich an Teilhards Einleitung zu seinem geistlichen Testament „Christus in der Materie", das er am Vorabend des Angriffs von Douaumont bei Verdun, am 14. Oktober 1916, abschließt und in dem er seine Freundin Marguerite anspricht:

„Sie wollen wissen [...], wie das machtvolle und vielfältige Universum für mich die Gestalt Christi angenommen hat? Das ist nach und nach geschehen; und derart erneuernde Intuitionen wie diese lassen sich nur schwer durch die Sprache analysieren. Ich kann Ihnen jedoch einige Erfahrungen erzählen, durch die es in dieser Frage in meiner Seele licht geworden ist, als ob sich ruckweise eine Vorhang gehoben hätte ..."[13]

Diese Anmerkung Teilhards gilt sicher auch für Dürckheim. Wir sollten uns die Geburt der beiden als Mystiker nicht als wunderbare Vorgänge im traditionellen Sinn von „Wunder" vorstellen und auch nicht als isolierte einmalige Ereignisse. Auch mystische Erfahrungen haben ihre Vorgeschichte.

Die not-wendende Erdung des Menschen

> „Je mehr ich in jener Epoche zu beten versuchte, um
> so mehr ‚materialisierte‘ sich für mich Gott tief in
> einer zugleich geistigen und greifbaren Realität, in
> der, ohne daß ich es schon geahnt hätte, sich die
> große Synthese herauszubilden begann, in welcher
> sich die Anstrengung meiner ganzen Existenz zu-
> sammenfassen sollte: die Synthese des Über-uns und
> des Vor-uns. Eintauchen des Göttlichen in das
> Fleischliche. Und durch eine unvermeidliche Reak-
> tion, Transfiguration (oder Transmutation) des
> Fleischlichen in eine unglaubliche Energie der Strah-
> lung ...“[14]
>
> *Pierre Teilhard de Chardin*

Was Teilhard de Chardin bereits während des Ersten Weltkrieges
bewußt wurde – die Eigenart seiner auf die Materie und den Leib
zentrierten Mystik und ihre sich daraus ergebende Bedeutung für
die Zukunft der Menschheit –, war für Graf Dürckheim das
Ergebnis eines langen Klärungsprozesses mit seinen Irrungen und
Wirrungen, der erst nach dem Zweiten Weltkrieg und Dürckheims
Rückkehr aus Japan zu einem ersten entscheidenden Abschluß
kam, nicht ohne Mitwirkung von Maria Hippius – wie auch im weiteren Leben Teilhards die Frauen eine wichtige Rolle spielten[15] –,
und am deutlichsten seinen Ausdruck fand in dem 1954 erschienenen Buch „Hara. Die Erdmitte des Menschen“. „Eine planmäßi-
ge Arbeit am Transparentwerden des Menschen“, heißt es dort,
„betrifft den Menschen sogar vor allem in dem ihn mit der Erde
verbindenden Leib. Und so steht am Anfang aller Übung der Versuch, den in der Hypertrophie seines rationalen Geistes gefange-
nen Menschen im vollen Sinn des Wortes wieder zu erden.“[16]
Dürckheim benennt in diesen zwei Sätzen kurz und bündig erstens
die letzte Ursache der gegenwärtigen Krise der Menschheit, zweitens die ursprüngliche Zielsetzung des Menschen sowie drittens
den Weg zu seiner Befreiung, damit er sich wieder auf den Weg machen könne.

Darin trifft sich Dürckheim mit Teilhard. Dessen weltanschau-
liche Werke können nach seinem Tode 1955 trotz kirchlichen
Verbots dank des Einsatzes von Freunden im Orden und seiner

Sekretärin Jeanne Mortier unter dem Patronat eines Komitees von Persönlichkeiten des wissenschaftlichen und öffentlichen Lebens erstmals erscheinen und erregen weltweites Aufsehen. In den Anhang zu seiner autobiographischen Skizze „Das Herz der Materie", 1950 entstanden, nimmt Teilhard einen mystisch-poetisch inspirierten Text aus dem Jahre 1919 auf, „Die geistige Potenz der Materie", in dem er sich und uns durch die göttliche Materie die Leviten lesen läßt und in dem wir viele Schlüsselwörter erkennen, die uns auch aus dem Werk Dürckheims vertraut sind. Der folgende längere Textauszug möge das belegen: „Härte dich in der Materie, Sohn der Erde, bade dich in ihren brennenden Schichten, denn sie ist die Quelle und die Jugend deines Lebens. Oh! Du glaubtest, auf sie verzichten zu können, weil sich in dir das Denken entzündet hat! – Du hofftest, dem Geist um so näher zu sein, je sorgfältiger du das verwarfest, was sich anfassen läßt – göttlicher, wenn du der reinen Idee lebtest – engelgleicher zumindest, wenn du den Leib flohst. Nun wohl! Du wärest fast vor Hunger zugrunde gegangen! Du brauchst Öl für deine Glieder – Blut für deine Adern – Wasser für deine Seele – Wirkliches für deine Erkenntniskraft; du brauchst sie auf Grund des Gesetzes deiner Natur selbst, begreifst du das wohl? … Niemals, niemals, wenn du leben und wachsen willst, kannst du zur Materie sagen: ‚Ich habe dich genug gesehen, ich habe die Runde deiner Geheimnisse gemacht – ich habe davon genommen, was für immer mein Denken nähren kann.' – Selbst wenn du, hörst du, als der Weiseste der Weisen in deinem Gedächtnis das Bild all dessen trugest, was die Erde bevölkert oder unter den Wassern schwimmt, wäre dieses Wissen wie ein Nichts für deine Seele, weil alle abstrakte Kenntnis welkes Sein ist – weil, um die Welt zu begreifen, das Wissen nicht genügt: man muß sehen, berühren, im Gegenwärtigen leben, die Existenz heiß inmitten der Wirklichkeit selbst trinken. Sage also niemals wie gewisse Leute: ‚Die Materie ist verbraucht, die Materie ist tot!' – Bis zum letzten Augenblick der Jahrhunderte wird die Materie jung und überfließend, strahlend und neu sein für den, der will. Wiederhole also nicht mehr: ‚Die Materie ist verurteilt – die Materie ist schlecht!' – Jemand ist gekommen, der gesagt hat: ‚Ihr werdet das Gift trinken, und es wird euch nicht schaden.' – Und weiter: ‚Das Leben wird aus dem Tod hervorgehen' – und schließlich, da er das endgültige Wort meiner Befreiung aussprach: ‚Dies ist mein Leib.' Nein, die Reinheit ist nicht in der Absonderung, sondern in einer tieferen Durchdringung des Universums. Sie ist in der Liebe zum unumschriebenen, einzigen Wesen, das alle Dinge von innen durchdringt und durchwirkt – weiter als der sterbliche Bereich, in dem Personen und die Zahlen sich bewegen. – *Sie ist in einer keuschen Berührung mit dem, was ‚dasselbe in allen' ist.*"[17]

Teilhards und Dürckheims entschiedenes, aus mystischer Erfahrung stammendes Plädoyer für die geistige Dimension der Erde und des Leibes gründet auf der radikalen Konsequenz, die beide aus der Immanenz, dem Insein des Göttlichen im Kosmos, ziehen. Schon als Kind sind beide sensibel für die Tiefendimension der Dinge, die sie umgeben, haben „Seinsfühlung", wie Dürckheim es später nennen wird: Pierre Teilhard auf den Landgütern Sarcenat und Murol – mit der Stadtwohnung in Clermont-Ferrand in der Auvergne –; Karlfried Dürckheim auf den gräflichen Besitzungen in Steingaden – mit der Stadtwohnung in München – und in Bassenheim bei Koblenz.

Pierre erlebt so etwa einige Eisenstücke, die ihm eine erste Ahnung von der Verläßlichkeit und Unzerstörbarkeit der göttlichen Materie geben: „Auf dem Lande einen Pflugschlüssel, den ich sorgfältig in einer Ecke des Hofes versteckte. In der Stadt den sechseckigen Metallkopf einer Geländersäule [...] Später waren es verschiedene Granatsplitter, die ich mit Liebe auf einem benachbarten Schießplatz gesammelt hatte." Teilhard bekennt, „daß sich in dieser instinktiven Geste, die mich ein Stück Eisen wirklich anbeten ließ, eine Intensität des Tones und eine Reihe von Erfordernissen enthalten und gesammelt fanden, deren Entwicklung mein ganzes spirituelles Leben ausmachte."[18] „Ich verstehe Teilhard de Chardin gut", hat Dürckheim dazu geäußert, „wenn er sagt, daß seine erste Gotteserfahrung ein Stück Eisen war, das er in der Hand hielt."[19]

Karlfried erlebte etwa die Einheit von *fascinosum* und *tremendum* im Numinosen sowie das Geheimnis von Leben und Tod beim Sterben der Großmutter väterlicherseits: „Es war so eigentümlich still. Halbdunkel der Raum, nur von etwas Kerzenlicht beleuchtet. Es roch eigenartig nach Wachs. Auf dem Arm der Kinderfrau schaute ich, nichts verstehend, zum Bett hin, auf dem die Großmutter lag, und fühlte mich – und fühle es heute noch – in eigenartiger

Weise zum Bett hingezogen und zugleich geängstigt und abgesto-
ßen und zurückstrebend in die Geborgenheit. Das Ganze hatte eine
wundersam-unheimliche Qualität."[20]

In dieser Weise schon in der Kindheit für die göttliche Dimension der uns umgebenden irdischen Dinge sensibilisiert, entwickelt
sich in Teilhard und Dürckheim jene „Seinsfühligkeit", die, immer
wieder durch Sternstunden großer „Seinserfahrungen" bestätigt,
zur mystischen Gewißheit wird nicht nur von der Gegenwart des
Göttlichen in allem, vom „Göttlichen Milieu", wie eine Schrift von
Teilhard benannt ist, sondern darüber hinaus von dem göttlichen
Drang, der in allem die jedem Seienden gemäße Gestalt annehmen
will: die „Wesensgestalt", in konfessioneller Terminologie: der immer mehr „der Christus, der Atman, der Buddha in uns" werden
will. Die Evolution des Kosmos erweist sich als Evolution des
Göttlichen und die Erde – so weit wir sehen – als ihr bevorzugter
Ort.

Darin liegt die Aktualität der Teilhardschen und Dürckheim-
schen Weltsicht, ihrer Weltmystik und Weltfrömmigkeit. Angesichts der immer noch nicht versöhnten dualistischen Gegensätze
zwischen Natur und Übernatur, Geist und Materie, Leib und Seele,
Männlichem und Weiblichem, Kultur und Technik, Tradition und
Fortschritt, Statik und Dynamik, Meditation und Aktion, Wissen
und Glauben, schließlich Gott und Welt; im Politischen zwischen
Individuum und Gesellschaft, Rasse und Klasse, Ost und West, zwischen dem reichen Norden und dem armen Süden, zwischen
Liberalismus und Fundamentalismus, Demokratie und Totalitarismus – angesichts dieser und tausend anderer Spaltungen unseres
Bewußtseins, die sich immer verheerender für die Zukunft der
Menschheit auswirken, wäre eine „Erdung" des Menschen im Sinne
Dürckheims und Teilhards die Rettung. Sensibilisiert für die ein-
heitsstiftende Gegenwart des Göttlichen in aller Wirklichkeit,
würden wir die Natur, unseren Leib und einander nicht länger aus-
beuten, sondern in Ehrfurcht vor dem göttlichen Werden in uns
und um uns auf die wesensgemäße Entfaltung aller Dinge und
Kulturen bedacht sein – in gespannter Gelassenheit, wie beim japanischen Bogenschießen.

> „Die äußere Welt erobernd, vergaß der westliche
> Geist weitgehend seine Seele. Dies lastete immer
> mehr wie eine dunkle Wolke am Himmel der Mensch-
> heit. Heute nun scheint es, als durchbräche sie ein
> Leuchten, das von einer neuen Zeit kündet."[22]

Karlfried Graf Dürckheim

Bisher haben wir überwiegend die Konvergenz zwischen den Lebensläufen Dürckheims und Teilhards sowie zwischen ihren erstaunlichen Erkenntnissen über die Befindlichkeit und die Zukunft der Menschheit betrachtet. „Konvergenz", ein Teilhardscher Terminus aus seinem evolutiven Weltbild, meint die Eigenschaft des Weltstoffes, die Vielheit zur Einheit zu führen.

Jetzt ist es an der Zeit, auf eine gravierende Divergenz zwischen Teilhard und Dürckheim zu sprechen zu kommen. „Divergenz" – der Teilhardsche Komplementärbegriff zu „Konvergenz" – meint die auf dem Weg zur Einheit notwendige Entfaltung eines Elements mit der sich dadurch ergebenden einstweiligen Absonderung von den anderen Elementen. Wie überhaupt für Teilhard das Evolutionsgesetz lautet: Der Einigungsprozeß ist zugleich ein Differenzierungsprozeß, anders gesagt: Erst in der liebenden Hingabe entfaltet sich unser jeweiliges Selbst. Konvergenz und Divergenz gibt es nicht nur zwischen zwei Lebensläufen, sondern auch zwischen den Kulturen, und auch in ihrem Verhältnis zueinander überwiegt mal eine Phase der Konvergenzbewegung, mal eine der Divergenz, da es sich um lebendige Prozesse handelt, in denen alles seine Zeit hat.

Obwohl beide, Teilhard und Dürckheim, im Laufe ihres Lebens mehr oder weniger freiwillig längere Zeit im Fernen Osten gelebt haben, war ihre Einstellung zu den Kulturen des Ostens vorerst sehr unterschiedlich, auch wenn sie sich letztlich dann doch annäherten, aber nur bis zu einem gewissen Grad. War Teilhards Einstellung mehr auf Divergenz bedacht, so die Dürckheims mehr auf Konvergenz. Darin spiegeln sich zugleich die zwei Haupteinstellungen der westlichen Welt zu der des Ostens, Einstellungen, die jeweils sowohl durch die unterschiedlichen Biographien einzelner Menschen wie durch die verschiedenen Interessenlagen der Kulturen bedingt waren und bis heute bedingt sind.

Teilhard wurde erstmals 1923 und dann definitiv 1926 bis 1948 durch die kirchlichen Vorgesetzten von Paris nach China abgeschoben, angeblich weil er häretische Ansichten über die „Erbsünde" im Kontext einer evolutiven Weltanschauung vertreten hätte – was in der Tat nur die Spitze des Eisberges eines neuen christlichen Glaubens war, der in Teilhard seinen Propheten gefunden hatte. Teilhard konnte zwar in Asien und von dort überallhin reisend weiter als Geologe und Paläontologe – sein eigentlicher „Beruf" neben seiner „Berufung" als Neuer Mystiker – arbeiten und sich mit der Zeit weltweit eines außerordentlichen Rufs als Experte für die Frühgeschichte der Menschheit in China erfreuen.

Teilhard fühlte sich dort jedoch immer im Exil, gerade weil er der Überzeugung war, die Speerspitze der Menschheitsentwicklung läge im Westen. So war er eigentlich an einer *inter*kulturellen Begegnung im heutigen Sinne des Wortes mit dem Osten jedenfalls nicht vordringlich interessiert, gerade weil ihm neben seiner Berufsarbeit die *über*kulturelle Frage nach der Zukunft der Menschheit und der künftigen Rolle des Christentums so sehr am Herzen lag.

Die Antwort auf solche Fragen nach der Einschätzung von Kulturen hängt bekanntlich davon ab, wie weit man sich auf eine andere Kultur einläßt, ob man in ihr lebt, ihre Sprachen spricht, ihre kulturellen Ausdrucksformen intensiv studiert, mit den entsprechenden Experten Kontakt hält, ob man – mit einem Wort – „allen alles wird", den Chinesen ein Chinese, den Japanern ein Japaner. Davon kann bei Teilhard nun keine Rede sein. Er war und blieb in Asien – und auch in Afrika und Amerika, die er gelegentlich bereiste – ein Franzose in der europäischen Tradition seiner Forscher, Missionare, Kolonialherren, Wissenschaftler, Künstler. Teilhard verkehrte mit der westlichen und östlichen Intelligenz in den dafür geschaffenen Zentren, die immer auch Ghettos waren, oder auf den vom Westen finanzierten, organisierten und von westlichen Experten geleiteten Expeditionen. Teilhard hatte trotzdem – im Gegensatz zu manchem westlichen Kollegen – ein gutes Verhältnis zu seinen asiatischen Mitarbeitern. Aber auch diese gingen den westlichen, nicht einen östlichen Weg in die Zukunft.

Nun wäre Teilhard nicht Teilhard gewesen, hätte er sich im Rahmen der skizzierten Umstände nicht doch die Frage nach der

Mystik des Westens und nach der des Ostens im Vergleich ausdrücklich gestellt und darüber publiziert. Doch die Quintessenz in dem ersten der beiden Aufsätze, die sich mit unserem Thema befassen und leider noch nicht auf Deutsch vorliegen – „Der Weg des Westens. Für eine neue Mystik" (1932) und „Der geistige Beitrag des Fernen Ostens" (1947), – ist auf Divergenz gestimmt: „In unseren Tagen", heißt es in dem ersten Beitrag, „hat es scheinen können, als entstünde, selbst in Europa, eine Renaissance der ‚buddhistischen' Mystik. Die monistische Ruhe des Orients – konnte sie nicht die pluralistische Agitation des Okzidents bekehren?" Doch das wäre eine verhängnisvolle Selbsttäuschung. Denn für die asiatische Mystik ist nach Teilhard „die Vielheit des Seins und der Wünsche nur ein böser Traum, aus dem man erwachen muß. Unterdrücken wir die Anstrengung der Erkenntnis und der Liebe, das heißt die Personalisation, die dahin tendiert, dieser Täuschung mehr Konsistenz zu geben, und ganz von selbst, durch das bloße Verschwinden der Vielheit des Vielen werden wir den wesentlichen Grund der Leinwand aufscheinen sehen; – in der entstandenen Stille werden wir die einzige Note vernehmen. Die Phänomene offenbaren nichts, sie verbergen uns die Substanz. Das ist stark vereinfacht die ‚orientalische Lösung' des vollkommenen Lebens, das heißt die Rückkehr zur Einheit."[23]

Das aber kann nicht, davon ist Teilhard überzeugt, der Weg des Westens sein, denn das wäre „der vollkommene Tod der konstruktiven Aktivität, die radikale Nichtigkeit des experimentellen Universums". Der Westen kann den Weg, den er eingeschlagen hat, nicht zurückgehen, er muß ihn weiter und noch radikaler vorwärts gehen, hin zu mehr Bewußtsein, zu einer höheren Form der Personwerdung. „Gegen Westen befiehlt uns das Leben voranzuschreiten, historisch und experimentell. Mehr wissen, mehr vermögen, schließlich mehr von Gott ergriffen sein." Und Teilhard zeigt den Unterschied zwischen der östlichen und westlichen Mystik an einem wichtigen Punkt: „Den ‚pantheistischen' Mystikern des Westens", und er zählt auch sich selbst zu ihnen, „ist wesentlich Sinn und Kult für die *realen* Werte des Universums. Logischerweise existieren diese Werte für den östlichen Philosophen im Gegenteil nicht."[24]

1947, nach einem Vierteljahrhundert mehr oder weniger Aufenthalt in China – mit Abstechern nach Hawaii und Japan, nach Indien, Java und Birma – klingt bei Teilhard in seinem zweiten Aufsatz mit dem relativierenden Untertitel „Einige persönliche Reflexionen" etwas mehr die Konvergenz an, auch wenn seine Hauptthese von 1932 unverändert geblieben ist. Das letzte Kapitel in dem Aufsatz lautet zwar „Der Zusammenfluß von Ost und West", aber dieses Zusammenfließen stellt sich für Teilhard eher dar als das Einströmen der indischen, chinesischen und japanischen Kulturen – einzeln oder bereits unter sich vereint – in die Bresche, die der Westen bereits in der Mauer der Zukunft ausgespült hat und durch die seine Wasser bereits strömen. Diese werden dann durch die „enorme, noch disponible Menschenflut" des Ostens „quantitativ" verstärkt und „noch viel mehr angereichert durch die Begegnung mit verschiedenen seelischen Wesenheiten, mit verschiedenen Temperamenten" dieser östlichen Kulturen. So scheint die Rolle und wesentliche Funktion des Fernen Ostens für Teilhard nicht darin zu bestehen, „uns in eine höhere Form des Geistes zu initi-ieren, sondern vielmehr die neue (human-christliche) mystische Note, die vom Westen aufsteigt, durch den doppelten Effekt der Renonanz und der Totalisation [Prozeß der Ganzwerdung durch die einigende und differenzierende Energie der Liebe, G. S.] zu ver-stärken und anzureichern."[25]

Graf Dürckheims Begegnung mit dem Osten ist im Gegensatz zu Teilhard von Anfang an auf Konvergenz gestimmt. Seine Japan-Aufenthalte von 1938 und von 1940 bis 1947 dienten sowohl dienstlich wie zunehmend auch privat der positiven Auseinander-setzung mit der japanischen Kultur. Anders als Teilhard, dessen Mystik bereits in Europa zu ihrer Reife gefunden hatte, erfuhr Dürckheims mystische Weltsicht erst in Japan jenen entscheiden-den Schub, der ihn auch die abendländische Tradition mit neuen Augen sehen lehrte – man denke an seine kleine Schrift über „Meister Eckhart", die 1943 in einem japanischen Verlag erschien.

Aus persönlicher Erfahrung, die er mutig als repräsentativ für den Westen ansah, war Dürckheim in Japan zu der Überzeugung gelangt: „Im Spiegel des Ostens vermag der Westen sich seiner selbst bewußter zu werden, bewußter in seiner Möglichkeit und Gefahr. Er erkennt sich in diesem Spiegel nicht nur in der Besonderheit seines Wesens, sondern entdeckt in ihm auch die

Züge seiner menschlichen Totalität, die in ihrer Besonderung allzu bedroht sind, deren Verkümmerung aber schließlich die Einheit seines Menschseins untergräbt, aus der auch das Besondere lebt."[26]

Diese Sätze aus „Japan und die Kultur der Stille" von 1949 scheinen sich nicht sonderlich von denen Teilhards zu unterscheiden. Dennoch ist der Grundton ein anderer: Für Teilhard ist der Westen, wenn er nur durch die eigene Schule der Neuen Mystik geht, von sich aus in der Lage, seine Zukunft zu meistern. Für Dürckheim läuft der Westen Gefahr, seine Seele endgültig zu verlieren, es sei denn, er erkenne im Spiegel des Ostens seine Schwäche und Stärke und lasse sich dadurch retten – auch dadurch, daß er durch die Begegnung mit der Mystik des Ostens seine eigene alte Mystik (vom Typ Eckharts) und die Neue Mystik (vom Typ Teilhards und Dürckheims selbst) wieder entdeckt.

Das ist der tiefere Grund dafür, daß sich Dürckheim dann in den folgenden Jahrzehnten der Einführung des Zen widmete, überzeugt davon, daß die vergleichbaren Übungen in der abendländischen Tradition, etwa die Ignatianischen Exerzitien, von denen Teilhard geprägt war, trotz ihrer Devise „Gott finden in allen Dingen" im großen und ganzen ihren Biß verloren hatten, nämlich die erd- und leiborientierte mystische Dimension, wie sie Teilhard und Dürckheim wieder erspürten.

Es muß Dürckheim zutiefst berührt haben – er fühlte sich bestätigt und beglückt –, als er in Teilhards Ordensbruder Hugo M. Enomiya-Lassalle (1898–1990) einen kompetenten Mitstreiter für die Übung des Za-Zen fand. Sicherlich war Dürckheim auch froh darüber, daß nicht er, sondern Lassalle die notwendige Kritik an Teilhards Beurteilung der Mystik des Ostens vorbrachte: „Die Zen-Meister betonen ausdrücklich, daß im Zen nichts verdrängt wird. Nach ihnen ist die phänomenale Welt genauso wirklich wie die absolute. Beide sind nur verschiedene Aspekte der selben Sache. Ob Teilhard de Chardin das Zen näher gekannt hat, ist fraglich. Er scheint in Japan keine besonderen Forschungen gemacht zu haben und war ganz auf China konzentriert. Auch in Europa war damals das Zen noch wenig bekannt, geschweige denn praktiziert wie heute."[27]

Es ist bekannt, wie sehr Dürckheim mit der Zeit immer mehr auch das Anliegen Teilhards aufgenommen und integriert hat. So heißt es in dem Aufsatz „Begegnung des Westens mit dem Geist des Ostens" von 1975 ausdrücklich: „Wir Menschen des Westens müssen in uns selbst die zur Ganzheit unseres Menschseins gehörende östliche Komponente unseres Wesens wieder entdecken und ernst nehmen, so wie der Osten für sich die zur Ganzheit auch des östlichen Menschen gehörende westliche Komponente seines Geistes entwickeln und ernst nehmen muß. Diese Interaktion östlichen und westlichen Geistes wäre auch der Beweis für die Möglichkeit nicht nur gleichzeitiger, sondern sich wechselseitig bedingender Entwicklung von weltlicher Leistungskraft und seelischer Reife. Dies sollte nicht nur für das invididuelle Leben des einzelnen und seine persönlichen Gemeinschaften gelten, sondern auch für die mögliche Entwicklung eines fruchtbringenden Verhältnisses der Völker untereinander."[28]

Die Aktualität der Frage, wie wir es mit dem Verständnis der anderen Kulturen halten, und ihre Brisanz für die Zukunft der Menschheit liegen auf der Hand. Die Kontroverse um die Trägerin des Friedenspreises des Deutschen Buchhandels 1995, die Islamistin Annemarie Schimmel, hat gezeigt, wie wenig selbstverständlich ein vorurteilsfreier Umgang mit anderen Kulturen ist und wie selten die Persönlichkeiten sind, die zunächst „allen alles werden", bevor sie in einen so weitreichenden Dialog eintreten wie den zwischen den Weltkulturen. Auch sind in dieser Kontroverse die Grenzen rein rationaler Erkenntnisbemühungen angesichts komplexer, auch mystisch durchtönter Überzeugungen deutlich geworden. Die Notwendigkeit, wie Teilhard de Chardin abendländische mystische Traditionen durch eigene Erfahrungen wieder zu erwecken und weiter zu entwickeln und so eine Erkenntniskompetenz für mystische Phänomene zu erlangen, ist unabweisbar. Ebenso brauchen wir einfühlsame und mutige Kundschafter der sogenannten „Fremde" wie Annemarie Schimmel und Graf Dürckheim, die in den anderen Kulturen deren Eigenart erleben und respektieren und gleichzeitig darin das Überlebensnotwendige für die Zukunft der Menschheit entdecken und bewußt machen — als Fundament für die unerläßliche, unaufhaltsame Einigung der Menschheit in Liebe: in Divergenz und Konvergenz.

7. „Pan-en-theismus" – eine Spurensuche

Warum, so fragte 1969 der Dominikaner Bernward Dietsche, sei
Teilhard de Chardin, der seinen „Pantheismus" ein Leben lang ver-
teidigte, nicht auf den Gedanken gekommen, eine bereits vorhan-
dene Lehrformel zu benützen, die ideal gepaßt hätte und kirchlich
wohl nicht beanstandet worden wäre: „Pan-en-theismus"? Sie sei
im buchstäblichen Sinne schriftgemäß, sagt doch Paulus 1 Kor 15,
28: „Gott alles ‚in' allem."[1]

Pantheismus – ein heißes Eisen

Der Brief Pierre Teilhard de Chardins vom 17. Dezember 1922 an
den Philosophieprofessor Auguste Valensin ist ein Musterbeispiel
für die Art und Weise, wie Teilhard sogar seinen besten Freund, der
ihn „denken gelehrt" hatte,[2] nicht schonte, wenn es darum ging,
„ohne Eklat, aber mit Beharrlichkeit zur Offensive überzugehen,
um das Dogma belebend und nahrhaft zu machen". Es handelte sich
unter anderem um einen Vortrag, den Teilhard im Januar 1923 in
der Studentengemeinde der „École Normale Supérieure" halten
wollte, und zwar unter dem Arbeitstitel „La face panthéiste du
Christianisme".[3]
  Pantheismus war in den zwanziger Jahren in der kirchlichen
Philosophie und Theologie noch immer – unter den Nachwehen
des Modernismus – ein besonders heißes Eisen. Auguste Valensin
hatte das gerade zu spüren bekommen. Seit 1919 hatte er für das
„Dictionnaire apologétique" an seinem Artikel „Panthéisme" gearbeitet. Doch am 7. August 1920 schrieb der Jesuit an Maurice
Blondel: „Ich habe meinen ‚Pantheismus', der bereits gesetzt war,
um Dreiviertel seiner Substanz amputieren müssen […]. Unsere
Freunde O. P. [Dominikaner] überwachen auch die geringste Zeile,

die wir schreiben." Doch die Selbstverstümmelung schien manchen immer noch nicht weit genug zu gehen. Denn am 17. April 1921 berichtete Valensin wieder an Blondel: „‚Pantheismus', gerade erschienen, beschnitten und zur ‚Vernunft' gebracht, treibt bereits seinen Unfug: um den Angriffen Garrigous zuvorzukommen, hatte ich einen Freund gebeten, eine Rezension zu schreiben: Sie ist, weil sie zu viel Lob enthält, von den Revisoren zurückgehalten worden."[4]

Die Offensive Teilhard de Chardins

Dies dürfte Teilhard mehr oder weniger bekannt gewesen sein. Trotzdem liest er seinem Freund Valensin in dem oben genannten Brief die Leviten: Er habe zwar viel aus dem „lichtvollen" Artikel, schreibt er nicht ohne Ironie, gelernt, aber er müsse den folgenden Tadel aussprechen:[5] „1. Sie haben unrecht, den Pantheismus der Dichter zu verachten. Dieser Pantheismus ist die Mystik, deren Theologen Spinoza und Hegel gewesen sind. Er stellt eine psychologische Kraft dar, und er enthält eine beachtliche gelebte Wahrheit: es ist der lebendige Pantheismus. Sie verhalten sich wie jemand, der innerhalb des Christentums die hl. Therese [von Avila] herabwürdigt, um sich nur mit dem hl. Thomas oder mit Cajetan zu befassen. 2. Sie lassen den Leser unter dem Eindruck, daß die spinozistische Position zum Beispiel einfach schlecht, falsch ist. – Warum haben Sie nicht durchblicken lassen, daß es zwischen der spinozistischen ‚Inkarnation', in der Alles hypostatisch göttlich ist, und der ‚Inkarnation' der extrinsezistischen [das Verhältnis von Natur und Übernatur als äußeres Nebeneinander deutenden] und ängstlichen Theologen, bei denen [das paulinische] Pleroma nur ein soziales Aggregat ist, Platz gibt für eine Inkarnation, die in der Errichtung eines organischen Ganzen endet, in dem die physische Vereinigung mit der Gottheit [ihre] Grade hat? – Sie stellen die christliche Moral der spinozistischen Moral entgegen, wenn Sie sagen, daß erstere uns nur sagt, ‚Gott ähnlich' zu werden. Ich akzeptiere den Gegensatz nicht. – ‚Symmorphos Christo [Christus gleichgestaltet]' sein heißt für den Christen, teilhaben, bei ähnlicher Beschaffenheit, an einem gemeinsamen Sein; – das ist wirklich ‚Christus werden', ‚Gott werden'."

Während Henri de Lubac als Herausgeber der „Lettres intimes" diese durch materialreiche Fußnoten kommentiert hat und als der vom Orden beauftragte „Apologet" Teilhards[6] oft dazu neigt, dessen kühne Ansichten durch den Hinweis auf andere Äußerungen von ihm zu entschärfen – oft ohne Rücksicht auf eine mögliche Entwicklung Teilhards – stützt er an dieser Stelle Teilhards Pantheismus-Auffassung durch entsprechende Zitate[7] von Georges Crespy, Gabriel Marcel und Hans Urs von Balthasar, von dem er zitiert:[8] „Es ist zu billig, als Christ zu sagen, der Pantheismus sei falsch, denn man übersieht dabei, daß die christliche Auskunft nicht *unter* den Pantheismus als Systementwurf zurückgeht, sondern jenen Schritt über ihn hinaus tun muß, der nur aus der freien Offenbarung Gottes erwirkt werden kann, und den pantheistischen Entwurf aus seinem inneren Widerspruch erlöst."

Nach dieser Philippika schlägt Teilhard versöhnlichere Töne an: „Glauben Sie mir, daß ich die Zurückhaltung, die Ihnen das ‚Dictionnaire' auferlegte, vollkommen begreife. – Aber trotzdem, man hat das Recht, wie der hl. Paulus zu sprechen!"[9] De Lubac verweist auf 1 Kor 15, 28 und merkt an, „en pasi panta theos", Gott alles in allem, finde sich auf Griechisch in den Schriften Teilhards dreizehnmal.[10]

Teilhard fährt dann, Valensin gleichsam beschwörend, fort: „Ich bitte Sie, weisen Sie nicht nur zurück! Assimilieren Sie, seien Sie konstruktiv!"[11] Denn das war längst Teilhards eigene Devise.

Den „Pantheismus" taufen?

Nicht zurückweisen, assimilieren und konstruktiv sein: Das bedeutete für Teilhard in diesem Fall zunächst, das Wort „Pantheismus" beizubehalten und zu „taufen". In dem Artikel „Pantheismus und Christentum", der aus dem Vortrag Teilhards vor den „Normaliens" entstand, ist von der „christlichen Seele des Pantheismus" oder der „pantheistischen Seite des Christentums" die Rede.[12] Im Laufe seiner weiteren philosophisch-theologischen Entwicklung charakterisierte Teilhard seinen „christlichen", „wahren" Pantheismus dann näherhin als Pantheismus der „Konvergenz", der „Einigung", der „Liebe", der „Differenzierung" und setzte ihn gegen den

„falschen" Pantheismus der „Auflösung", der „Identifikation", gegen den „alten", „idealistischen", „materialistischen", „naturalistischen", „heidnischen", „vulgären" Pantheismus ab.[13]

Doch das Vorhaben, den Begriff „Pantheismus" zu taufen, scheiterte, wie die pantheistischen Verdächtigungen gegen Teilhard noch zu seinen Lebzeiten und erst recht danach zeigten. War das Wort doch seit seiner Einführung in den philosophisch-theologischen Diskurs durch den niederländischen Theologen J. de la Faye für die christliche Apologetik negativ besetzt. Der Autor hatte es 1709 in einer Streitschrift gegen Toland geprägt, der 1705 in seinen „Origines Judaicae" die Auffassung der „Pantheisten", zu denen er sich selbst zählte, auf die Formel brachte, „es gebe kein von der Materie und diesem Weltgebäude unterschiedenes göttliches Wesen, und die Natur selbst, das ist die Gesamtheit der Dinge, sei der einzige und höchste Gott".[14]

Vor Teilhard hatten sich schon viele über den angeblichen Mißbrauch des Terminus „Pantheismus" beklagt, so Schelling 1809 in seinen „Philosophischen Untersuchungen über das Wesen der menschlichen Freiheit und die damit zusammenhängenden Gegenstände". Er wehrt sich gegen die Meinung,[15] „das einzig mögliche System der Vernunft sey Pantheismus, dieser aber unvermeidlich Fatalismus. Es ist unleugbar eine vortreffliche Erfindung um solche allgemeine Namen, womit ganze Ansichten auf einmal bezeichnet werden. Hat man einmal zu einem System den rechten Namen gefunden, so ergibt sich das Uebrige von selbst, und man ist der Mühe, sein Eigenthümliches genauer zu untersuchen, enthoben. Auch der Unwissende kann, sobald sie ihm nur angegeben sind, mit deren Hülfe über das Gedachteste aburtheilen. Dennoch kommt bei einer so außerordentlichen Behauptung alles auf die nähere Bestimmung des Begriffs an. Denn so möchte wohl nicht zu leugnen seyn, daß, wenn Pantheismus weiter nichts als die Lehre von der Immanenz der Dinge in Gott bezeichnet, jede Vernunftansicht in irgend einem Sinn zu dieser Lehre hingezogen werden muß. Aber eben der Sinn macht hier den Unterschied. Daß sich der fatalistische Sinn damit verbinden läßt, ist unleugbar; daß er aber nicht wesentlich damit verbunden sey, erhellt daraus, daß so viele gerade durch das lebendigste Gefühl der Freiheit zu jener Ansicht getrieben wurden."

Zu diesen gehörte zweifellos Teilhard. Andererseits war er nüchtern genug, die Grenzen seiner Aufklärungsarbeit unter Christen zu sehen. „Ich weiß wohl", heißt es in dem Brief an Valensin,[16] „daß durch die Anstrengung der Aneignung, um die ich Sie bitte und die ich verfolge, sich innerhalb des Christentums die Tendenz zu einem bedauerlichen Esoterismus herausbildet. Ich bin manchmal ein wenig erschrocken, wenn ich an die Sinnverschiebung denke, der ich in mir die üblichen Begriffe wie Schöpfung, Inspiration, Wunder, Erbsünde, Auferstehung und andere unterziehen muß, um sie annehmen zu *können.* — Aber ist das nicht eine allgemeine Bewegung jedes philosophischen und wissenschaftlichen Denkens von heute, diese Trennung zwischen der kritischen Wahrheit und der üblichen Wahrheit?"

Und Teilhard berichtet von Edouard Le Roy, seit 1921 Nachfolger Bergsons am Collège de France. Le Roys Buch „Dogme et Critique" hatte 1906 für Aufregung gesorgt. Le Roy habe Teilhard gegenüber kürzlich geäußert, nichts erscheine ihm so schwerwiegend zu sein als dieses äußerste Auseinanderstreben des modernen Denkens zwischen einer verfeinerten, praktisch esoterischen Wahrheit mit ihren wissenschaftlichen und philosophischen Begriffen wie Realität, Materie, Leben und andere, die den Spezialisten reserviert sei, und der viel gröberen Wahrheit, die nur noch der Masse zugänglich sei. „Wie", fragt Teilhard Valensin,[17] „eine Spaltung zwischen diesem Kopf und diesem Schwanz verhindern? Ist es schon so, daß wir unter den selben Worten verschiedene Dinge verstehen? [...] — Innerhalb des Christentums wäre das tödlich. — Ich gebe zu, daß die Situation nicht leicht ist. Aber wie vorankommen? — Man kann nicht aufhören zu denken. — Man muß offensichtlich immer weiter vorangehen, tapfer und [in] kindlich [-em Vertrauen]. Die Wasser werden uns tragen, wenn wir auf den Herrn zugehen."

Es wundert einen, daß Teilhard und niemand in seiner Umgebung auf die Idee kamen, für die gemeinte Sache – „Gott alles in allem" – ein neues Wort zu suchen, es entweder in der Tradition zu finden oder neu zu bilden.

„Pantheismus", „Theopanismus", „Pan-en-theismus", „Theo-en-panismus"

War man in den zwanziger Jahren in dieser Hinsicht doch sonst nicht zurückhaltend. Teilhard selbst kreierte eine große Zahl von Neologismen, vor allem solche mit der Vorsilbe „Pan" in der Bedeutung von „universal" oder „all-". In unseren Zusammenhang gehört zum Beispiel „Panchristismus" und bedeutet „die Zusammenfassung der Ansichten Teilhards über den universalen, kosmischen und mystischen Christus."[18] Doch auch mit dieser Wortbildung provozierte Teilhard, was zu erwarten war, ähnliche Mißverständnisse wie mit der Beibehaltung von „Pantheismus". Über den zweideutigen Ausdruck „Panchristismus" schrieb Maurice Blondel am 2. Dezember 1930 an Auguste Valensin: „Ohne Vorbereitung und Erklärung besteht die Gefahr, daß er analog zum Wort Pantheismus die Vorstellung eines notwendigen Zusammenhangs, einer physischen oder metaphysischen Kontinuität usw. nahelegt."[19]

Auch deutschsprachige Theologen waren in den zwanziger Jahren mit dem Problem des Pantheismus befaßt, vor allem Erich Przywara, Ordenskollege Teilhards, in seinem Hauptwerk „Analogia Entis", das 1932 erschien, jedoch seit dem Ersten Weltkrieg entstanden war in der Auseinandersetzung mit Thomas von Aquin, Augustinus, Dionysius Areopagita, mit Goethe und der Philosophie der Romantik – Baader, Görres –, mit Nietzsche, Simmel und Troeltsch, mit Newman, mit Kant, Hegel und Kierkegaard, schließlich mit Scheler, Barth, Husserl und Heidegger und in erneuter Reflexion auf Platon und Aristoteles. Die Breite der Auseinandersetzung mag andeuten, wie zentral das Problem „Pantheismus" für die Philosophie ist, die gerade deshalb immer auch – im weitesten Sinne des Wortes – Religionsphilosophie bleibt.

Die Grundtendenz in Przywaras Werk ist augustinisch formuliert: „Gott in uns und Gott über uns", in der Kurzformel „Gott in-über Geschöpf". Diese christliche Wahrheit wurde und wird nach Przywara immer wieder verfehlt dadurch, daß zum einen das „in" auf Kosten des „über" übertrieben und letztlich absolut gesetzt wird bis zur Identität von Gott und Geschöpf; zum anderen das „über" auf Kosten des „in" überbetont wird bis zur absoluten Differenz zwischen Geschöpf und Gott. Die Identitätsphilosophie

beziehungsweise -theologie kann dabei zwei Formen annehmen –
in unserem Zusammenhang interessiert die terminologische
Kreativität Przywaras –:[20] „Die Unterschiede zwischen Gott und
Geschöpf werden theo-pan-istisch oder panthe-istisch aufgehoben.
Theo-pan-istisch: indem, in grundlegender Richtung ‚von oben
nach unten‘, Gott All wird. Es ist die einer rein apriorischen
Metaphysik zuletzt immanent implizierte Form der ‚Devolution‘
[…]. Pan-the-istisch heißt dann: daß, in grundlegender Richtung
‚von unten nach oben‘, das All Gott wird. Es ist somit die einer rein
aposteriorischen Metaphysik zuletzt immanent implizierte Form
der ‚Evolution‘.“

Der Theopanismus beginne in der Regel als Theologie und ende
als Philosophie, der Pantheismus beginne als Philosophie und ende
als Theologie. Demgegenüber arbeitet Przywara heraus: „Katholische Theologie (als einzige) trägt in sich als Formgrund das ‚Gott
über-in Geschöpf‘, das allein das Verhältnis zwischen Theopanismus
und Pantheismus aufhebt […].“[21]

Man dürfte nun erwarten, Przywara, der sich, um den „Pantheismus“ weiter zu spezifizieren, nicht scheute, den ungebräuch-
lichen, von Rudolf Otto eingeführten Terminus „Theopanismus“ zu
benutzen, würde nun für die katholische beziehungsweise christliche Lösung den Terminus „Pan-en-theismus“ oder „Theo-en-pa-
nismus“ in seinen Diskurs einführen. Auch wenn in dieser Wortbildung das „über“ nicht zum Ausdruck gebracht wird, – das „in“
signalisiert deutlich genug, daß eine Identität von Gott und
Geschöpf, sei es „von oben“, sei es „von unten“, ausgeschlossen ist.
Doch Przywara schafft den Sprung in eine neue Terminologie
nicht. Dabei übersteigt er selbst die Religionsphilosophie mit den
„Offenbarungsworten“ „von einem ‚panta en pasi‘ Gottes in
Christo im Raum der Welt (vor allem in den Paulinen)“, und mit
dem direkten Hinweis auf Teilhard: „Das philosophische Problem
eines quasi-unendlichen Raums und einer quasi-unendlichen Zeit
enthüllt sich damit als ‚Vor-Schatten‘ dieses Mysteriums, das
Teilhard de Chardin dann mit Recht als Mysterium eines ‚Kosmischen Gott(es)‘ in einem ‚kosmischen Christus‘ bezeichnet, als
letzten Sinn kreatürlichen Werdens und Sich-Entfaltens.“

So Przywara in den die „Analogia Entis“ von 1932 ergänzenden
Aufsätzen, hier in „Zeit, Raum, Ewigkeit“ von 1959.[22]

Dabei hätte zumindest Przywara das Wort „Pan-en-theismus" für sein Hauptwerk „Analogia Entis" nicht zu erfinden brauchen. Es gab den Ausdruck bereits, und Przywara kannte ihn. In „Gott. Fünf Vorträge über das religionsphilosophische Problem" von 1926, die in „Analogia Entis" eingearbeitet wurden, gibt es eine für unsere terminologische Spurensuche interessante Anmerkung zu Dilthey: Er habe seine Genialität bewiesen, in dem er die neuere Universum- und Entwicklungsphilosophie von Fichte bis Bergson, von dem bekanntlich Teilhard de Chardin beeinflußt wurde, auf die „Kosmosreligiosität der Renaissance" zurückgeführt habe. Aber es fehle Dilthey die tiefere Einsicht in den hier sich vollziehenden „Wandel vom Theopanismus eines ‚Gott alles allein' (extreme Transzendenz) zum eigentlichen Pantheismus des ‚Geschöpf (hier: All) alles allein' (extreme Immanenz)". Es sei ein Wandel der Polrichtung, den Dilthey ahne, „wenn er zum Beispiel Zwingli als ‚Panentheismus'[!] dem ‚Pantheismus' des 19. Jahrhunderts gegenüberstellt". Przywara bestätigt also seinerseits die Vereinbarkeit des Panentheismus zumindest mit dem christlichen Glauben Zwinglis. Trotzdem übernimmt er den Terminus nicht und versucht stattdessen, ihn durch den von ihm bevorzugten „Theopanismus" zu ersetzen: „Der Ausdruck ‚Theopanismus', den Rudolf Otto überaus glücklich für den ‚Pantheismus' der Mystik geprägt hat", helfe hier zu einer klareren Deutung der Zusammenhänge, als sie Dilthey möglich gewesen sei.[23] Dem kann man kaum folgen.

Es war dann Paul Tillich — er hatte über Schelling gearbeitet, und Przywara hatte für Tillichs Festschrift 1959 den Beitrag „Christliche Urworte" beigesteuert —, der sich nicht scheute, in Band III seiner 1963 in Chicago erschienenen „Systematischen Theologie" 1 Kor 15,28 und „Panentheismus" zusammenzuführen. Im letzten Kapitel „Ewiges Leben und göttliches Leben" heißt es:[24] Ewiges Leben sei Leben in Gott. Das „stimmt mit der Paulinischen Auffassung überein, daß in der endgültigen Erfüllung Gott alles in allem (oder für alles) ist. Dieses Symbol könnte man als ‚eschatologischen Pan-en-theismus' bezeichnen." Trotz dieser Einschränkung auf die Eschatologie, das „ewige Leben", das Teilhardsche „Pleroma", hat „Pan-en-theismus" endlich Eingang in die christliche

Theologie gefunden. Dabei sieht Tillich drei Bedeutungen des Wortes „in": die des „schöpferischen Ursprungs", die der „ontologischen Abhängigkeit" und schließlich die der „endgültigen Erfüllung". Es dürften jedoch bereits die beiden ersten Bedeutungen, die für die Schöpfung immer zutreffen, genügen, um dieses Verhältnis zum Schöpfer „pan-en-theistisch" zu nennen.

Diese positive Aufnahme des Wortes „Panentheismus" in die christliche Theologie setzte Jürgen Moltmann fort. In ‚Trinität und Reich Gottes' von 1980 heißt es, der „christliche Panentheismus" gehe vom göttlichen Wesen aus: „Die Schöpfung ist eine Frucht der göttlichen Sehnsucht nach ‚seinem Anderen' und dessen freier Erwiderung der göttlichen Liebe." Die Grundlage dafür bilde die Trinitätslehre des Richard von Sankt Viktor. Aus ihr und Hegels Dialektik hätten dann im 19. Jahrhundert Sartorius, Twesten, Nitzsch, Julius Müller, Liebner und auch Isaak August Dorner je auf ihre Weise den ethischen Weg zur Exposition der Trinität eingeschlagen. Fichte, Schelling und Krause, den „Erfinder" des Terminus „Panentheismus", erwähnt Moltmann in diesem Zusammenhang jedoch nicht. Zum Panentheismus in der modernen Prozeßphilosophie verweist er auf Norman Pittengers „Process-Thought and Christian Faith", London 1968.[25]

In „Gott in der Schöpfung" von 1985 machte sich Moltmann den Terminus „Panentheismus" ganz zu eigen:[26] „Der trinitarische Schöpfungsbegriff verbindet die *Welttranszendenz Gottes* mit seiner *Weltimmanenz*. Die einseitige Betonung der *Welttranszendenz* Gottes führte zum Deismus wie bei Newton. Die einseitige Betonung der *Weltimmanenz* Gottes führte zum Pantheismus wie bei Spinoza. Im trinitarischen Schöpfungsbegriff werden die Wahrheitsmomente des *Monotheismus* und des *Pantheismus* integriert. Der *Panentheismus*, nach dem Gott, der die Welt geschaffen hat, zugleich der Welt einwohnt und umgekehrt die Welt, die er geschaffen hat, zugleich in ihm existiert, läßt sich in Wahrheit nur trinitarisch denken und darstellen."

Bleibt noch zu erwähnen, daß Moltmann auf Arthur Peacocke, „Creation in the World of Science", Oxford 1979, verweist: Auch er bringe den Panentheismus wieder zu Ehren.[27]

Um so mehr ist zu bedauern, daß die katholische Theologie sich reserviert verhält. In dem 1961 erschienenen „Kleinen Theologischen Wörterbuch" von Karl Rahner und Herbert Vorgrimler wird „Panentheismus" noch immer als „Form des Pantheismus vorgestellt, wenn auch mit der Spezifizierung: Der Panentheismus wolle[28] „nicht einfach Welt und Gott monistisch identifizieren (Gott = das ‚All‘), will aber doch das ‚All‘ der Welt ‚in‘ Gott als dessen innere Modifikation und Erscheinung begreifen, wenn Gott auch nicht darin aufgeht."

Während die Autoren im folgenden Artikel „Pantheismus" diesen als metaphysisch und theologisch falsch ablehnen, sehen sie für den Panentheismus, obwohl sie ihn als eine „Form des Pantheismus" ansehen, immerhin eine Chance, daß er getauft werden kann:[29] „Die Lehre eines solchen ‚Ineins‘ der Welt in Gott ist dann (und *nur* dann) falsch und häretisch, wenn sie die Schöpfung und das Unterschiedensein der Welt von Gott (nicht nur Gottes von der Welt) leugnet."

Von einer Aufforderung an die Theologie, den Terminus „Panentheismus", da er doch dafür offen ist, christlich zu interpretieren und durch ihn den widersprüchlichen Begriff „christlicher Pantheismus" zu ersetzen, ist nicht die Rede. Stattdessen wird der Panentheismus als „Aufforderung an die Ontologie", an die Philosophie also, verstanden,[30] „das Verhältnis zwischen absolutem und endlichem Sein tiefer (d.h. die gegenseitige Bedingung von in gleichem Maß wachsender Einheit und Unterschiedenheit begreifend) und genauer zu denken." Das klingt nach Teilhard.

So kann denn Karl Rahner noch 1981 in „Über die Eigenart des christlichen Gottesbegriffs" diesen zunächst dadurch charakterisieren, daß er „gegen allen Atheismus, Pantheismus, Panentheismus [!], Deismus, versteckten Polytheismus Gott wirklich Gott sein läßt."[31] In dieser Gesellschaft hat der „Panentheismus" freilich keine Chance, der katholischen Theologie aus einer terminologischen Verlegenheit zu helfen.

Auch Hans Küng kennt den „Panentheismus" aus seiner Auseinandersetzung mit Hegel. In „Menschwerdung Gottes" von 1970, der „Einführung in Hegels theologisches Denken als Prolegomena zu einer künftigen Christologie", dient der Terminus jedoch nur zur Beschreibung des Hegelschen Pantheismus:[32] „Wenn auch nicht Pantheismus im vulgären Sinn der Allesgötterei, wo alles mit Gott identisch ist, so doch ein *Panentheismus,* wo Gott allem grundsätzlich übergeordnet bleibt, wenn er auch – anders als im Theismus – notwendig auf alles bezogen ist." So verstanden, kann der Terminus freilich nicht in eine künftige Christologie einziehen. Doch Küng hat immerhin das Verdienst, einen breiteren Leserkreis mit dem Wort „Panentheismus" bekannt gemacht zu haben. In „Existiert Gott?" von 1978 lautet die Überschrift eines Unterkapitels im Teil über Hegel „Vom Deismus zum Panentheimus". Doch auch Küng blockiert die „Taufe" des Terminus „Panentheismus" durch die ergänzende Bemerkung zu Hegel.[33] „Gott als Gegenüber erscheint überwunden von der Gottheit als dem Umgreifenden. In der Beschreibung des Verhältnisses von Gott und Mensch werden deshalb personale Kategorien jetzt tunlichst vermieden."

Karl Christian Friedrich Krause

Auch wenn es nach Küng den Anschein hat, Hegel habe den Terminus „Pan-en-theismus" kreiert, so belehren uns die Lexika, es sei vielmehr Karl Christian Friedrich Krause (1781–1832) gewesen, der, um eine Synthese von Pantheismus und Theismus zu schaffen, seine All-in-Gott-Lehre entwickelt und dafür den Begriff „Pan-en-theismus" geprägt habe.

Krause, 1781 als Sohn des Lehrers und späteren evangelischen Pfarrers Johann Friedrich Gotthard Krause im thüringischen Eisenberg bei Altenburg geboren, studierte ab 1797 Theologie, Philosophie und Mathematik in Jena, wo sich in diesen Jahren nach der Französischen Revolution eine „Evolution des Geistes" ereignete.[34] Der Student Krause war anscheinend ein fleißiger, gewissenhafter und kreativ-kritischer Mitschreiber der Vorlesungen, die er hörte, so 1798/99 „Über philosophische Kunstlehre" von August Wilhelm Schlegel. Jedenfalls wurden die Vorlesungen „mit erläuternden Bemerkungen" von Krause in dessen Nachlaß gefunden und 1911 in Leipzig herausgegeben. Auch von Fichtes „Wissenschaftslehre nova methodo" existiert eine Vorlesungsnachschrift aus dem gleichen Jahre von Krause. 1801 promovierte er und legte auch das theologische Kandidatenexamen ab. 1802 heiratet er Amalia Concordia Fuchs, mit der er 14 Kinder haben sollte, von denen ihn zwölf überlebten.

Im gleichen Jahr habilitierte er sich mit der „Dissertatio philosophico-mathematica de Philosophiae et Matheseos notione et earum intima conjunctione', die noch 1802 in Jena bei Voigt erschien. Schon 1803 folgte bei Gabler in Jena „Grundlage des Naturrechts, oder philosophischer Grundriss des Ideales des Rechts". Nach Peter Landau verknüpft Krause im Verlauf seiner späteren rechtsphilosophischen Studien, die ihm besonders am Herzen lagen, „Metaphysik und Rechtsphilosophie durch den Gedanken, daß das Recht eine Grundwesenheit Gottes sei",[35] was sich aus Krauses „panentheistischer Hauptlehre" ergebe.[36] Seine Rechtsphilosophie sei durchaus aktuell, da sie es ermögliche, „Gerechtigkeit *zukunftsbezogen, generationenübergreifend* und *planetarisch*",[37] also nachhaltig und ökologisch im weitesten Sinn des Wortes zu denken. Auch für die gegenwärtige Diskussion über das Verhältnis von Rechts- und Sozialstaat gibt Krause zu denken, da er *„iustitia* und *caritas* nicht voneinander trennt".[38]

Noch im gleichen Jahr 1803 legte Krause einen „Grundriss der historischen Logik für Vorlesungen" vor, die er, 1802–1804 Privatdozent der Philosophie, in Jena hielt. 1804 erschienen, auch zum Gebrauch bei Vorlesungen, „Grundlage eines philosophischen Systemes der Mathematik" sowie „Factoren und Primzahlentafeln". Ebenfalls noch 1804 legte der Dreiundzwanzigjährige bereits einen „Entwurf des Systems der Philosophie" vor, und zwar die „Erste Abtheilung, enthaltend die allgemeine Philosophie, nebst einer Anleitung zur Naturphilosophie". Angekündigt wurden die zweite Abteilung über die „Philosophie der Vernunft oder des Geistes" und als dritte die „Philosophie der Menschheit". Es hat den Anschein, als wollte Krause zu Kant, Fichte, Schelling und Hegel in die Arena steigen.

Noch als Student hatte Krause den Atheismusstreit um Fichte, Forbert und Niethammer erlebt, wodurch die gerade erst vor allem durch Fichte berühmt gewordene Universität Jena und die deutschsprachige Geisteswelt nachhaltig erschüttert wurden. Fichte, durch den Weimarer Hof entlassen, dessen Minister Goethe für die Universität Jena zuständig war, ging nach Berlin.

Krause scheint sich als junger Dozent schnell einen Namen gemacht zu haben, schreibt doch der Hegelbiograph Karl Rosenkranz 1870 anhand der Erinnerungstafeln an den Häusern von Jena:[39]

„Hier in diesem Garten dichtete Schiller den Wallenstein, hier in diesem Gasthof hatte Goethe sein Absteigequartier [...]. In jenen Häusern wohnten Schleiermacher, F. und A. Schlegel, Novalis, W. v. Humboldt, Reinhold, Fichte, Krause [!], Fries, Oken usw. In jenem großen Zimmer des ersten Stocks eines Eckhauses schrieb Hegel die ‚Phänomenologie des Geistes‘."

Fiel bereits Krauses „Entwurf des Systemes der Philosophie" nach dem Weggang Fichtes nach Berlin und Schellings nach Würzburg aus dem Rahmen der etablierten Jenaer Philosophie? Beriet sich Goethe im Juli 1811 bei einem Treffen mit Wieland in Griesbach auch über eine Berufung des umstrittenen Sonderlings Krause nach Jena?[40] Jedenfalls ging Krause 1804 nach Rudolfsstadt und lebte ab 1805 in Dresden als Dozent an einer Ingenieurschule und als Erzieher bei einer russischen Gräfin. Josef Nadler charakterisiert ihn als einen[41] „Mann mit lebhaften Neigungen für Musik und bildende Kunst, ein tiefsinniger Mathematiker, wie ein ‚Gymnasophist am Ganges oder ein Pythagoräer‘. Die Welt erschien ihm als Gott eingeordnet. Er glaubte an das Einssein des unsichtbaren Geisterreiches mit der sichtbar erscheinenden Welt. Und im Sinne des romantischen Organismusgedankens meinte er, jeder Mensch müsse im Kleinen die Aufgabe des Menschengeschlechts erfüllen [...]. Gotthilf Heinrich Schubert war sein Freund und Genosse als Erzieher im gleichen Haus."

Krauses Philosophie hatte in der Tat die Zukunft der Menschheit im Auge. 1811 erschien in Dresden „Das Urbild der Menschheit" und aus dem Nachlaß 1843 „Geist der Geschichte der Menschheit". Krause nahm für sich in Anspruch, die Lehre vom Menschheitsbund erstmals wissenschaftlich begründet zu haben: die am Ende der Zeiten endgültig „mit Gott-als-Urwesen vereinte Menschheit",[42] Teilhards „Punkt Omega", das paulinische „Pleroma".

Der Versuch, 1813–1815 mit Fichtes Hilfe und nach erneuter Habilitation an der Berliner Universität Fuß zu fassen, zerschlug sich nach dessen Tod. Wieder in Dresden, wohnte Krause zeitweilig im selben Haus mit Schopenhauer und verkehrte mit dem Naturforscher und Maler Carl Gustav Carus.

In den „Vorlesungen über das System der Philosophie", die als sein Hauptwerk gelten und 1828 in Göttingen erschienen, wo Krause sich ein drittes Mal habilitierte und seit 1823 wieder nur als

Privatdozent wirkte, ging es ihm letztlich nur um den einen „ganz bestimmten Lehrzweck: die Wissenschaft bis dahin zu entfalten, daß der Mensch sich und die Menschheit erkenne und anerkenne als wesend, seiend und lebend in, unter, durch, mit, und vereint mit *Wesen,* – mit Gott",[43] mit anderen Worten: Es geht um die All-in-Gott-Lehre, um den Pan-en-theismus:[44] „In der Wesenschauung nun wird gefunden, dass das Ein von dem All wesentlich verschieden ist, weil der Gedanke: All, nach dem jetzigen Sprachgebrauche, schon den Gedanken der Vielheit in sich hat [...]. Da aber in der Wesenschauung auch dies gefunden wird, dass Wesen, als das Eine, auch an sich, oder in sich, unter sich und durch sich Alles, auch der Inbegriff alles Endlichen ist, so würde dieser Einsicht gemäss der Ausspruch gethan werden müssen, dass das Eine in sich und durch sich auch das All sei [...]; und weil in der Wesenschauung erkannt wird, dass Gott auch Alles in, unter und durch sich ist, so könnte wohl die Wissenschaft *Panentheismus* genannt werden.[...] Es kann mithin auf keine Weise gesagt werden: Gott ist die Welt, noch auch: die Welt ist Gott; sondern lediglich: die Welt ist in und durch Gott so, dass Gott, das Urwesen, ausser und über der Welt ist, wobei das Wort: in, das Verhältnis der Abhängigkeit der Wesenheit der Welt zu der Wesenheit Gottes bezeichnet. Die in ihr Inneres entfaltete Wesenschauung zeigt den *Pantheismus,* als die Lehre, dass die Welt, und alle Wesen der Welt, in irgend einer Hinsicht Gott selbst seien, als einen Grundirrthum [...]."

Dabei war sich der Philosoph und Pfarrerssohn Krause, der in Jena auch seine Theologie gründlich studiert hatte, sicher,[45] „dass die Lehre der Wesenschauung mit der Lehre des Christentums übereinstimmt: dass die Welt durch Gott ist, dass sich Gott in der Welt offenbart, dass der Mensch ein endliches Ebenbild Gottes ist, und dass wir in Ihm leben, weben und sind. Die Sätze, die ich vorhin ausgesprochen, dass Alles, auch der Geist, in Gott, finden sich auch bei den Vätern der christlichen Kirche ausdrücklich und ausführlich, so bei *Augustinus.*"

Und Krause zitiert Stellen, die sich in diesem Zusammenhang auch bei Przywara finden.

1831 mußte Krause wegen revolutionärer Umtriebe seiner Schüler Göttingen verlassen und versuchte, in München eine Honorarprofessur zu erhalten, was angeblich von Schelling hintertrieben wurde. Eine Ausweisung konnte durch die Bürgschaft Franz von Baaders verhindert werden. 1832 erlag Krause – er hatte sein Leben lang unter Krankheiten gelitten – in Partenkirchen einem Schlaganfall. Er starb arm, wie er gelebt hatte – bis 1825 finanziell von seinem Vater unterstützt. 1828 hatte sich ein Freund, Graf Wintzingerode, gewundert über „die stupende Gelehrsamkeit, das kindlich-religiöse Gemüt, den hellen Geist und – das viele Unglück dieses höchst interessanten Mannes".[46]

Der Prophet im eigenen Lande

Die Herausgeber der späteren Auflagen der Werke von Krause klagten über die mangelnde Resonanz, so 1868 sein Schüler und Schwiegersohn Hermann von Leonhardi in der Vorrede zur zweiten Auflage der „Vorlesungen über die Grundwahrheiten der Wissenschaft" aus dem Jahre 1829. Die ausgebliebene Wirkung erklärt er einerseits durch das Mittel der Literaturzeitungen, „eine den tonangebenden Parteien unbequeme Leistung, als wäre sie nicht vorhanden, unbesprochen zu lassen". Andererseits stellt er fest, daß „Unredliche Krause nach Bequemlichkeit ausbeuteten, ohne seinen Namen zu nennen".[47] In der Vorrede von 1869 zu den „Vorlesungen über das System der Philosophie" aus dem Jahre 1828 nennt Leonhardi Roß und Reiter, darunter Johann Friedrich Herbart, der 1809 den Ruf auf den Lehrstuhl Kants in Königsberg erhalten hatte, und einen Professor A. Wendt, der statt Krause auf den Lehrstuhl F. L. Bouterweks in Göttingen berufen worden war.[48]

Ein weiterer Grund, warum Krause totgeschwiegen wurde, dürfte sein Eintreten für die „Bildung der Frauen und Mütter" gewesen sein, wofür sich dann aber der Pädagoge Friedrich Fröbel einsetzte. „Dieser selbst aber", so die umstrittene Meinung[49] Leonhardis in der Vorrede zu den „Vorlesungen über das System der Philosophie", „wurzelt mit seinem ganzen Sinnen und Trachten in Krauses ‚Urbild der Menschheit' und ‚Emporleitendem Theil' [der Philosophie, I. Band, Intuitiv-analytischer Hauptteil der ‚Vorlesungen über das System der Philosophie']". Daher werden auch Fröbels „Kindergarten" und seine „Menschenbildung" und „Umgestaltung der weiblichen Erziehung" erst „volles Gedeihen haben, wenn Die, die sich ihr widmen, an der geistigen Lebensquelle schöpfen werden, an der F. Fröbel und seine Mitarbeiter selbst schöpfen".[50]

Denjenigen jedoch, die sich gern mit Krauses Werk vertraut gemacht hätten, hatte dieser selbst den Zugang dadurch erschwert, daß er eine „allgemeine Aufgabe" darin sah, „die Wissenschaft, vornehmlich die Philosophie, in reinem edeln Deutsch darzustellen", und er berief sich dafür auf „Leibnitz und Wolf", „in neuer Zeit aber besonders (auf) Kant und Fichte".[51] Ein extremer, doch nicht vereinzelter Beispielsatz lautet:[52] „[...] eigentlich ist Menschheit Urwesenvereingeistvereinleibwesen. Also auch der Einzelmensch ist Urwesen-als-ein-unendlichendliches Urwesen vereint mit Geistwesen-als- ein-unendlichendliches Geistwesen vereint mit Leibwesen-als-ein-unendlichendliches Leibwesen."

Doch in den 1829 erstmals erschienenen „Vorlesungen über die Grundwahrheiten der Wissenschaft" bediente sich Krause wieder „einer volksverständlichen Ausdrucksweise", schreibt der Herausgeber August Wünsche im Vorwort zur dritten Auflage 1911.[53] Krauses Bemühen um eine deutsche Wissenschaftssprache ist auch der Grund dafür, daß sich im Register zu seinem Hauptwerk ‚System der Philosophie' das Stichwort „Panentheismus" nur einmal findet, die Sache selbst jedoch das Leitmotiv des Werkes ist.

Was speziell den kirchlich gebundenen Philosophen und Theologen den Terminus „Panentheismus" verdächtig gemacht und seine Rezeption verleidet haben mochte, könnten Krauses freimaurerische Aktivitäten gewesen sein. 1804 hatte er sich um Aufnahme in die Altenburger Loge bemüht. Er sah in der Freimaurerei die Idee des Menschheitsbundes keimhaft verwirklicht. 1809 erschien von ihm in Dresden die Schrift „Höhere Vergeistigung der echtüberlieferten Grundsymbole der Freimaurerei in zwölf Logenvorträgen von dem Br.[uder] Krause", 1820 eine vermehrte zweite Auflage. 1810 veröffentlichte er „Die drei ältesten Kunsturkunden der Freimaurerbrüderschaft, mitgetheilt, bearbeitet und durch eine Darstellung des Wesens und der Bestimmung der Freimaurerei und der Freimaurerbrüderschaft, sowie durch mehrere liturgische Versuche erläutert vom Br. Krause". Es handelte sich um zwei stattliche Bände – Band 2 erschien 1813 –, von denen eine um das doppelte vermehrte Auflage 1819–1821 erschien. Durch dieses Werk versuchte Krause, die Freimaurerei auf uralte Traditionen zu gründen und dadurch Maßstäbe zur Kritik und Weiterentwicklung der Logen seiner Zeit zu gewinnen. Es wurde ihm nicht gedankt. Wegen Verletzung der maurischen Verschwiegenheit wurde er 1810 aus der Dresdner Loge ausgestoßen, künftig beruflich behindert und erst lange nach seinem Tode rehabilitiert.[54]

Der „Krausismo" macht Geschichte

Krause, der 1832 gestorben war, erlebte seine triumphale Wirkungsgeschichte in Spanien nicht mehr. Sicherlich waren es auch Krauses freimaurerischen Beziehungen, die zur Entstehung des Krausismo in der spanisch und portugiesisch sprechenden Welt beigetragen haben. Denn der „modernistische" Krausismo trat gegen den klerikal-konservativen Staat und seine Gesellschaft an.

Es war vor allem die Rechtsphilosophie des in Brüssel lehrenden Krauseadepten Heinrich Ahrens, sein „Cours de droit naturel ou de philosophie du droit", der bereits Ende der dreißiger Jahre in der spanischen „Partido Progresista" Anklang fand und 1841 auf Spanisch erschien.

Als 1843 das liberale Kabinett Espartero den ersten Lehrstuhl für Philosophiegeschichte an der Zentraluniversität von Madrid einrichtete, wurde Julian Sanz del Río (1814–69) berufen mit der Auflage, sich zwei Jahre über die neuesten Entwicklungen in der französischen und deutschen Philosophie zu informieren. In Brüssel empfahl Ahrens dem Spanier, die Krauseschüler Hermann Karl von Leonhardi und Carl D. A. Röder in Heidelberg zu hören. Wieder in Spanien, übersetzte Sanz del Río zunächst Krauses Werke und paßte dessen Lehre den spanischen Verhältnissen an, bevor er 1857 seinen Lehrstuhl übernahm. 1860 erschien sein Buch „C. Chr. Fr. Krause, Ideal de la humanidad para la vida con introducción y comentarios", die Übersetzung von „Das Urbild des Menschheit", ergänzt durch andere Texte Krauses. Es kam ungeprüft auf den Index der verbotenen Bücher, und der Verfasser verlor 1867 durch die wieder an die Macht gelangte katholisch-traditionalistische Reaktion seine Professur. Nach der bürgerlich-liberalen Revolution von 1868 und der Gründung der ersten spanischen Republik 1873 bekleideten Sanz del Río und seine krausistischen Schüler zusammen mit Anhängern der Hegelschen Philosophie die wichtigsten Staatsämter. Sie glaubten an einen „allein durch Erziehung und sozialpolitische Reformen zu erreichenden historischen Fortschritt", woran sie dann wohl auch scheiterten.[55]

Nach dem Militärputsch von 1874 und der Restauration der Bourbonenmonarchie gründete Francisco Giner de los Ríos, ein Schüler von Sanz, als Reaktion auf die Entlassung krausistischer Lehrer die „Institución libre de enseñanza".[56] Die ILE umfaßte schließlich, wenn auch nur in Madrid, Valencia, Sevilla und Sabadell bei Barcelona, alle Schultypen vom Kindergarten bis zur Universität. Die beherrschende Stellung der katholischen Kirche im Unterrichtswesen wurde durch die ILE erschüttert. Sie lehnte die religiöse und ideologische Bevormundung und einen autoritären Erziehungsstil ab, plädierte für Koedukation und klassenlose Schule, für die Gleichstellung von Lehrerinnen und Lehrern, für Pazifismus, Humanismus und Naturverbundenheit sowie für gesellschaftliches Engagement. Der Einfluß dieses pädagogischen Krausismo auf die Generationen von 1898 – zum Beispiel auf Miguel de Unamuno – und 1927 – zum Beispiel auf Luis Buñuel, Salvador Dalí, Federico García Lorca – war beträchtlich. Viele von ihnen verbrachten ihre Studienzeit in der 1910 gegründeten krausistischen „Residencia de Estudiantes". Nach dem Ende des Bürgerkrieges wurde die ILE durch Franco geschlossen und enteignet.

Nicht nur die Hochschätzung von Familie und Nation durch Krause, auch der „für den Panentheismus kennzeichnende hohe Grad der Kompatibilität mit christlicher Theologie, an der festzuhalten die meisten Krausisten für sich in Anspruch nahmen",[57] förderten die Entstehung des Krausismo in Spanien und Lateinamerika. Es war letztlich der Glaube an die Würde und die Freiheit des Menschen als Teilhaber am göttlichen Wesen, was Christen zu Krausisten werden ließ. Am 10. November 1844 hatte Sanz del Río in sein Tagebuch geschrieben:[58] „Oh höchstes Wesen, Schöpfer, oberster Schiedsrichter, Gestalter alles Seins; einziges, absolutes Wesen! Alles Wesen ist In-Dir-Wesen, ist aber nicht Wesen in absoluto, sondern nur in Verbindung mit Dir. Nur Du bist Wesen. Außerhalb Deiner existiert nichts; alles ist in Dir; alles besteht nur, insofern es in Dir begründet ist; nichts besteht aus sich selbst her-aus. Du umgibst alles in der Einfalt Deines Seins [...]"

Die Verleumdungskampagnen, die sich in Spanien die Anhänger des Klerikalismus mit denen des Krausismus fast über ein Jahrhundert lang lieferten, blieben kirchlichen Philosophen und Theologen des übrigen Europa nicht verborgen: ein Grund mehr für sie, den Terminus „Panentheismus" als angeblich antichristlich zu ignorieren.

Panentheismus – Unterpfand der Freiheit

Einzig im Panentheismus sieht Schelling, ohne das Wort zu ge-brauchen, in seiner Freiheitsschrift von 1809 eine Möglichkeit für die Freiheit des Menschens angesichts der Allmacht Gottes:[59] „Sagen, Gott halte seine Allmacht zurück, damit der Mensch han-deln könne, oder er lasse die Freiheit zu, erklärt nichts: zöge Gott seine Macht einen Augenblick zurück, so hörte der Mensch auf zu seyn. Gibt es gegen diese Argumentation einen andern Ausweg, als den Menschen [...] in das göttliche Wesen selbst zu retten, zu sagen, daß der Mensch nicht außer Gott, sondern in Gott sey, und daß seine Thätigkeit selbst mit zum Leben Gottes gehöre? Gerade von diesem Punkt aus sind Mystiker und religiöse Gemüther aller Zeiten zu dem Glauben an die Einheit des Menschen mit Gott ge-langt, der dem innigsten Gefühl ebenso sehr oder noch mehr als der Vernunft und Speculation zuzusagen scheint."

Auch Schelling sieht sich damit in Übereinstimmung mit dem biblischen Glauben:[60] „Ja die Schrift selbst findet eben in dem Bewußtseyn der Freiheit das Siegel und Unterpfand des Glaubens, daß wir in Gott leben und sind. Wie kann nun *die* Lehre nothwen-dig mit der Freiheit streiten, welche so viele in Ansehung des Menschen behauptet haben, gerade um die Freiheit zu retten?"

Ganz auf die Einbürgerung des Terminus „Pan-en-theismus" in die Philosophie abgestellt hat es jüngst Philip Clayton in dem ersten Band „Gott und Unendlichkeit in der neuzeitlichen Philosophie" seines Werkes „Das Gottesproblem". Er will entdeckt haben,[61] „daß ein systematisch ausgearbeiteter Pantheismus sich zwangsläufig in einen *Panentheismus* verwandelt, der die Welt als in Gott eingebettet, nicht aber als mit Gott identisch begreift – der also [...] eine nicht rein immanente, sondern eine immanente, transzendente Metaphysik darstellt."

Dabei will er zeigen, „daß der stärkste metaphysische Ansatz vor der Philosophie Hegels auftritt, namentlich in dem als Freiheitsmetaphysik sich gerierenden Panentheismus Schellings". Schon Lessing habe „als erster in die Richtung einer raffinierteren Version der spinozistischen Metaphysik gewiesen, die den Pantheismus in einen Panentheismus verwandelte und die Welt ‚in' Gott verortete, Gott jedoch als *mehr* als die Welt konzipierte".[62] Clayton will dann die Auffassung des frühen Fichte „unter dem Titel des *idealistischen Panentheismus* und die des späten unter dem Titel des *mystischen* oder *metaphysischen Panentheismus* behandeln".[63] Bei Fichte werde die Struktur einer Antwort auf Kant und Spinoza deutlich: Sie müsse der kantischen Erkenntniskritik Rechnung tragen, das Absolute beziehungsweise das Ganze als seinen Teilen vorausgehend denken und das Verhältnis zwischen unabhängiger Existenz und Abhängigkeit von (beziehungsweise Teilnahme an) dem Ganzen dialektisch verstehen: „Die Gestalt, die diese Antwort im metaphysisch-theologischen Gespräch annimmt, ist der *Panentheismus*."[64] Im Blick auf Schelling meint Clayton, dem Panentheismus zufolge gebe es „keinen notwendigen Prozeß der ‚Entäußerung' Gottes in eine existierende Welt. Stattdessen wird nur ein reiner Akt der göttlichen Freiheit den Übergang vom System zur Wirklichkeit vollziehen können." Das sei auch das Hauptthema der klassischen Darstellung von Heidegger über Schellings „Wesen der menschlichen Freiheit".[65]

Letztere hatte Krause wie folgt zur Anschauung gebracht: Da ich erkenne,[66] „dass ich selbst der Grund bin meiner Selbstbestimmung zum Guten in Freiheit, so erkenne ich doch schon hier in der Wesenschauung, dass eben diese meine Freiheit, deren ich mit Gewissheit inne bin, selbst begründet und verursacht ist in Gott, durch Gott."

Auch im Neohinduismus sei die Auffassung vom Verhältnis der Gottheit zur Welt nach Auskunft der Experten am treffendsten mit „pan-en-theistisch" zu bezeichnen, so bei Sri Aurobindo:[67] „Wer

Krishna nicht kennt, den Gott im Menschen, der kennt auch Gott nicht ganz. Wer nur Krishna kennt, kennt nicht einmal Krishna. Und doch ist auch die entgegengesetzte Wahrheit absolut wahr: daß du Seine höchste Wirklichkeit erfaßt hast, wenn du die ganze Gottheit in einer kleinen, blassen, unscheinbaren und geruchlosen Blume erkennen kannst. Werde und lebe die Erkenntnis, die du hast; dann ist Erkennen der lebendige Gott in dir."

In Aurobindos integralem Yoga „gehen die Werte von Materie und Leben, von menschlichem Bewußtsein und persönlicher Gotteserfahrung nicht in einer letzten Wirklichkeit verloren". Sie „entwickeln sich auf das göttliche Leben und das göttliche Bewußtsein hin, in dem sie nicht vernichtet, sondern erfüllt werden. Das ist auch das Ziel eines christlichen Yoga." Diese Einschätzung durch den Benediktiner Bede Griffiths[68] teilt der Jesuit Hugo M. Enomiya-Lassalle; beide sind intime Kenner östlicher Spiritualität, beide sehen bei Sri Aurobindo Parallelen zu Teilhard de Chardin.

Um so bedauerlicher, daß niemand Teilhard auf den Terminus „Pan-en-theismus" aufmerksam machte. Teilhard hätte durch die „All-in-Gott-Lehre" von Karl Christian Friedrich Krause manches pantheistische Mißverständnis vermeiden können. Das gilt auch heute noch für alle, die das paulinische „Gott alles in allem" im interdisziplinären, interkonfessionellen, interreligiösen und nicht zuletzt im zwischenmenschlichen Dialog unmißverständlicher als bisher zur Geltung bringen möchten. Denn die Frage nach der Transzendenz und Immanenz der Gottheit ist aktueller denn je, ist es doch die Frage nach der Würde und Freiheit des Menschen und nach seiner Verantwortung für die Welt und für Gott.[69] „Panentheismus" scheint dafür die Antwort anzudeuten.

8. Gott suchen mit allen Sinnen

Sensibilität und Umweltzerstörung

Der Ruf nach einer neuen Sensibilität wird immer deutlicher. Haben wir doch den Verdacht, die fortschreitende Umweltzerstörung breitet sich auch deshalb so ungehindert aus, weil wir uns eine dicke Haut zugelegt haben. Wir haben unsere Sinne abstumpfen lassen, sind unsensibel geworden.

Wir *sehen* kaum noch, wie Quadratmeter für Quadratmeter zubetoniert werden. Wir haben uns daran gewöhnt, daß das Grün um uns herum immer mehr dem Grau weicht. Unsere Phantasie ist unwillig und ungeübt sich vorzustellen, wie das Ende der Entwicklung aussehen muß, wenn wir so weiter machen.

Ebenso unsensibel ist unser *Gehör* geworden. Wir haben uns an den alltäglichen Lärm so gewöhnt, daß wir erschrecken, wenn es plötzlich still um uns ist. Wir nehmen vorsorglich den Walkman mit auf die Bergwanderung, setzen uns über die zum Lärmschutz verordnete Geschwindigkeitsbegrenzung hinweg und sind empört, wenn uns der Nachbar an die Zimmerlautstärke erinnert. Unter den 15- bis 25jährigen Besuchern von Diskotheken wird der Anteil der Hörgeschädigten bereits auf 15 bis 20 Prozent geschätzt.

Nicht anders steht es mit unserem *Geschmack*. Es hat lange gebraucht, bis sich herumgesprochen hat, daß Tomaten aus Holland und Äpfel aus Südtirol nach nichts schmecken. Die aus dem Boden schießenden Feinschmeckerlokale sind nur das sonntägliche Alibi für unsere alltägliche Geschmacklosigkeit, mit der die Nahrungsmittelindustrie nach wie vor rechnet.

Ebenso braucht die Zigarettenindustrie nicht um Absatzmärkte zu fürchten. Je mehr es gesicherte Erkenntnisse über die Schädlichkeit des aktiven wie passiven Rauchens gibt, um so unwiderstehlicher scheint der *Geruch* verräucherter Luft.

Derart abgestumpft, riechen wir die giftigen Abgase nicht mehr, nehmen wir schlechte Luft wie selbstverständlich hin und brüsten uns noch unserer Anpassungsfähigkeit.

Das gilt auch für unsere taktilen Fähigkeiten im engeren Sinne. Wir *fühlen* kaum noch den Unterschied einer synthetischen von einer natürlichen Faser auf der Haut, spüren nicht mehr, ob Kunststoff dem Fuß wohler tut oder Leder. Was Wunder, wenn Zärtlichkeit in der Liebe ein Fremdwort ist trotz der verzweifelten Angebote, sie durch Massagetechniken zu lernen und so die Liebe doch noch zu retten.

Diese wenigen Beispiele erinnern daran, wie sehr die Sinne ursprünglich zu unserer Orientierung gedacht waren: Sie signalisierten die Wohlbefindlichkeit unserer Situation oder Gefahr. Die Sinne konnten sich zwar gelegentlich täuschen, aber im großen und ganzen waren sie zuverlässig. Sie nahmen die Welt wahr, wie sie ist. Wachen Sinnes ging der Mensch durch den Tag, und nahm er seine fünf Sinne zusammen, konnte er sich auf seine Wahrnehmung verlassen. Voraussetzung war freilich eine unablässige Schulung der Sinne, die Verfeinerung ihrer Wahrnehmung und ihr Zusammenwirken. In dem Maße, als diese Sinneskultur zunahm, entwickelte sich auch die Kultur der Seele und des Geistes, die Kunst des Lebens wurde zum Gesamtkunstwerk.

Nicht zuletzt wuchs mit der Tiefe der sinnlichen Erfahrung auch die Wahrnehmung der religiösen Dimension. Sinneserfahrung wurde zur Sinnerfahrung, schließlich zur Gotteserfahrung, so wie Unsinnlichkeit zu Unsinnigkeit und Sinnlosigkeit führt, letztlich zum Gottesverlust.[1]

Für diese Zusammenhänge gibt es unzählige historische Beispiele und Zeugen. Einer davon ist – für viele sicher überraschend – Ignatius von Loyola, der Asket, der nüchterne Rechner, der Gründer des für seinen Rationalismus berüchtigten Jesuitenordens. Denn die Devise des Ignatius „Gott finden in allen Dingen" bleibt rätselhaft und mißverständlich, wenn man nicht die ignatianische Voraussetzung dieser Devise mithört: „Gott suchen mit allen Sinnen." Erst beide Sätze zusammen ergeben den ganzen Ignatius: „Gott suchen mit allen Sinnen, Gott finden in allen Dingen."

Teilhard ist darin des Ignatius guter Schüler (siehe unten S. 228 „Die universelle Liebe").

Ignatius in Manresa: Sinneserfahrung und Gotteserfahrung

Wenn Ignatius am Ende seines Lebens, im Oktober 1557 am Schluß seines „Pilgerberichtes" zu seinem Ordensgefährten Camara sagen konnte: „Seine [Ignatius spricht von sich in der dritten Person] Andacht habe immer mehr zugenommen, das heißt: die Leichtigkeit, mit Gott in Verbindung zu treten, und diese sei jetzt noch größer als je sonst in seinem ganzen Leben. Immer und zu jeder Stunde, wann er Gott finden wolle, könne er ihn finden"[2], dann basiert diese Leichtigkeit der Gotteserfahrung letztlich auf Ignatius' intensiver Sinneserfahrung. Das zeigen deutlich die entscheidenden Erlebnisse des Ignatius in Manresa 1522/23, bald nach der schweren Verwundung in Pamplona 1521, die zu seiner Bekehrung führte. Im „Bericht des Pilgers" erwähnt Ignatius fünf dieser Erfahrungen, einige nur andeutend, andere ausführlicher schildernd. Man sollte meinen, sie hätten sich bei einem erst kürzlich bekehrten Ritter, der gerade eine Lebensbeichte und „Nachtwache" im Kloster Montserrat hinter sich hatte, allesamt in Kirchen ereignet, möglichst noch beim feierlichen Gottesdienst während den Höhepunkten der Meßfeier. Tatsächlich entspricht nur die dritte der mystischen Erlebnisse diesem frommen Wunsch: „Als der Leib des Herrn erhoben wurde, sah er mit den Augen der Seele, wie Jesus Christus, unser Herr, im allerheiligsten Sakrament gegenwärtig ist."[3] Selbst wenn wir uns vorstellen, Ignatius habe bei der Erhebung der Hostie, wie es bei uns noch bis vor kurzem üblich war, den Kopf gesenkt und sie mit seinem äußeren Auge nicht angeblickt – er hatte immerhin eine so lebhafte Phantasie, daß er mit dem inneren Auge den eucharistischen Herrn sah.

Später wird auch Teilhard de Chardin mehrere Visionen des kosmischen Christus im Zusammenhang der Eucharistie erleben (siehe oben S. 35-37).

Doch bezeichnender für Ignatius ist die erste der Erfahrungen, die er wie folgt berichtet: „Eines Tages stand er auf den Treppenstufen jenes Klosters [der Dominikaner] und betete die Tagzeiten Unserer Lieben Frau. Da wurde sein Verstand plötzlich über sich selbst erhoben, wie wenn er die Heiligste Dreifaltigkeit unter der Gestalt von drei Orgeltasten erschauen dürfte [...] Für sein ganzes Leben blieb ihm dieser Eindruck, eine ganz besondere Andacht in

sich zu verspüren, so oft er zur Heiligsten Dreifaltigkeit betete."
Bemerkenswert an diesem Selbstzeugnis ist dreierlei.

Erstens. Ignatius verfügt über ein ausgeprägtes Raumempfinden
und -gedächtnis. „Auf den Treppenstufen jenes Klosters" passierte
es, er erinnert sich genau. War es das Erlebnis der aufsteigenden
Bewegung einer Treppe, war es die spanische Sonne, die die Stufen
in ein mystisches Hell-Dunkel tauchte, war es der Blick von der
Treppe hinaus in die Weite der Landschaft? Wie auch immer: Hier
berichtet einer, der sensibel ist für räumliche Eindrücke; dem das
Gefühl nicht fremd ist, daß manche Räume einen erheben und andere einen bedrücken; dessen Orden später im sogenannten Jesui-
tenbarock und Jesuitentheater alle Register ziehen wird, um die
Menschen in einen sinnlichen Zustand zu versetzen, in dem sie für
Übersinnliches empfindlich werden. In den späteren „Exerzitien"
des Ignatius wird die Vorstellung des Schauplatzes, auf dem die zu
betrachtende Szene spielt, zur Standardempfehlung gehören.

Zweitens. Was sich ereignet, ist „wie wenn er die Heiligste Dreifaltigkeit unter der Gestalt von drei Orgeltasten erschauen dürfte".
Diese zugleich vorsichtige und präzise Ausdrucksweise setzt voraus: Ignatius war, allen Vorurteilen zum Trotz, ein Liebhaber der
Musik. „Was ihn am meisten im Gebet zur Erhebung anregte", berichtet Camara in seinem Memorial, „war die Musik, der Gesang
von göttlichen Dingen wie Vespern, Hochämtern und ähnlichem.
So sehr, daß er einmal bekannte, er fühle sich beim Betreten einer
Kirche, in der eben das göttliche Offizium gesungen wurde, allso-
gleich völlig außer sich."[4] Wenn später die Verwendung von Orgeln
von den Ordensleitungen verboten wurde, dann aufgrund einer ra-
tionalistisch verengten Auslegung des apostolischen Ordenszieles[5]
und mangelnder Sensibilität der ersten Jesuitengenerationen gegenüber der Bedeutung des Gehörs für die sinnliche Erfahrung
Gottes. Vor allem die deutschsprachigen Jesuiten erhoben zwar
dagegen Einspruch, doch ohne Erfolg. Aber 1607 brachten die
Kölner Jesuiten ein deutsches Gesangbuch heraus, und schon 1623
enthielt die Neuausgabe etwa 140 hervorragende Lieder des sensiblen Friedrich von Spee, der, nicht zufällig, auch gegen die Hexen-
prozesse kämpfte.[6]

Drittens. „Für sein ganzes Leben blieb ihm [Ignatius] dieser
Eindruck, eine ganz besondere Andacht in sich zu verspüren, so

oft er zur Heiligsten Dreifaltigkeit betete." Ignatius verfügte über ein außerordentliches Gefühlsgedächtnis. Das setzt zunächst ein starkes Fühlen-Können voraus, das „Verspüren und Verkosten der Dinge von innen her"[7], sodann eine Hochschätzung der Affekte als Kriterium für Gottes Nähe und Ferne: Bei der Wiederholung von Exerzitienbetrachtungen sollen „immer einige jener bedeutsamen Teile beachtet werden, bei denen die Person eine bestimmte Erkenntnis, Tröstung oder Trostlosigkeit verspürt hat".[8] Schließlich ist Ignatius überzeugt, daß dieses Fühlen das Resultat des Zusammenwirkens aller Kräfte des Menschen, der sinnlichen, seelischen und geistigen, der inneren und äußeren Sinne ist, ein ganzheitliches Geschehen, woraus sich auch die Überzeugungskraft dieses Fühlens und seine Fähigkeit zur Unterscheidung der Geister ergibt. Wie sehr ignatianische Sinneserfahrung und Gotteserfahrung auch Naturerfahrung gewesen ist, zeigt seine Anweisung an den Exerzitanten: „Helligkeit und Annehmlichkeiten der Jahreszeiten benützen, so im Frühling und Sommer die erfrischende Kühle, im Winter Sonnenschein oder Wärme des Feuers, soweit die Seele meint oder vermutet, es könnte ihr dienen, um sich in ihrem Schöpfer und Erlöser zu erfreuen."[9]

Daß auch diese Exerzitienanweisung, die die Rolle der sinnlichen Naturerfahrung für die geistliche Erfahrung betont, ein zentrales Erlebnis des Ignatius spiegelt, zeigt die fünfte, die bedeutendste seiner Manresa-Erfahrungen: „In Andacht versunken, ging er so dahin und setzte sich eine kleine Weile nieder mit dem Blick auf den Fluß [Cardoner], der tief unten dahinfloß. Wie er nun so dasaß, begannen die Augen seines Verstandes sich ihm zu öffnen. Nicht als ob er irgendeine Erscheinung gesehen hätte, sondern es wurde ihm das Verständnis und die Erkenntnis vieler Dinge über das geistliche Leben wie auch über die Wahrheiten des Glaubens und über das menschliche Wissen geschenkt. Dies war von einer so großen Erleuchtung begleitet, daß ihm alles in einem neuen Licht erschien. Und das, was er damals erkannte, läßt sich nicht in Einzelheiten darstellen, obgleich es deren sehr viele waren. Nur daß er eine große Klarheit in seinem Verstand empfing. Wenn er im ganzen Verlauf seines Lebens nach mehr als zweiundsechzig Jahren alles zusammennimmt, was er von Gott an Hilfen erhalten und was er jemals gewußt hat, und wenn er all dies in eins faßt, so hält er dies alles doch nicht für so viel, wie er bei jenem einmaligen Erlebnis empfangen hat. Dieses Ereignis war so nachdrücklich, daß sein Geist wie ganz erleuchtet blieb. Und es war ihm, als sei er ein anderer Mensch geworden und habe einen anderen Verstand erhalten, als er früher besaß."[10] Wer hat ähnliches noch nicht erlebt! „Gipfelerlebnisse" nennt der Psychologe Abraham Maslow die durch Naturerlebnisse ausgelösten seelischen Erschütterungen, die das Leben tief beeinflussen und ändern können. Doch daß sie sich ereignen, setzt voraus, daß wir unserer Sinne noch mächtig sind: daß unsere Augen wirklich noch sehen, unsere Ohren hören, unsere Nasen riechen, unsere Zungen schmecken und unsere Haut noch fühlen kann, kurz, daß wir sensibel sind. Nichts mehr davon ist heute selbstverständlich.

Wenn Ignatius schließlich dahin gelangte, Gott in allen Dingen zu finden, dann deshalb, weil er zuvor und auch weiterhin Gott mit allen Sinnen gesucht hat. Er konnte nur ein Meister der geistlichen Übungen werden, weil er zuvor und bleibend ein Meister der sinnlichen Übungen gewesen ist.

Die Exerzitien des Ignatius: Schule der äußeren und inneren Sinne

Ignatius ist nicht dabei stehengeblieben, die Bedeutung der Sensibilität für seine eigene religiöse Erfahrung zu bezeugen, wie der „Bericht des Pilgers" zeigt. Er hat in seinen „Geistlichen Übungen", kurz „Exerzitien" genannt, nichts anderes versucht, als eine Schule der äußeren und inneren Sinne vorzulegen und so den Exerzitanten für dessen Gotteserfahrung zu sensibilisieren. Deshalb soll die fünfte Betrachtung eines jeden Themas noch einmal und ausdrücklich „die Anwendung der fünf Sinne", „der Einbildungskraft" sein: „Schauen die Personen [...] ihre Umwelt [...] hören mit dem Gehör, was sie reden [...] riechen und schmecken mit dem Geruchs- und Geschmackssinn den unendlichen milden Duft und die unendliche Süßigkeit der Gottheit, der Seele und ihrer Tugenden und des Ganzen [...] berühren mit dem Tastsinn, wie etwa umfangen – und küssen die Orte [...]"[11] Man könnte nun mit Pater Roothaan in seiner Exerzitienausgabe von 1835 der rationalistischen Meinung sein, die Anwendung der äußeren Sinne sei letztrangig; ein Zugeständnis an die Müdigkeit und Sinnlichkeit des Menschen und nicht weiter von Bedeutung; es sei ein Zeichen des wahren geistlichen Fortschritts, dessen nicht zu bedürfen: „Die Übung der Anwendung der Sinne braucht weniger Mühe; deshalb setzt er [Ignatius] sie auch an die letzte Stelle, wenn die – Seele des Exerzitanten durch die Übungen des Tages müde geworden ist. Die Anwendung der Sinne ist von der Meditation unterschieden. Die Meditation ist mehr intellektuell, bewegt sich mehr im Raum des Denkens und ist in jeder Beziehung von höherem Rang. Die Anwendung der Sinne hingegen bleibt nur im Sinnenhaften stecken, wie im Schauen, Hören usw.; dort verkostet sie und bringt mit geistlichem Nutzen Annehmlichkeit."[12]

In Wahrheit handelt es sich hier jedoch um das Herzstück der ignatianischen Spiritualität. Spielt doch in allen Betrachtungen „die erste Vorübung", wie schon erwähnt, eine entscheidende Rolle: „der Aufbau des Schauplatzes [...] Wie etwa beim Betrachten Christi unseres Herrn, der anschaubar ist, dieser Aufbau darin bestehen wird, mit der Schau der Einbildungskraft den körperlichen Ort zu sehen, zum Beispiel einen Tempel oder Berg [...]"[13]

Freilich handelt es sich bei der Betrachtung historischer oder unanschaulicher Wirklichkeiten um die Einbildungskraft mit ihren inneren Sinnen, die aktiviert werden sollen. Aber einerseits können die inneren Sinne nur in dem Maße mobilisiert werden, als ihnen die äußeren Sinne das Material vorgeben; andererseits zielt die Mobilisierung der inneren Sinne darauf, die äußeren Sinne noch mehr zu sensibilisieren für die Wahrnehmung der Gegenwart Gottes in den Dingen des gegenwärtigen Augenblicks. So heißt es konsequenterweise auf dem Höhepunkt der Exerzitien in der „Betrachtung zur Erlangung der Liebe" – gültig vor allem für den Alltag nach den Exerzitien –: „Betrachten, wie Gott in den Geschöpfen wohnt, in den Elementen, indem er ihnen Dasein gibt, in den Pflanzen, indem er ihnen das Leben schenkt, in den Tieren, indem er ihnen sinnenhafte Wahrnehmung gibt, in den Menschen, indem er ihnen geistige Einsicht verleiht; und so auch in mir: wie Er mir Dasein gibt, mich belebt, mir Sinne erweckt und geistige Einsicht verleiht, wie Er gleichfalls einen Tempel aus mir macht, da ich zum Gleichnis und Bild seiner Göttlichen Majestät geschaffen bin [...] Erwägen, wie Gott um meinetwillen in allen geschaffenen

Dingen auf dem Angesicht der Erde arbeitet und sich müht, das heißt, Er verhält sich wie einer, der mühsame Arbeit verrichtet. So zum Beispiel an den Himmelskörpern, Elementen, Pflanzen, Früchten, Tieren usw., indem er Dasein gibt und erhält, Wachstum und Sinnesleben usw. [...] Schauen, wie alles Gute und alle Gabe von oben herabsteigt, so wie auch die mir zugemessene Kraft von der höchsten und unendlichen von oben herab; und so auch Gerechtigkeit, Güte, Pietät, Barmherzigkeit usw., gleichwie von der Sonne absteigen die Strahlen, von der Quelle die Wasser usw."[14]

Läßt man diesen die Sinne immer wieder betonenden Text auf sich wirken und versucht man ihn zu praktizieren, dann besteht kein Zweifel mehr an der Zukunftsträchtigkeit der ignatianischen Formel: „Gott suchen mit allen Sinnen, Gott finden in allen Dingen."

Sensible Zeitzeugen – nötiger denn je

Instinktiv, gleichsam sinnlich hat Ignatius geahnt, was wir heute wissen: Der Aufstieg der Naturwissenschaften und die dadurch wachsende technische Herrschaft über die Dinge dieser Welt mußten über kurz oder lang zur Entzauberung der Welt führen, zum Verlust des Bewußtseins ihrer göttlichen Dimension und damit zur Degradierung der Welt zum vernutzbaren Objekt. Der damit einhergehenden Abstumpfung unserer Sinne gegenüber der Transparenz der Dinge auf Gott hin versuchte Ignatius sein Programm einer intensiven Sensibilisierung des Menschen für Gott in allen Dingen entgegenzusetzen. Das ist ihm, seinem Orden und den vielen Menschen, die Exerzitien gemacht haben, in hohem Maße gelungen, es hat jedoch den Trend nicht aufhalten können. Erst heute kommt er langsam ins Stocken, da er mit der totalen Zerstörung der Erde, die er unbeabsichtigt, aber tatsächlich betreibt, sich selbst ad absurdum führt.

Die für die Zukunft des Menschen rettende Funktion des richtigen, sensiblen Sehens, in dem alle Sinnesfähigkeiten gebündelt erscheinen, hat keiner der heutigen Söhne des Ignatius besser begriffen als der Naturwissenschaftler und Mystiker Pierre Teilhard de Chardin. Sein Buch „Der Mensch im Kosmos", mit dem er sich vor allem an die Nichtchristen wendet, charakterisiert er im Prolog als „Ausdruck eines Bemühens zu *sehen* und *sehen zu machen,* was des Menschen Bestimmung und Anspruch ist, wenn man ihn voll und ganz in den Rahmen der Erscheinungen stellt [...] Mehr und besser sehen wollen ist also keine bloße Laune, keine Neugierde, kein Luxus. Sehen oder zugrundegehen".[15] Diese Einübung in kosmisches Sehvermögen für seine mehrheitlich atheistischen Wissenschaftskollegen ist auch bei Teilhard Frucht seiner eigenen hohen Sensibilität. Sein Manresa war die Front des Ersten Weltkrieges, an der er seine sinnlichen Gotteserfahrungen hatte.[16] Sie kulminierten in der Begegung mit der göttlichen Dimension der Materie in Jersey, die ihm nach seinem Zeugnis vom 8. August 1919 zurief: „Niemals, niemals, wenn du leben und wachsen willst, kannst du zur Materie sagen: ‚Ich habe dich genug gesehen, ich habe die Runde deiner Geheimnisse gemacht – ich habe davon genommen, was für immer mein Denken nähren kann‘. – Selbst wenn du, hörst du, als der Weiseste der Weisen in deinem Gedächtnis das Bild all dessen trügest, was die Erde bevölkert oder unter den Wassern schwimmt, wäre dieses Wissen wie ein Nichts für deine Seele, weil alle abstrakte Kenntnis welkes Sein ist – weil, um die Welt zu begreifen, das Wissen nicht genügt: man muß sehen, berühren, im Gegenwärtigen leben, die Existenz heiß inmitten der Wirklichkeit selbst trinken. Sage also niemals wie gewisse Leute: ‚Die Materie ist verbraucht, die Materie ist tot!‘ – Bis zum letzten Augenblick der Jahrhunderte wird die Materie jung und überfließend, strahlend und neu sein für den, der will. Wiederhole also nicht mehr: ‚Die Materie ist verurteilt – die Materie ist schlecht!‘ – Jemand ist gekommen, der gesagt hat: ‚Ihr werdet das Gift trinken, und es wird euch nicht schaden.‘ – Und weiter: ‚Das Leben wird aus dem Tod hervorgehen‘ – und schließlich, da er das endgültige Wort meiner Befreiung aussprach: ‚Dies ist mein Leib‘."[17] Die Materie, die Welt als der kosmische Leib Christi [18], das ist nach Teilhard die reale Möglichkeitsbedingung für das ignatianische „Gott in allen Dingen finden".

Die sinnenhafte Erfahrung der göttlichen Dimension dieser Welt bleibt nun auch heute nicht auf Christen beschränkt. Jeder Mensch, der seine fünf Sinne zusammennimmt, kann diese Erfahrung machen, und immer mehr Menschen machen sie. Aus der

Überlebensnot durch die globale Umweltkrise wird die Überlebenstugend der Wiederverzauberung der Welt, die uns erneut Ehrfurcht vor allem einflößt, was da ist, und zum sanften Umgang mit allen Dingen führt. Der Titel des Biochemikers Rupert Sheldrake „Die Wiedergeburt der Natur. Wissenschaftliche Grundlagen eines neuen Verständnisses der Lebendigkeit und Heiligkeit der Natur" (1991) ist nur ein Beispiel.

Doch nicht nur Naturwissenschaftler fordern eine neue Sensibilität. Unter den Dichtern ist Peter Handke der eindringlichste Verfechter einer neuen spirituellen Sachlichkeit. Nachdem er mit Hingabe den „Schuhputzer von Split" geschildert hat, heißt es: »Im Weggehen freute sich der Reisende wie noch nie an dem Strahlen der Schuhe an seinen Füßen. Im Restaurant zog er die Beine unter den Tisch, damit niemand daran streifte und sie etwa zufällig befleckte. Noch im Bus später hielt er die Füße knapp am Sitz, vermied jedes Lässigtun hinaus in den Mittelgang, kein Neuzusteigender sollte den Schuhen auch nur nahe kommen. Mitten im Werk des Schuhputzers hatte er das Bild gehabt, dieser sei sein Portraitzeichner, ganz anders als der tatsächliche Touristenzeichner vom Vortag, ungleich richtiger, wahrhaftiger, dem Reisenden entsprechend. Kurz sah er in dem Schuhputzer von Split einen Heiligen: den Heiligen der Sorgsamkeit, oder den ‚Heiligen der Gewichte'. Tags darauf, beim Regen, weiter im Süden, ließ er die Schuhe im Zimmer. In den folgenden Wochen aber trug er sie im Schnee von Makedonien, im Kräuterstaub der Berge des Peloponnes, im gelben und grauen Sand der libyschen und der arabischen Wüste. Und noch Monate später, eines Tages in Japan, genügt es, kurz mit dem Tuch über das Leder zu wischen, und der ursprüngliche Glanz der Promenade von Split erschien wieder, unversehrt."[19] Und im Nachwort zu dem aufregenden Essay des englischen Kulturkritikers George Steiner „Von realer Gegenwart" schreibt der Dramatiker Botho Strauss: „Überall, wo in den schönsten Künsten die Erfahrung von Sinn gemacht wird, handelt es sich zuletzt um einen zweifellosen und rational nicht erschließbaren Sinn, der von realer Gegenwart, von der Gegenwart des Logos-Gottes zeugt."[20]

Erfahrung von Kunst ist jedoch in eminenter Weise sinnliche Erfahrung und darum dem kosmischen Christus besonders nahe, weshalb Ignatius die Regel gibt: „Loben wir die Ausschmückung und den Bau von Kirchen; ebenso die Bilder, und verehren wir sie entsprechend dem, was sie darstellen."[21]

Es gibt keinen Grund, von diesen Zeugen nicht anzunehmen, sie hätten für ihre theoretischen Aussagen keine sinnlich handgreiflichen Erfahrungen gemacht, Gotteserfahrungen.

Ignatius warnte schon damals vor einer oberflächlichen Beurteilung dessen, was im Erfahrungsbereich durch die Gnade Gottes, die weht, wo sie will, möglich ist, bei Christen und Nichtchristen: „Obgleich es vollkommen wahr ist, daß niemand selig werden kann, der nicht vorherbestimmt ist und der nicht den Glauben und die Gnade besitzt, so muß man sich doch in der Weise, wie man über alle diese Dinge redet und sich bespricht, sehr in Acht nehmen."[22]

In diesem Zusammenhang eindrucksvoll ist das persönliche Bekenntnis des theoretischen Physikers und Zukunftsforschers Fritjof Capra, mit der er sein Buch „Das Tao der Physik. Die Konvergenz von westlicher Wissenschaft und östlicher Philosophie" eröffnet und dem er sein Engagement für ein Neues Zeitalter verdankt: „Vor fünf Jahren hatte ich ein wunderbares Erlebnis, worauf ich den Weg einschlug, der zum Schreiben dieses Buches führte. Eines Nachmittags im Spätsommer saß ich am Meer und sah, wie die Wellen anrollten, und fühlte den Rhythmus meines Atems, als ich mir plötzlich meiner Umgebung als Teil eines gigantischen kosmischen Tanzes bewußt wurde. Als Physiker wußte ich, daß der Sand und die Felsen, das Wasser und die Luft um mich her sich aus vibrierenden Molekülen und Atomen zusammensetzen. Diese wiederum bestehen aus Teilchen, die durch Erzeugung und Zerstörung anderer Teilchen miteinander reagieren. Ich wußte auch, daß unsere Atmosphäre ständig durch Ströme kosmischer Strahlen bombardiert wird, Teilchen von hoher Energie, die beim Durchdringen der Luft vielfache Zusammenstöße erleiden. All dies war mir von meiner Forschungstätigkeit in der Hochenergie-Physik vertraut, aber bis zu diesem Augenblick beschränkte sich meine Erfahrung auf graphische Darstellungen, Diagramme und mathematische Theorien. Als ich an diesem Strand saß, gewannen meine früheren Experimente Leben. Ich ‚sah' förmlich, wie aus dem Weltraum Energie in Kaskaden herabkam und ihre Teilchen rhythmisch erzeugt und zerstört wurden. Ich ‚sah' die Atome der Elemente und die meines Körpers als Teil dieses kosmischen Energietanzes; ich fühlte seinen Rhythmus und ‚hörte' seinen Klang, und in diesem Augenblick wußte ich, daß dies der Tanz Shivas war, des Gottes der Tänzer, den die Hindus verehren."[23]

Es sollte nicht überraschen, daß diese Schilderung dem „Bericht des Pilgers" aus dem 16. Jahrhundert und dem Zeugnis Teilhards aus der Zeit nach dem Ersten Weltkrieg letztlich sehr ähnlich ist. Hat sich doch die Wirklichkeit, um die es geht – die Gegenwart Gottes in allen Dingen und die Fähigkeit unserer Sinne, ihn darin zu erfahren – trotz aller Evolutionen nicht geändert. Geändert hat sich lediglich die „Achtsamkeit des Herzens"[24] für die Sinnlichkeit des Sinns und Gottes. Vielleicht ist es noch nicht zu spät für eine Kurskorrektur, für mehr „sinnliche" denn „geistliche" Übungen im Geiste des Ignatius.

DRITTER TEIL

Konsequenzen aus dem Gottesbild der Zukunft

„Alles im Universum ist Werk der Vereinigung und Befruchtung — geschieht durch Sammlung der Elemente, die sich suchen und zu zweit miteinander verschmelzen und so wiedergeboren werden in einem Dritten. [...] Ich bin das verbindende Antlitz alles Seienden — ich bin der Wohlgeruch, der sie in Freiheit und Leidenschaft auf den Weg zu ihrer Vereinigung lockt und an sich zieht. [...] Ich bin das wesenhaft Weibliche."

„Das Ewig-Weibliche", Verzy, März 1918[1]

„Erschaffen ist also für den Allmächtigen keine Kleinigkeit, keine Vergnügungsreise. Es ist ein Abenteuer, ein Risiko, eine Schlacht, in die Er sich ganz und gar einläßt. Beginnt nicht vor unseren Augen das Geheimnis des Kreuzes größer zu werden und sich zu erhellen?"

„Christologie und Evolution", Tien-Tsin, Weihnachten 1933[2]

9. Der kosmische Christus und die anderen Religionen

Gleichberechtigung und Unterschiede der Religionen

„Zwischen Größenwahn, Fanatismus und Bekennermut", so ist ein Plädoyer „Für ein Christentum ohne Absolutheitsanspruch" (Untertitel) überschrieben. Es stammt von dem jungen evangelischen Reinhold Bernhardt in Heidelberg. Diesem Buch von 1994 ging eine Doktorarbeit des gleichen Autors voraus mit dem Titel „Der Absolutheitsanspruch des Christentums. Von der Aufklärung bis zur pluralistischen Religionstheologie" (1990). Der Untertitel deutet an, daß die Frage schon lange diskutiert worden ist, spätestens seit der Aufklärung, seit über zweihundert Jahren.

In der Aufklärung versuchte der Mensch, auch der gebildete Gläubige, in Distanz zu treten zu der ihm angestammten Religion. Er sah in den Religionen nur noch eine jeweilige Annäherung an den „Vernunftglauben", an die allen Menschen von Natur aus erkennbaren Wahrheiten über das Verhältnis von Gott und Welt. Sie allein könnten und sollten, so meinte man, die eine, für alle verbindliche Vernunftreligion begründen und so den Religionsstreitigkeiten und -kriegen ein für allemal ein Ende bereiten. Alle konkret existierenden Religionen, auch die sogenannten Offenbarungsreligionen, die sich von einer außerordentlichen Kundgabe des Göttlichen herleiteten, seien nur auf dem Weg zu dieser idealen Religion, so wie die ganze Menschheit überhaupt unterwegs sei zu ihrem Idealzustand. Idealismus und Fortschrittsgläubigkeit waren die Voraussetzung für diese Auffassung der Aufklärung.

Christliche Theologen versuchten in den folgenden Jahrhunderten, diese Bestreitung der Einzigartigkeit des christlichen Glaubens abzuwehren. Dabei wurden die nichtchristlichen Religionen nicht selten diffamiert, zuletzt noch von Karl Barth: „Religion ist *Unglaube* ... die Angelegenheit des *gottlosen* Menschen", wobei er sich auf Luther berufen konnte, der sogar die (christliche) Papstkirche mit einbezog: „Wo Christus nicht ist, gibt es nichts als lauter Götzendienst, abgöttische und falsche Vorstellung von Gott, heißen sie Gesetz Moses oder Gesetz des Papstes oder Alcoran des Türken."[1]

Heute sieht es dagegen so aus, als ließe sich der Absolutheitsanspruch des Christentums nicht länger aufrechterhalten. Und das nicht nur „aus Not", damit man in einer auf Religionsfrieden und -toleranz zu begründenden Weltgemeinschaft überleben kann; auch „aus Tugend": aus der wachsenden Einsicht, daß der christliche Glaube selbst den Abschied vom Absolutheitsanspruch des Christentums fordert.

Die Allgegenwart des einen Gottes

Eine der zentralen Offenbarungswahrheiten des Juden- und Christentums ist der Glaube an die Immanenz, die Weltdiesseitigkeit Gottes. Jahwe offenbarte sich zwar dem auserwählten Volk der Juden fortschreitend als der eine, allen Göttern und auch der Schöpfung überlegene, weltjenseitige (transzendente) Gott. Aber er offenbarte sich zugleich, gerade weil er der unendlich Überlegene ist, auch als die in allem Geschaffenen zuinnerst einwohnende (immanente) Gottheit. Der „Geist des Herrn", so die hebräische Bibel Weisheit 1,7, „erfüllt den Erdkreis" nicht nur im Moment der Schöpfung, sondern die ganze Schöpfungs- und Menschheitsgeschichte hindurch, und nicht nur in den Gläubigen, sondern in allem, in den Natur– wie in den Kulturwesen. Die Faszination, die von der Welt ausgeht, ist letztlich die Faszination des Göttlichen.

Selbst das Erschreckende der Welt, die unendlichen Dimensionen des Kosmos, die Opfer der Evolution, die unergründlichen Tiefen des Menschen sind Manifestationen der unerforschlichen, geheimnisvoll anwesenden Gottheit.

Wenn Christen das glauben, wie können sie dann im Ernst annehmen, diese Anwesenheit Gottes sei nur den Juden und Christen spürbar und bewußt geworden, einer kleinen Minderheit innerhalb der Menschheitsgeschichte? Zeigt nicht ein unvoreingenommener

Blick auf die Geschichte der Religionen, auch der christlichen wie der jüdischen, in allen Kulturen und zu allen Zeiten, daß sie alle teilhaben am Gelingen und Mißlingen menschlichen Lebens? Die Religionen suchen und finden göttliche Wahrheiten, leben sie recht und schlecht, verlieren und verspielen sie auch gelegentlich und suchen und finden sie wieder ... Paulus, der Jude, der Christ geworden war, erklärte es den Heiden auf dem Marktplatz in Athen, und es ist gültig bis heute, auch für Juden und Christen: „Sie sollten Gott suchen, ob sie ihn ertasten und finden könnten, denn keinem von uns ist er fern. Denn in ihm leben wir, bewegen wir uns und sind wir, wie auch einige von euren Dichtern gesagt haben: Wir sind von seiner Art." (Apostelgeschichte 17,27 f.)

Die Allerlösung durch den Kosmischen Christus

Nun wollen wir nicht unterschlagen, daß Paulus in Athen die Wahrheit von der Allgegenwart des einen Gottes und der relativen göttlichen Wahrheit in allen Religionen den Heiden verkündet hat mit Berufung auf die Auferstehung Jesu. „Daraufhin spotteten die einen, die anderen wollten ein andermal weiterhören, und Paulus ging weg aus ihrer Mitte." Muß das heißen, die in diesem – für Christen entscheidenden – Punkt ungläubigen Zuhörer seien des Teufels, würden der Auferstehung in Christus nicht teilhaftig und gehörten zu denen, von denen Luther und Barth meinten, ihre Religion sei Götzendienst? Wäre es nicht christlicher anzunehmen: So wie der eine Gott allgegenwärtig ist und doch nicht von allen Religionen und Menschen zu allen Zeiten in gleicher Weise erkannt worden ist, ebensowenig ist die zentrale christliche Offenbarungswahrheit von der Menschwerdung und Auferstehung dieses einen Gottes in Jesus von Nazareth für alle Menschen zu allen Zeiten ohne weiteres erkennbar. Sagen Christen nicht, der Glaube sei eine Gnade, eine unerklärliche Bevorzugung?

Aber ist der Glaube an Christus nicht Voraussetzung für die Auferstehung und Erlösung des Menschen? Doch wohl nur in dem Fall, wo der Mensch sich in Kenntnis der Bedeutung Christi entscheidet. Was aber ist mit den unzähligen Menschen, die nie von Christus gehört oder nicht so von ihm gehört haben, daß sie seine

Bedeutung klar erkannt haben? Könnten sie nicht so, wie sie in der Gegenwart des einen Gottes und aus seiner Schöpferkraft leben, ohne sich dessen immer bewußt zu sein, nicht auch erlöst werden durch die Gegenwart und die Kraft der Auferstehung des „kosmischen Christus", auch wenn sie sich dessen nicht bewußt sind?

Der „kosmische" Christus ist einerseits die Voraussetzung, andererseits die Auswirkung des „historischen" Christus. Über die Gegenwart Gottes in seiner Schöpfung hinaus bezeichnet das „Christus-Prinzip" die Geschöpfwerdung Gottes selbst: seinen Willen, für die Zeit der Schöpfungsgeschichte sich seiner Gottheit bis zur äußeren Machtlosigkeit zu entäußern[2], als Geschöpf unter Geschöpfen die Schöpfungsgeschichte von Anfang bis Ende mitzumachen und sie in Kooperation mit den Geschöpfen zu einem guten Ende zu bringen, d.h. die Schöpfung zu vergöttlichen, sie am Leben der unendlichen Gottheit teilhaben zu lassen, soweit das einem endlichen Geschöpf nur immer möglich ist.

Dieses Christus-Prinzip, das deutlich über das Schöpfungsprinzip hinausgeht — eine besondere Gnade ist — enthält zugleich auch das Erlösungsprinzip: den Willen Gottes, das Geschöpf durch Gedeih und Verderb zu begleiten und ihm auch in selbstverschuldeter aussichtloser Situation beizustehen.

Die Geschöpfwerdung Gottes ist nun nach christlicher Auffassung am deutlichsten offenbar geworden in der Gestalt des historischen Jesus von Nazareth. Durch seinen Tod und seine Auferstehung, so sagt Paulus in Athen zu den Heiden, ist bestätigt worden, was die Dichter gesagt haben: Alle Menschen sind göttlichen Geschlechts! Der „kosmische" Christus ist so für die Christen eine Auswirkung des „historischen" Christus. Durch ihn glauben die Christen, daß sich die vergöttlichende und erlösende Gegenwart Gottes in der Schöpfung auf alle Zeiten und alle Geschöpfe erstreckt und die Schöpfung der geheimnisvolle, in Evolution befindliche Leib des „kosmischen" Christus ist.

Auf dem Hintergrund einer solchen Theologie des „kosmischen Christus"[3] stellt sich die Frage anders und neu: Ist Jesus von Nazareth in jeder Hinsicht die vollkommenste Verkörperung des Christusprinzips, wie die Christen meinen, oder sind Buddha, Krischna und die unzähligen namentlichen und namenlosen „Heiligen" aller Religionen und Regionen aller Zeiten nicht auch

„Gottessöhne" und „Gottestöchter", Vorbilder für uns alle, die wir zur „Gotteskindschaft" berufen sind? Aus dem bisher Gesagten könnten sich folgende Thesen zur Diskussion ergeben:

1. Da die Schöpfung keine statische Größe ist, sondern sich in Evolution befindet, unterliegt auch Gott, wenn er sich mit der Schöpfung einläßt, ihren Bedingungen: Seine Offenbarung hat eine Geschichte, die in ebenso viele Gestalten zerfällt, wie es Kulturen gibt im Laufe der Menschheitsgeschichte.

2. Mit fortschreitender Entwicklung der Menschheit wächst die Kommunikation zwischen den verschiedenen Kulturen und ihren Traditionen: Der Dialog zwischen den Religionen zeigt ihre jeweilige Relativität, d.h. die nur annäherungsweise gelungene Vereinigung mit dem Göttlichen, die mehr und mehr als das gemeinsame Ziel aller Religionen deutlich wird.

3. Der Dialog zwischen den Religionen macht deutlich, daß es einzelne Gruppen, Religionen gibt, die dem gemeinsamen Ziel näher gekommen sind als andere bzw. ihm näher geblieben sind: Nur in diesem Sinne scheint es heute noch christlich möglich zu sein, an Jesus als einer besonders gelungenen Gestalt im Mensch- und Weltwerdungsprozeß des einen Gottes festzuhalten, ohne daß dadurch die Wirksamkeit des „Christus-Prinzips" in anderen einzelnen, Gruppen und Religionen in Frage gestellt wird.[4]

In diesem Sinne datiert eine Notiz von Teilhard de Chardin vom 15. Dezember 1946 über den „Ökumenismus", die er in Paris abgefaßt hat, nachdem er aus Asien zurückgekehrt war, wo er sich zunächst im kirchlich verordneten Exil, dann kriegsbedingt von 1926 bis 1946 aufgehalten hatte. Dort war er zu der Überzeugung gekommen, „daß die großen derzeitigen mystischen Strömungen in ihren gegenwärtigen Formulierungen (ich sage nicht: in ihrem Grundstreben, das identisch ist) nicht unmittelbar versöhnbar sind". Denn in der östlichen Strömung, vor allem im Buddhismus, meint er ein Gottesbild zu erkennen, „in dem die Elemente und die Merkmale der Welt sich auflösen wie innerhalb einer Kugel mit unbegrenztem Radius". In der westlichen Strömung, vor allem im Christentum, scheint sich demgegenüber „zur Vollendung aller Personalisation und aller Determination" „ein Gott der Spannung und der Liebe" abzuzeichnen als „Zentrum der universellen Konzentration".

Doch auch innerhalb des Christentums und anderer westlicher religiöser Gruppen gibt es zur Zeit noch unversöhnliche Positionen, „je nachdem, ob sie als Ursprung ihres religiösen Glaubens einen gewissen Glauben an den Menschen annehmen oder zurückweisen", mit anderen Worten, ob sie daran glauben, daß das Göttliche bereits in der Welt und im Menschen gegenwärtig ist und an seiner Entfaltung arbeitet, oder ob Gott der „Jenseitige" ist, der nur durch religiöse Akte im engeren Sinne erreicht werden kann.

Strittig sei ferner zwischen den Religionen und Konfessionen die Frage, „ob die Konvergenz zwischen gleichwertigen Linien zustande kommen soll (Synkretismus) oder auf einer privilegierten zentralen Achse – um einen Christus herum, der (an kosmischer Würde) mit jeglichen Propheten und jeglichem Buddha inkommensurabel ist (die einzige mögliche christliche und biologische Konzeption...)."[5]

Kardinal Ratzingers „Dominus Jesus"

Diese pessimistische Einschätzung Teilhards im Hinblick auf die Chancen der ökumenischen Bewegung in den vierziger Jahren ist sechzig Jahre später durch die Erklärung „Dominus Jesus" über „die Einzigkeit und die Heilsuniversalität Jesu Christi und der [römisch-katholischen] Kirche" bestätigt worden. Diese Verlautbarung des Apostolischen Stuhls" vom 6. August 2000 durch die von Kardinal Joseph Ratzinger geleitete „Kongregation für die Glaubenslehre" schärft entgegen Tendenzen, die mehr das Gemeinsame betonen, wieder die Unterschiede ein, die zwischen den Religionen und christlichen Konfessionen angeblich bestehen, und hält an der traditionellen römisch-katholischen Lehre fest: Die Einheit der christlichen Konfessionen und darüber hinaus aller Religionen ist zuletzt nur erreichbar durch die Hinwendung aller religiösen Gruppierungen zur einzig wahren römisch-katholischen Kirche. Es widerspräche dem katholischen Glauben, „die Kirche als *einen Heilsweg* neben jenen in den anderen Religionen zu betrachten, die komplementär zur Kirche, ja im Grunde ihr gleichwertig wären, insofern sie mit dieser zum eschatologischen Reiche Gottes konvergierten. Gewiß enthalten und bieten die verschiedenen religiösen

Traditionen Elemente der Religiosität, die von Gott kommen und zu dem gehören, was ‚der Geist im Herzen der Menschen und in der Geschichte der Völker, in den Kulturen und Religionen bewirkt' [Johannes Paul II., Enzyklika ‚Redemptoris missio', 1991]. Einige Gebete und Riten der anderen Religionen können tatsächlich die Annahme des Evangeliums vorbereiten, insofern sie Gelegenheit bieten und dazu erziehen, daß die Herzen der Menschen angetrieben werden, sich dem Wirken Gottes zu öffnen."[6] Obwohl Kardinal Ratzinger von „Weg" spricht und von „Konvergenz", vom Wirken und Antrieb des Geistes Gottes in den Herzen der Menschen, – er sieht die ökumenische Bewegung nicht im Horizont eines evolutiven Weltbildes, nicht als Ausdruck einer fortdauernden Entwicklung der Religionen, des Christentums, der römisch-katholischen Kirche. Es ist ein statisches Welt- und Religionsbild, beherrscht von der römisch-katholischen Kirche als unbeweglichem Fels, zu dem alle Wege führen und an dem sich alle Strömungen brechen. Es ist ein für die Zukunft der Ökumene hoffnungsloses Bild.

Wie anders Teilhard de Chardin. Der oben erwähnte Text beginnt mit den hoffnungsvollen Sätzen: „Ein gewisser Ökumenismus will derzeit Gestalt gewinnen, er ist unausweichlich gebunden an die psychische Reifung der Erde; und folglich wird er gelingen." Doch unter den von Teilhard beschriebenen und durch Kardinal Ratzinger bestätigten unreifen Bedingungen fragt sich Teilhard de Chardin, „ob die beiden einzigen wirksamen Wege des Ökumenismus derzeit nicht folgende" zwei wären: 1. ein „Ökumenismus des Gipfels" und 2. ein „Ökumenismus der Basis".

1. Der „Ökumenismus des Gipfels" besteht darin, daß die Christen als Ziel der weltweiten ökumenischen Bewegung den Gipfel vorbereiten, auf den sich alle hinbewegen können: ein attraktives neues Christentum, in dem die gegenwärtigen Kirchen und Konfessionen aufgehoben wären. Die der Evolution entsprechende Aufgabe wäre in den Worten Teilhards, „zwischen Christen in einer wahrhaft ‚kosmischen' Größenordnung ein ultra-orthodoxes und ultra-humanes Christentum herauszuarbeiten".

2. Der „Ökumenismus der Basis" bestünde darin, alle Menschen von der Zukunft der Welt und der Menschheit zu überzeugen, sie in Bewegung zu setzen in Richtung auf den Gipfel, wo Weltdienst

und Gottesdienst in eins fallen und das Geheimnis der Welt offenbar wird: der kosmische Christus. In Teilhards Worten: „Zwischen den Menschen im allgemeinen die Grundlagen eines gemeinsamen menschlichen ‚Glaubens' an die Zukunft der Menschheit zu präzisieren und entwickeln."

Teilhard sieht – im Gegensatz zu Kardinal Ratzinger – die Zukunft des Ökumenismus nicht in der Missionierung der Welt durch die römisch-katholische Kirche, sondern in der Weiterentwicklung aller existierenden Gottes-, Welt- und Menschenbilder. „Uns fehlt, damit wir uns zusammenschließen, letzten Endes gerade die klare Wahrnehmung eines deutlich definierten (und wirklichen) ‚Typs' von Gott und eines gleichfalls klar definierten Typs der Menschheit. – Wenn jede Gruppe an *ihrem* Gottestyp und *ihrem* Menschheitstyp festhält (und diese Typen heterogen sind), ist keinerlei ernsthafte Eintracht möglich. Sie käme nur durch Doppeldeutigkeiten oder rein gefühlsmäßig zustande. Unter diesen Bedingungen scheint mir eine Annäherung oder eine Allianz zwischen nicht geläuterten ökumenischen Bewegungen (außerhalb einer allgemeinen Sympathie) noch verfrüht."[7]

Ratzinger über die „Verwalter des amtlichen Christentums"

1968 schrieb er: „Wie die Heiligkeit, so scheint uns auch die Katholizität des Herrn zerrissen zwischen den streitenden Parteien, die eine Kirche auseinandergeteilt in die vielen Kirchen, deren jede mehr oder minder intensiv in Anspruch nimmt, allein im Recht zu sein. Und so ist die Kirche für viele heute zum Haupthindernis des Glaubens geworden. Sie vermögen nur noch das menschliche Machtstreben, das kleinliche Theater derer in ihr zu sehen, die mit ihrer Behauptung, das amtliche Christentum zu verwalten, dem wahren Geist des Christentums am meisten im Wege zu stehen scheinen."[8]

10. Die Evolution der Keuschheit

Teilhards biographischer Hintergrund

Der Jesuit Pierre Teilhard de Chardin (1881–1955) scheint meines Wissens bis heute der einzige Priester und Theologe zu sein, der es für nötig befunden hat, in seinem Rechenschaftsbericht am Ende seines Lebens ein Schlußkapitel zu schreiben unter der Überschrift: „Das Weibliche oder das Einigende" und darin zu bekennen: „Der Geschichte meiner inneren Schau, wie diese Seiten sie wiedergeben, würde deshalb ein wesentliches Element (eine Atmosphäre…) fehlen, erwähnte ich nicht zum Schluß, daß von dem kritischen Augenblick an, da ich, viele der alten familiären und religiösen Formen ablegend, begann, zu mir selbst zu erwachen und mich wirklich selbst auszudrücken, sich nichts mehr in mir entfaltete, es sei denn unter dem Blick und unter dem Einfluß einer Frau."[1]

Dabei können wir davon ausgehen, daß die Erfahrung Teilhards von der Bedeutung der Frau für die Entfaltung der spirituellen Persönlichkeit von Männern keine Einzelerscheinung ist. Die Geschichte des Christentums ist voll berühmter Beispiele, angefangen von Maria, der Mutter Jesu[2], über die berühmten Freundschaften des Franziskus von Assisi mit Klara, des Franz von Sales mit Johanna Franziska von Chantal bis zu der Hans Urs von Balthasars mit Adrienne von Speyr[3] und Karl Rahners mit Luise Rinser.[4]

Um so unverständlicher ist es auf den ersten Blick, daß Teilhard beinahe suspendiert worden wäre, als Jeanne Mortier, seine Pariser Sekretärin, das Manuskript des Buches „Das Herz der Materie", aus dem der oben zitierte Text stammt, anläßlich einer Italienreise im Mai 1951 dem Jesuitengeneral in Rom zukommen ließ. Nur der Intervention des Pariser Provinzials Groussault ist es zu verdanken, daß es bei einem Redeverbot für Teilhard blieb.[5]

„Das Herz der Materie" erscheint denn auch erst im letzten Band der französischen Werkausgabe 1976 und die deutsche Übersetzung 1990, nicht ohne eine Anmerkung (der französischen Herausgeber), die in ihrer Sorge für den Ruf Teilhards schon fast peinlich wirkt: „Pater Teilhard hat uns am Ende seines Lebens eine unaufhebbare Treue zum feierlichen Gelübde der Keuschheit bestätigt, das er anläßlich seiner Ordensprofeß 1918 abgelegt hat. ‚Diese Treue', fügte er hinzu, ‚hat, soweit ich mich erinnere, keine Kämpfe verlangt. Ich kann nur Christus lieben.' Es handelt sich deshalb auf diesen Seiten wirklich und ausschließlich um die ‚geistige Potenz' des Weiblichen."[6]

Teilhards Geständnis, diese Treue habe ihm keine Kämpfe abverlangt, steht jedoch in offensichtlichem Widerspruch zu seinem Bekenntnis aus dem Jahre 1934 in seiner Abhandlung „Die Evolution der Keuschheit", wo es heißt, er habe „selbstverständlich schwierige Wegstrecken zurückgelegt".[7] Und im Begleitbrief zu dieser Schrift an seinen Freund Pater Auguste Valensin vom 24. August 1934 schreibt er, er sei „drei- oder viermal in seinem Leben, während längerer Perioden, in die Enge getrieben worden".[8]

Was Teilhard selbst hier andeutet, macht – auf den zweiten Blick – die Reaktion der kirchlichen Oberen verständlicher. Zunächst verwirrt die Vielzahl der Frauen, die alle aufzuzählen selbst für Teilhard beschwerlich gewesen sein dürfte, weshalb er es im Schlußkapitel des Buches „Das Herz der Materie" bei einer allgemeinen Würdigung bewenden läßt: „Man wird hier von mir natürlich nichts anderes erwarten als die allgemeine, gleichsam anbetende Huldigung, die aus den Tiefen meines Seins denen gegenüber aufsteigt, deren Wärme und Charme Tropfen für Tropfen in das Blut meiner liebsten Ideen eingegangen sind …"[9]

In einer neueren Veröffentlichung werden die wichtigsten Frauen genannt, mit denen Teilhard mehr oder weniger umfangreiche Briefwechsel[10] geführt hat (in Klammern die Jahre des Kontaktes): Seine Cousine Marguerite Teillard-Chambon (1912–1955), Léontine Zanta (1919–1942), Simone Bégouën (1922–1955), Ida Treat (1925–1955), Lucile Swan (1929–1955), Jacqueline Haardt (1930–1955), Malvina Hoffmann (1932–1955), Rhoda de Terra (1935–1955), Marthe Vaufrey (in den dreißiger Jahren), Claude

Rivière (1938–1948), Maryse Choisy (1938–1955), seine Sekretärin in Paris Jeanne Mortier (1939–1955) und Dominique de
Wespin (1939–1955).[11]

Was ferner nicht nur die kirchlichen Oberen, sondern auch
Teilhards geistliche Kollegen, die Jesuiten, erst recht seine konser-
vative Familie und die kirchlich gebundenen unter seinen Freundinnen verwirrte, war Teilhards Vorliebe für Frauen, die nicht dem
kirchlichen, nicht einmal dem christlichen Milieu angehörten.
„Briefe an eine Marxistin"[12] lautet der Titel des Buches über Ida
Treat, der ersten Frau von Paul Vaillant-Couturier, dem einfluß-
reichen Mitglied des Direktionskomitees der Kommunistischen
Partei Frankreichs und späteren Direktor der kommunistischen
Tageszeitung „L'Humanité". Seine Frau ist begeisterte Marxistin,
und durch sie, nicht durch theoretische Studien, sondern durch das
Zeugnis engagierter Anhänger, entdeckt Teilhard den Marxismus
und Kommunismus. „Briefe an eine Nichtchristin"[13] ist der Titel
des Buches mit den Briefen an Rhoda de Terra, der Frau des
Asienforschers Helmut de Terra. Sie begleitet nach der Trennung
von ihrem Mann Teilhard nach Afrika auf seinen letzten Expeditionen und auch 1954 auf seinem letzten Heimatbesuch in der
Auvergne, dem französischen Zentralmassiv. In ihrer New Yorker
Wohnung während des Nachmittagstees am Ostersonntag 1955
stirbt Teilhard an einer Herzattacke.

Warum Teilhard diese Briefpartnerinnen bevorzugte, deutet
sein früherer Ordensvorgesetzter, Pater Rene d'Ouince, im Vorwort zu den „Briefen an eine Marxistin" an: Teilhard habe Einfluß
auf die dem Katholizismus fernstehenden Kreise ausüben wollen;
er habe mit Leichtigkeit die Sprache der ‚Kinder der Welt' gesprochen; er sei bemüht gewesen, sein Denken mit Ungläubigen guten
Willens zu konfrontieren, die nach Ehrlichkeit suchten und nach
menschlicher Gemeinschaft dürsteten; er habe unter der Eng-
stirnigkeit und den Vorurteilen gewisser katholischer Kreise gelitten und eine Art Erleichterung verspürt, wenn er Gesprächs-
partnern begegnete, denen der Konformismus wohlmeinender
Christen fremd war. Habe er nicht einmal bekannt, „[...] wie sehr
meine Sympathien und meine Natur – die ohne Christentum nicht
lebensfähig wären – doch ganz auf seiten der Welt stehen, die noch
nicht christianisiert ist." Jedenfalls habe er geglaubt, die weibliche

Intuition und Sensibilität nichtchristlicher Frauen seien für das allzu ausschließliche rationale Urteil des Mannes eine wertvolle und für ihn selbst eine unentbehrliche Ergänzung. Er erwartete von seinen Briefpartnerinnen Licht und Hilfe, um seinen Weg genauer wählen zu können.[14]

Ida Friederike Görres irrt deshalb, wenn sie meint, Teilhard kenne im Grunde „nur *einen* Aspekt des Weibes, Pallas Athene, die Musen, auf christlich Beatrice, die Herrin und princesse lointaine des Minnesängers, des ritterlichen Frauendienstes überhaupt, welcher der ‚Dame‘ seine Heldentaten, die Frucht seiner Anstrengungen huldigend zu Füßen legt".[15] Es ist vielmehr nicht die Frucht seiner, Teilhards, Anstrengung, die den Frauen gebührt, sondern er gibt ihnen zurück, was er ihnen verdankt: „Es scheint mir undiskutabel (rechtlich ebenso wie faktisch)", betont er im Schlußkapitel „Das Weibliche oder das Einigende" des Buches „Das Herz der Materie" ausdrücklich, „daß es beim Mann — selbst wenn er sich noch so sehr dem Dienst einer Sache oder eines Gottes geweiht hat — keinen anderen Zugang zur geistigen Reife und Fülle gibt als durch einen gewissen ‚gefühlsmäßigen‘ Einfluß, der bei ihm die Intelligenz sensibilisiert und, wenigstens anfänglich, die Kräfte des Liebens weckt. Nicht *mehr* als auf Licht, Sauerstoff oder Vitamine kann der Mann — kein Mann — (mit einer täglich dringlicher werdenden Evidenz) auf das Weibliche verzichten".[16]

Es wäre jedoch ebenso abwegig, daraus zu schließen, Teilhard habe die Freundschaft mit Frauen einzig um seiner eigenen Entfaltung willen gesucht und benutzt. Es möge das Zeugnis Lucile Swans, einer seiner „schwierigsten" Freundinnen, aus dem Jahre 1962 genügen: „Der Vorzug, diesen großen Mann gekannt und seine Freundschaft gehabt zu haben, bleibt der wichtigste und schönste Teil meines Lebens." Es handelt sich vielmehr bei diesen Freundschaften, jeweils in unterschiedlicher Intensität, um ein gegenseitiges Geben und Nehmen, wie es das Gesetz der Liebe ist. Teilhard beschreibt es am 1. Januar 1935 an eben diese Lucile: „Ich glaube, daß diese letzten Tage die reichsten und gefülltesten waren, die wir jemals erlebt haben. Es gibt keine Grenze, denke ich, für diese wachsende gegenseitige ‚Durchdringung‘ unseres Lebens."[17]

Daß solche Formulierungen den Verdacht wecken, Teilhard habe sein Gelübde der Jungfräulichkeit nicht ernst genommen, das er als junger Jesuit in „einfacher"Weise bereits am 25. März 1901 abgelegt hatte und die Jahre hindurch immer wieder erneuerte bis zu den „feierlichen" Gelübden am 26. Mai 1918, liegt auf der Hand. Tatsächlich ist Teilhard nach allem, was wir wissen, dem Gelübde treu geblieben, was die körperliche Vereinigung angeht. Die Vereinigung mit der Frau (nur) im Geiste, sofern auch ein solcher Kontakt durch das Gelübde – nach traditioneller Interpretation – ausgeschlossen sein sollte, hat er im Gegenteil zunächst mit Überraschung erfahren, dann gesucht und auch propagiert. Darin bestand für Teilhard die „Evolution" der Keuschheit.

Teilhard war ein Evolutionist nicht nur im Hinblick auf die gesamte Schöpfung, sondern auch auf die eigene Lebensgeschichte. Alles brauchte seine Zeit, auch die Entdeckung des Weiblichen. „Seit der Kindheit auf der Suche nach dem Herzen der Materie", schreibt er im letzten Kapitel über „Das Weibliche oder das Einigende" in der autobiographischen Skizze „Das Herz der Materie", „war es unvermeidlich, daß ich mich eines Tages dem Weiblichen von Angesicht zu Angesicht gegenüber fand. – Das Merkwürdigste ist nur, daß in diesem Fall die Begegnung mein dreißigstes Lebensjahr abgewartet hat, um sich zu ereignen."[18] Bisher war auch ich der Meinung, es sei die Begegnung mit seiner Cousine Marguerite Teillard-Chambon in Paris gewesen, von der Teilhard, geboren am 1. Mai 1881, am 30. Oktober 1912 seinen Eltern berichtet.

Tatsächlich scheint sich das Erweckungserlebnis einige Monate vorher zugetragen zu haben, und zwar in der damals einzigen weiblichen Kartause Englands zu Parkminster in der Landschaft Bramber in Sussex.[19] Teilhard, seit August 1911 Priester, studiert noch, wie bei den Jesuiten üblich, das vierte Jahr Theologie in Hastings (ebenfalls Sussex) und weilt zur Seelsorgsaushilfe in einem kleinen, von Schwestern geleiteten Mädchenpensionat. Von dort macht er einen Ausflug zu der Kartause nach Parkminster und berichtet seinen Eltern unter dem 16. Juni 1912, das Haus befinde sich im Besitz einer englischen „grand dame", die hier unter dem Namen und im Gewand einer „Schwester Marie-Agnes" lebe. Sie sei eine Konvertitin, die 1900 ihre Gelübde abgelegt habe und die Stütze der Kongregation sei. „Sie ist sehr intelligent und originell; sie hat eine Menge gelesen, und es ist äußerst interessant, sich mit ihr zu unterhalten. Man findet sie in einem großen Salon, in Gesellschaft einer mächtigen Katze, die in einem gepolsterten Korb schläft; sie selbst sitzt in einem geräumigen Lehnstuhl. Ich denke, daß die Äbtissinnen früherer Zeiten genau so ausgeschaut haben." Wenigstens hindere ein gewisser Komfort Schwester Marie-Agnes nicht daran, eine heilige Seele zu sein.[20]

Daß Schwester Marie-Agnes bei diesem Besuch Teilhard das Buch „Das unsichtbare Licht" von Robert-Hugh Benson (1871–1941), der 1903 zum Katholizismus konvertiert war und 1904 Priester wurde, ausleiht; daß Teilhard nach dem Vorbild dieses Buches 1916 „Christus in der Materie. Drei Geschichten nach Benson" schreiben wird, von denen er die Geschichte „Das Bild" 1950 seiner autobiographischen Skizze „Das Herz der Materie" beigibt, wobei er zur Einleitung zu „Das Bild" eine Frau sprechen läßt: „Mein Freund ist gestorben, jener, der von allem Leben wie von einer heiligen Quelle trank […]"[21], – all das scheint eine Eloge auf die Frau zu sein, der er seine Erweckung zur Liebe zum Ewig-Weiblichen verdankt. Auf Schwester Marie-Agnes folgte Marguerite Teillard-Chambon, von der Teilhard dann weiter in das Geheimnis des Ewig-Weiblichen eingeführt wurde, ein Abenteuer, das für Teilhard bis ans Ende seines Lebens dauerte.

„Das Ewig-Weibliche" (1918)

Wir sind in der glücklichen Lage, durch Teilhards Tagebücher[22] und Briefe[23] aus dem Ersten Weltkrieg, den er als Bahrenträger an der Front durchmachte, den Einfluß vor allem Marguerites auf Teilhards, des Jesuiten und Priesters, Auseinandersetzung mit dem Thema Frau, Jungfräulichkeit und Keuschheit verfolgen zu können. Diese erste intensive Reflexion fand ihren Niederschlag mehr oder weniger deutlich in fast allen der „Frühen Schriften"[24] dieser Periode, in der Teilhard zu sich selbst erwachte, und gipfelt 1918 in der hymnischen Dichtung „Das Ewig-Weibliche".[25]

Das Thema drängt sich Teilhard seit 1916, besonders aber Anfang des Jahres 1918 auf, da seine feierlichen Ordensgelübde für den 26. Mai in Ste-Foy-lès-Lyon anstehen. „Vor einer Jungfrau, vor den Gelübden: muß für mich das Weibliche verschwinden?", fragt er im Tagebuch vom 9. März. „Es zieht mich mit dem Innersten meines Seins an ... Bis in unser Zeitalter ist es gewachsen. Sollte es vorübergehend, überholt, schlecht sein? Doch wie wäre das möglich? Ist das Weibliche nicht die Sensibilität und das Feuer meines Seins?" Doch es bleibt Teilhard keine andere Wahl, wenn er sein Leben nicht radikal revidieren will, als zu „sehen, wie die Frau sich nach und nach in vergeistigende Dynamik *verklärt,* läutert [...] Um Dir zu gehorchen, Herr, werde ich mich Deiner Tugend weihen... Doch ich will es in meinem vollen Mannesbewußtsein tun." Und am 10. März notiert er: „Das Fleisch wird Geist, der Instinkt wird Geist – das Weibliche wird Jungfräulichkeit ... Ich meine, das Ideal des Priesters muß sein, das Wirkliche zu *transformieren* ... *Das ewig Weibliche:* Gegen die Eindrücke kämpfen, daß das Gelübde eine Trennung (= eine Transformation), – eine Einschränkung der Welt ist (als ob man auf eine kosmische Kraft verzichte und sich in einem ärmer gewordenen Universum verschanze, – in einer *Privatlösung* des Kosmos ...)."[26]

Diese wenigen Tagebuchauszüge – es gibt sie in großer Zahl – enthalten bereits alle zentralen Stichworte der Hymne „Das Ewig-Weibliche" und die Lösung für Teilhards existentielles Problem: Wie kann er – als Ordensmann trotz seines Gelübdes der Jungfräulichkeit und als Priester trotz des Zölibatsversprechens – weiterhin intensiven Kontakt mit Frauen haben, einen Kontakt, von dem er bereits aus Erfahrung weiß, daß er dadurch zu einem liebenden Menschen geworden ist und immer mehr wird, zu einem Visionär im Hinblick auf das pan-en-theistische (Gott in allen Dingen) Verhältnis Gottes zur Welt im kosmischen Christus[27] und zu einem Propheten im Hinblick auf die künftige Gestalt des Christentums.

Die Antwort kann für Teilhard nur im Rahmen des evolutionären Weltbildes liegen, an dem er seit seiner Begegnung mit Henri Bergsons „Schöpferische Evolution" während seines Theologiestudiums 1908–1912 arbeitet. Die entscheidende Erkenntnis beschreibt er selbst rückblickend: „Materie und Geist: gar nicht zwei Dinge – sondern zwei *Zustände,* zwei Gesichter ein und desselben kosmischen Stoffes, je nachdem man ihn betrachtet oder in der Richtung verlängert, in der (wie Bergson sagen würde) er sich bildet – oder im Gegenteil in der Richtung, in der er sich auflöst. ‚Sich bilden' oder ‚sich auflösen': sicher noch schrecklich unbestimmte Begriffe, – und es sollte einige Jahrzehnte brauchen, um sie in meinem Kopf zu präzisieren – immerhin Ausdrücke, die auf ihre Art genügten, mich von da an schon in einer Haltung oder einer Entscheidung zu festigen, die den ganzen Ablauf meiner inneren Entwicklung bestimmen sollte und deren Hauptmerkmale sich in diesen einfachen Worten definieren lassen: der Vorrang des Geistes: oder, was auf dasselbe hinausläuft, der Vorrang der Zukunft."[28]

Diese Überzeugung – Materie eine Erscheinungsform des Geistes, im Laufe der Evolution dazu bestimmt, immer mehr vergeistigt zu werden, so daß die Zukunft dem Geist gehört – muß für Teilhard ihre erste Feuerprobe gleich in einer existentiellen Not ersten Ranges bestehen: im Hinblick auf die Rolle des Weiblichen in der Evolution und in seinem eigenen Leben.

Der Hymne „Das Ewig-Weibliche" zufolge ist das Weibliche zunächst wie die alttestamentliche „Weisheit" in Sprichwörter, Kapitel 8, „vor aller Zeit aus den Händen Gottes hervorgegangen", „zwischen Gott und die Erde gesetzt als ein Bereich der gemeinsamen Anziehung". Doch da die Schöpfung in Evolution begriffen ist, und zwar in einer gerichteten Entwicklung – die Vielheit der Materie auf dem Weg zur Einheit des Geistes, in dem die Materie ihren höchsten Aggregatzustand erreicht –, hat „Gott", so spricht das Ewig-Weibliche, „mich ausgegossen in die anfängliche Vielheit als Kraft der Kondensation und Konzentration. Ich bin das verbindende Antlitz der Seienden": Das Weibliche als das Prinzip der Einigung.

Doch nicht nur das. Die fortschreitende Einigung der Schöpfung ist – so meint der Naturwissenschaftler Teilhard, der er auch ist, zu beobachten und zu erkennen – gleichbedeutend mit fortschreitender Bewußtwerdung und Vergeistigung der Geschöpfe. Auch dafür verantwortlich ist das Ewig-Weibliche: Es hat die Geschöpfe „eingeschlossen und gezwungen, ein erweitertes Bewußtsein zu entwickeln". Denn „die wahre Einigung ist die, die vereinfacht, das heißt, die vergeistigt. Die wahre Fruchtbarkeit ist die, welche die Seienden in der Zeugung des Geistes vereint".

Das Weibliche versteht sich daher falsch und wird immer dann mißbraucht, wenn es statt zu einigen – trennt, statt zu sammeln – vereinzelt, statt zu öffnen – einsperrt, statt zu vergeistigen – verstofflicht, statt nach vorn – rückwärts orientiert. „Als der Mensch sah", spricht das Ewig-Weibliche, „daß ich *für ihn das All* war, hat er geglaubt, er könnte mich in seinen Armen einschließen. Er hat sich mit mir in einer *geschlossenen* Welt, zu zweit, einschließen wollen, wo wir uns genügen würden. Genau in diesem Augenblick habe ich mich in seinen Händen zersetzt".

Doch es kam die Erlösung aus Mißverständnis und Mißbrauch. „Christus hat mich gerettet", läßt Teilhard das Ewig-Weibliche aufjubeln. „Er hat mich befreit, als er sprach: Es ist besser, nicht zu heiraten [...]" Das kommt überraschend und scheint als Radikalkur und Rettungsaktion in letzter Minute unvermeidlich. Doch es begründet und offenbart eine neue Würde des Ewig-Weiblichen, seine Teilnahme am Erlösungswerk Christi. „Während mein trügerisches Bild fortfährt, den Wollüstigen auf die Materie hin zu faszinieren, ist meine Wirklichkeit erhöht und anziehend geworden: sie schwebt zwischen dem Christen und Gott" wie Christus am Kreuz. Teilhard kann, sein Ordensgelübde vor Augen, mit dem Ewig-Weiblichen triumphierend sagen: Auch „ich bin jetzt die Jungfräulichkeit [...] Ich bin die Kirche, die Braut Jesu", und unser Urbild ist „die Jungfrau Maria, die Mutter aller Menschen".

Bei der Frage, wie sich nun konkret die Vergeistigung der Materie im Hinblick auf das Weibliche vollziehen soll, scheint Teilhard jedoch gespalten zwischen seiner neuen Vision von der Vergeistigung durch Eintauchen in die Materie einerseits und der traditionellen Auffassung von der Vorwegnahme der eschatologischen Geistexistenz aller Dinge durch den aktuellen Verzicht auf die materielle Dimension des Geistes in dieser Weltzeit.

Einerseits betont Teilhard: „Die Jungfrau ist (auch) noch Frau und Mutter; das ist das Zeichen der neuen Zeit." Die „Stimme Christi" sei nicht „das Signal für einen Bruch, einer Emanzipation: – als könnten die Erwählten Gottes, indem sie das Gesetz des Fleisches verwerfen, die Bande zerreißen, die sie mit den Bestimmungen ihres Geschlechts verknüpfen, und dem kosmischen Lauf [der Dinge] entrinnen, in dem sie geboren". Das klingt so, als bestünde die Vergeistigung des Weiblichen darin, daß die ihm eigene Materie, das „Fleisch", liebend angenommen und in Richtung des Geistes entwickelt würde, wie es der Sehnsucht der Liebenden entspricht. „Wer Jesu Ruf hörte, darf die Liebe nicht aus seinem

Herzen verbannen. Er muß im Gegenteil von Grund auf menschlich bleiben." Ist nicht Gott selbst Fleisch geworden und hat es dadurch erlöst, daß er es durch Tod und Auferstehung hindurch vergeistigt, vergöttlicht hat? Teilhard läßt das Ewig-Weibliche genau das sagen: „Meint ihr, er wäre (als) Fleisch, ohne daß meine Reinheit ihn verführt hätte, jemals herabgestiegen inmitten seiner Schöpfung?"

Andererseits gibt es in dem Hymnus Anklänge, die das „Fleisch" des Weiblichen als Wiege des Geistes weit hinter sich gelassen haben; in denen die „Gattin" und „Mutter" vergessen scheinen zugunsten der „Jungfrau" und das „Fleisch" nicht mehr an- und mitgenommen wird, sondern in seiner endzeitlichen Vollendung nur noch „Geist" ist. Dieses Zukunftsbild strahlt zurück auf die Gegenwart und beschwört für Hier und Jetzt ein Ideal des Weiblichen herauf, das dem entspricht, wie sich Teilhard als junger Ordensmann zu verstehen gelernt hat: als eschatologische Existenz, als Heiliger, der bereits in dieser Welt ein Verhältnis zum Weiblichen lebt, das erst in der künftigen die Regel sein dürfte gemäß dem Jesuswort: „Nach der Auferstehung werden die Menschen nicht mehr heiraten, sondern sein wie die Engel im Himmel" (Mt 22,30). Im Hymnus gibt es einige Zeilen, die wie ein Reflex auf diese Bibelstelle wirken: „Für den Heiligen mehr als für irgendjemand bin ich der mütterliche Schatten", spricht das Ewig-Weibliche, „der sich über die Wiege beugt; – und die strahlende Gestalt, die die Träume der Jugend annehmen, – und die tiefe Sehnsucht, die das Herz wie eine undiskutable und fremde Macht durchdringt, – im individuellen Sein die Spur der Achse des Lebens." Das Weibliche – Schatten, Traum, Sehnsucht: Stellt sich Teilhard so die Vergeistigung des Fleisches vor?

Immerhin versucht er für den praktischen Umgang mit der Frau eine Regel aufzustellen, die er dem Ewig-Weiblichen in den Mund legt: „Ich bin die unverwelkliche Schönheit der künftigen Zeiten, – das weibliche Ideal. Je mehr ich so Frau sein werde, desto immaterieller und himmlischer wird meine Gestalt sein. In mir strebt die Seele danach, den Leib zu sublimieren – die Gnade, die Seele zu vergöttlichen. Die mich behalten wollen, müssen sich mit mir wandeln …"

Marguerite Teillard-Chambon, unverheiratet, versuchte, zusammen mit Teilhard dieses Ideal zu leben, obwohl sie sich nicht zum Ordensleben berufen fühlte. Teilhard legte am 26. Mai 1918 die Ewigen Gelübde ab, Marguerite weihte am 21. November 1918 durch ein feierliches Versprechen ihr Leben (wenigstens) dem Lehrberuf. Teilhard schreibt ihr zu diesem Entschluß am 4. November 1918: „Du kannst Dir gewiß vorstellen, wie sehr ich im Herzen Deine Freude teilte und wie sehr ich gleichzeitig fühlte, wie unsere Verbundenheit ‚in Xto [Christo] Jesu‘ noch inniger wurde, dort, wo die Verbundenheit niemals stillsteht, sondern an Innerlichkeit, Fruchtbarkeit und Schönheit unbegrenzt zunimmt. Du sagst sehr treffend: Durch einen solchen Schritt ändert sich innerlich nichts im Leben, aber durch ihn werden die Dinge insgesamt in ihrer Tiefe erneuert. Das ‚mystische Strahlungsfeld‘ wird offenbar [...]“[29]

Dennoch, Teilhard mußte spüren, er war der Materie nicht gerecht geworden, von der er programmatisch zu Beginn des Kapitels „Das Weibliche oder das Einigende“ im Buch „Das Herz der Materie“ 1950 schreiben sollte: „Das Lebendigste des Greifbaren ist das Fleisch. Und für den Mann ist das Fleisch die Frau.“[30] Deshalb hängt er dieser autobiographischen Skizze noch einen Text an, den er am 8. August 1919 auf der Kanalinsel Jersey, wo er mit Jesuitenkollegen Ferien macht, abschließt und der den Titel trägt: „Die geistige Potenz der Materie“. Darin begegnet ihm – gleichsam einem zweiten Elias in der Wüste – in Gestalt einer Wolke die Materie, die ihn vorwurfsvoll anredet: „Nein, die Reinheit ist nicht in der Absonderung, sondern in einer tieferen Durchdringung des Universums. Sie ist in der Liebe zum unumschriebenen, einzigen Wesen, das alle Dinge von innen durchdringt und durchwirkt – weiter als der sterbliche Bereich, in dem die Personen und die Zahlen sich bewegen. Sie ist in einer keuschen Berührung mit dem, was ‚dasselbe in allen‘ ist. Wie schön ist der Geist, da er sich erhebt, mit allen Reichtümern der Erde geschmückt! Bade dich in der Materie, Menschensohn. – Tauche in sie ein, dort, wo sie am gewalttätigsten und am tiefsten ist! Ringe in ihrem Strom und trinke ihre Flut! Sie hat ehedem dein Unbewußtsein gewiegt – sie wird dich bis hin zu Gott tragen.“[31]

Teilhard hatte zu diesem Zeitpunkt bereits eine weitere Erfahrung gemacht, die auch zu den Realitäten des Weiblichen in die-

ser Welt gehört und die ihn fortan sein ganzes Leben lang begleite-
te: mehrere miteinander konkurrierende Freundinnen. Es ist Marguerites frühere Lehrerin und Freundin Léontine Zanta, eine bril-
lante Feministin. Sie fasziniert Teilhard so, daß es sein Verhältnis zu
Marguerite belastet, die daraufhin Paris für eine Weile verläßt.
Teilhard versucht nun, auch die Möglichkeit mehrerer Freundschaften mit Frauen durch seine Mystik der Vergeistigung zu verteidigen und schreibt an Marguerite am 14. April 1919: „Im Grunde hast Du recht: es ist gut, wenn Freunde manchmal getrennt
sind" – um die Vergeistigung einzuüben und die Eifersucht zu überwinden. Am Karfreitag, den 20. April 1919, bringt er den Verzicht,
den er ihr zumutet, mit dem ‚Gehorsam Christi bis in den Tod' in
Verbindung: „Wenn ich Dir schreibe, bin ich Dir im Geiste nahe,
unter dem lebendigsten Einfluß, den es hier auf Erden gibt (unter
dem Einfluß des sterbenden Herrn)... Schau, Marg, je mehr ich
empfinde, wie tief meine Zuneigung zu Dir ist, desto mehr möchte ich erleben, daß Du fester, tiefer in Gott allein verankert bist. Ich
sehe so klar, daß wir beide, Du und ich, noch weniger als sonst
jemand auf eine andere Weise glücklich sein können [...]" Er will
einen Kreuzweg beten. „Ich werde in diesem Augenblick daran
denken, daß wir zwei vor dem Herrn sind, die wir uns wiederum
in seine Hände geben, auf daß er uns führe, wohin er will [...]." Die
Absicht Teilhards ist deutlich: Die Reaktion Marguerites auf seine
beginnende Freundschaft mit Leontine Zanta hat ihm gezeigt, daß
die Bindung zwischen ihm und Marguerite enger und „menschlicher" geworden ist, als es seiner Theorie entspricht. Er drängt
deshalb darauf, daß sie sich dessen bewußt werden und die nötigen
Konsequenzen ziehen. So heißt es im Tagebuch vom 20. Oktober
1919: „Nicht die Frau, sondern das Frauliche in allen Frauen suchen" – „ohne die Frau zu zerstören, und ohne sich in ihr einschließen zu lassen", fügt er am 4. Oktober hinzu. Diese neuen
Komplikationen erschüttern jedoch nicht Teilhards Überzeugung:
„Wir erreichen Gott durch genau den Punkt unserer Seele, der der
Frau anhängt" (Tagebuch vom 12. Januar 1920).[32]

„Die Evolution der Keuschheit" (1934)

Unter den Frauen, die Teilhard in den nächsten Jahren kennenlernt, ragen hervor die Amerikanerinnen Ida Treat 1925, später verheiratet, und Lucile Swan 1929, geschieden. Die Erfahrungen mit Lucile Swan im Exil in Peking zwingen Teilhard, sich noch einmal mit seiner Mystik der Vergeistigung, wie er sie in der Dichtung „Das Ewig-Weibliche" gefeiert hatte, auseinanderzusetzen. War Marguerite Teillard-Chambon von Haus aus disponiert und gewillt, Teilhards Vergeistigung ihres Verhältnisses mitzuversuchen (und der Versuch scheint, wenn auch unter Schmerzen, gelungen zu sein), und konnte Teilhard am 26. Januar 1936 an Léontine Zanta schreiben, es sei ihm „eine solche Wohltat für Herz und Geist, Sie bei jeder Rückkehr nach Europa stets besonnen, zuverlässig und liebevoll wiederzufinden. Ach, wenn es doch nur Frauen wie Sie gäbe..."[33], – so gestaltete sich die Freundschaft mit Lucile Swan schwieriger, ja nahm gelegentlich den Charakter einer Katastrophe an.

Denn Lucile Swan konnte und wollte Teilhards Theorie und Praxis ihres Verhältnisses nicht akzeptieren, sie empfand diese als inkonsequent und widersprüchlich. Gerade weil er die Liebe – die ganzheitliche, Materie und Geist, Leib und Seele umfassende – als die Urkraft des Kosmos und als Triebfeder der Evolution erkannt hatte und begeistert vertrat, war sie überzeugt, Teilhard selbst leugne mit seiner persönlichen Praxis von Jungfräulichkeit und Keuschheit „eines der Grundgesetze des Universums", wie Teilhard am 16. Juni 1935 die Freundin zitiert. Lucile empfand die körperliche Enthaltsamkeit, die Teilhard zur Bedingung ihrer Freundschaft gemacht hatte, als inkonsequent im Hinblick auf Teilhards Weltbild und als Zumutung für sich selbst, insgesamt als Unaufrichtigkeit in ihrer Liebe. Teilhard schreibt ihr daraufhin am 14. April 1937: „Aufrichtig bist Du, von Deinem Standpunkt aus gesehen, – und aufrichtig bin ich, von mir aus, weil ich so weit gehe, wie ich kann, um ehrlich gegenüber meiner Wahrheit zu bleiben und mich im Denken derer nicht zu ruinieren, die, so hoffe ich, mehr und mehr denselben Weg gehen wie ich selbst. Gott weiß, daß ich gerne die ganze Last selbst tragen würde, – und daß es nichts gibt, was ich nicht unternehme, um im Rahmen des Möglichen das auszugleichen, was ich Dir aus höheren Gründen nicht geben kann (und es ist schwer für mich, es Dir nicht zu geben). – Manchmal denke ich, daß gerade dieser Verzicht, den ich Dir auferlegen muß, mich Dir zehnmal ergebener macht [...]."[34]

Dabei hatte Teilhard die Sicherheit, mit der er hier seine Position verteidigt, wenn überhaupt erst vor kurzem wieder erlangt, und er hatte Mühe, sie aufrechtzuerhalten. Über die zwanzig Druckseiten starke Schrift „Die Evolution der Keuschheit", die vom Februar 1934 datiert, schreibt er am 24. Juni 1934 an Léontine Zanta: „Die Arbeit liegt noch in meiner Schublade, weil sie Gefahr läuft, falsch verstanden zu werden. Indessen stellt sie ein durchaus redliches und vorurteilfreies Bemühen dar, einen Versuch, einer Frage auf den Grund zu gehen, die mir ungeheuer lebenswichtig und ungeheuer ungeklärt scheint. Ich habe da alles zusammengetragen, was ich jemals in meinen tiefsten Überzeugungen angesichts von Fragen und Anfechtungen, die nichts Abstraktes an sich hatten, habe finden können, um ,die Verteidigung der Keuschheit' zu begründen, und vor allem, um ihren Wert oder ihr Wesen zu umreißen. Wir müssen das einmal miteinander erörtern."[35]

Nachdem Teilhard in seiner Abhandlung „Die Evolution der Keuschheit" eingangs beschrieben hat, wie sich in der traditionellen Theorie und Praxis der christlichen Keuschheit richtige und bedenkliche Momente vermischen und wie demgegenüber seine Auffassung von der Aufwärtsentwicklung der Materie hin zu mehr Bewußtsein, zu Geist und zu Gott, eine höhere Form der Vereinigung zwischen Mann und Frau erforderlich macht – „Die Mutterschaft der Frau ist fast nichts im Vergleich zu ihrer geistigen Fruchtbarkeit" –, kommt er auf die neuralgischen Punkte zu sprechen, die der Hymnus „Das Ewig-Weibliche" von 1918 ungeklärt gelassen hatte, die sich jedoch Teilhard und den mit ihm befreundeten Frauen im Laufe der vergangenen fünfzehn Jahre immer mehr aufgedrängt haben.

Zunächst geht er der Frage nach, ob ihm selbst und auch Verheirateten die Freundschaft mit einer Person oder mehreren Personen zusteht. Hat die christliche Tradition nicht recht, wenn sie gegenüber Gott, aber auch gegenüber dem Ehepartner das ungeteilte Herz fordert? Entspricht das nicht eher der von Teilhard vertretenen Tendenz im Kosmos zur Konzentration, zu höherem

Bewußtsein, zur geistigen Vertiefung, zu größerer Einheit – als die Vielheit der Verhältnisse, die Oberflächlichkeit der Beziehungen, die entstehenden Verletzungen durch Untreue?

Teilhard macht sich diesen naheliegenden Einwand selbst nicht, sondern versucht seine eigene Praxis zu verteidigen. Er wehrt sich gegen eine Auffassung, die das Herz mit einem Glas vergleicht, dessen Inhalt sich durch Austeilen erschöpft. „Daß unser Herz sich notwendig für einen mindert, indem es sich (in einer anderen Beziehung oder auf eine abgestufte Weise) an einen anderen wendet, das zuzugeben habe ich Mühe. Ich kann zwei Blumen finden, – und von der einen werden meine Augen sensibler für die Wertschätzung der anderen. Der Gebrauch vermehrt die Kraft. Wahr ist, daß im besonderen Fall der Liebe der Ehemann für seine Frau die privilegierte Stellung reservieren und stärken muß, die aus ihr in irgendeiner Weise die Sonne seines inneren Universums macht. Und in diesem Punkt hat die Eifersucht einen Sinn: es kann nur eine Sonne am Himmel unseres Herzens geben. Aber untergeordnete Sterne, warum nicht?"

Das gilt bei Teilhard auch für die Konkurrenz von Gottes- und Menschenliebe, wie sie besonders im Fall des Ordensmannes und des Zölibatärs auftritt. Die traditionelle Lehre von der Jungfräulichkeit forderte nicht nur sexuelle und erotische Enthaltsamkeit der Ordensleute, sondern auch den Verzicht auf den intensiven geistigen Austausch und die intime seelische Gemeinsamkeit mit einem gleich- oder andersgeschlechtlichen Partner, in dem sie einen Konkurrenten Gottes sah. Insofern hatte Teilhard sein Gelübde schon gebrochen, als er diese geistige und seelische Gemeinschaft zwischen Ordensleuten und menschlichen Partnern nicht nur propagierte, sondern auch praktizierte nach dem Motto: „Nicht isoliert (verheiratet oder nicht verheiratet), sondern als vereinigte Paare sollen der männliche und weibliche Teil der Natur zu Gott aufsteigen" und „Nicht auf menschliche ‚Monaden', sondern auf ‚Dyaden' beruht die Geistigkeit." Denn „Gott ist nicht Person in der selben Ordnung wie wir. Er ist eine ‚Hyper-Person', ein ‚Hyper-Zentrum', – das heißt jemand von größerer Tiefe als wir. Das will sagen, die Tatsache, daß ein Mann sein Herz auf eine Frau zentriert, bedeutet nicht *notwendig,* daß dieser Mann sich in seiner Beziehung zum Göttlichen gefühlsmäßig ‚neutralisiert' findet.

Durch den weiblichen Stern *hindurch* kann die göttliche Sonne (*weil* viel stärker) noch wahrgenommen werden."

Am heikelsten jedoch war für Teilhard vor allem im Hinblick auf Lucile Swan die Frage: „Wieviel Körper für ein Höchstmaß an Geist?" Die Art und Weise, wie Teilhard nun ausführlich im Sinne von Lucile Swan gegen seine eigene Theorie und Praxis polemisiert, zeigt seine Ehrlichkeit und Tapferkeit in diesem aussichtslosen Kampf: aussichtslos deshalb, weil Teilhard in diesem Fall seiner besseren Einsicht, die aller Wahrscheinlichkeit nach auf Seiten derer ist, die wie Lucile Swan denken und fühlen, nicht folgen kann – aus Rücksicht auf die kirchliche Tradition, in die er hineingeboren ist, auf die zahlreichen Bekannten und die unzähligen Unbekannten, die mit ihm in den Orden der Kirche diese Lebensform teilen, aus Treue gegenüber dem einmal gegebenen Wort im Orden, in der Kirche, Gott gegenüber, nicht zuletzt auch im Hinblick auf Marguerite, Léontine und die zahlreichen anderen Frauen, denen er in ihren Freundschaften körperliche Enthaltsamkeit zugemutet hat.

Trotzdem fällt er sich und ihnen allen zunächst selbst in den Rücken, indem er der Wahrheit die Ehre gibt und die Gegenargumente so stark wie möglich macht: „Wenn die Keuschheit ein Geist ist, der sich ernährt, warum sie auf rigoroseste Weise ihrer Nahrungsmittel berauben? Ist das Geschenk des Körpers nicht die vollständige und natürliche Form, unter der sich die natürliche Macht der Materie darbietet, um sublimiert zu werden? Erwartet der Geist nicht wie ein Funke den Schock dieser Begegnung, um zu sprühen? Diese Wellen, diese Energien, welche die physische Liebe freisetzt, gibt es das nicht vor allem deshalb, weil es sich darum handelt zu provozieren, zu erobern, zu transformieren?" Teilhard gibt zu, daß ihn diese Fragen in Verlegenheit bringen. „Meinem eigenen Urteil überlassen, sehe ich nicht klar, ,was nicht erlaubt ist'." Damit nimmt Teilhard den Zweifel, den es innerhalb der Kirchengeschichte immer schon gegeben hat – aus Instinkt, aus Nachdenken, aus Erfahrung, als mystische und theologische Konsequenz aus dem Geheimnis der Fleischwerdung Gottes – auf und nährt ihn weiter durch seine Mystik der Vergeistigung, die anscheinend nur dann ihrer spiritualistischen Gefährdung entgehen kann, wenn sie die Körperlichkeit der Liebenden nicht übersteigt, sondern durchgeistigt.

Deshalb läßt Teilhard das Argument der traditionellen Lehre, das bis heute immer wieder herhalten muß, um ideologische Positionen als „natürliche" auszuweisen, nicht gelten: Körperliche Liebe außerhalb der Ehe verletze die „natürliche Ordnung". Das sei, wendet Teilhard ein, „theologische Biologie" und setze voraus, die natürliche Ordnung sei ein für allemal gegeben, während sie doch in Wirklichkeit eine dynamische Größe sei, die dauernd ihr Gleichgewicht neu sucht. Eine neue Art zu lieben gelte es jetzt zu finden: „Die geistige Fruchtbarkeit mehr und mehr an die Stelle der materiellen Fruchtbarkeit setzen, – und schließlich *durch sie allein* die Vereinigung rechtfertigen. Vereinigung für das Kind. Aber auch Vereinigung für das Werk, Vereinigung für die Idee? Warum nicht?" Und Teilhard, der wahrlich weit in der Welt herumgekommen ist und das Glück hatte, viele schöpferische Geister in Wissenschaft und Kunst kennenzulernen, weiß, wovon er redet: „Dieser geistige Gebrauch des Fleisches, ist es im Grunde nicht der, den, ohne die Moralisten um Erlaubnis zu fragen, viele wahrhaft schöpferische Genies instinktiv entdeckt und angewandt haben? Ist aus diesen sogenannten unreinen Quellen nicht ein Leben geschöpft worden, von dem sich sogar in diesem Augenblick die Konservativsten unter uns nähren?" Es sind rhetorische Fragen. Teilhard kann sie nur mit „So ist es!" beantworten.

Trotzdem versucht er in einem letzten Anlauf, den traditionellen Keuschheitsbegriff, die Jungfräulichkeit und den damit verbundenen Verzicht auf körperliche Liebe doch noch zu rechtfertigen. Zeigt nicht die Erfahrung, daß die körperliche Liebe leicht in einen „Kurzschluß" umschlägt, der gerade den Teil der Seele, der zur höheren Vereinigung mit Gott strebt, absorbiert und neutralisiert? Ist es nicht vernünftig, wegen dieser Gefahr auf körperliche Liebe zu verzichten? Dabei hatte Teilhard selbst weiter oben gegenüber derartiger Argumentation bemerkt, wir stürben noch einmal an der „Konfusion zwischen Klugheitsregeln und Werturteilen"!

Eine andere Motivation setzt tiefer an, es ist die schon in der Dichtung „Das Ewig-Weibliche" versuchte eschatologische, endzeitliche, himmlische: Wenn man erkannt hat, daß die Entwicklung auf Vergeistigung zielt, warum diese nicht schon vorwegnehmen und zur Avantgarde gehören wollen: „Nicht den unmittelbaren Kontakt" mit dem Göttlichen in der Materie, im Fleisch, „sondern die Konvergenz in der Höhe", direkt mit Gott suchen? Teilhard verfängt sich so selbst noch einmal in den Widersprüchen der traditionellen Argumente.

So gibt er denn offenherzig zu: „Zwei Lösungen. Zwei Wege." Vereinigung, auch körperliche, im Namen des Geistes? Geistige Vereinigung mit Verzicht auf die körperliche, auch im Namen des Geistes? „Welcher ist der gute? – In diesem Punkt gibt es gegensätzliche und sich widersprechende individuelle Zeugnisse." Er hält sein eigenes nicht zurück: „Durch Geburt, kann ich sagen, finde ich mich auf dem zweiten engagiert. Ich bin ihm gefolgt so weit wie möglich. Selbstverständlich habe ich dort schwierige Stellen gefunden. Doch habe ich mich dort niemals gemindert oder verloren gefühlt."

Ist es Teilhard in der Abhandlung „Die Evolution der Keuschheit" gelungen, was er sich anfangs vorgenommen hatte: Die kirchliche Praxis von Keuschheit und Jungfräulichkeit den Menschen in einem auch christlich interpretierbaren evolutionären Weltbild einsichtig zu machen und zu begründen, indem er die „Mystik der Vergeistigung" beschwört? Er gibt sich selbst die Antwort: „Praktisch, ich verheimliche es mir nicht, erscheint die Schwierigkeit des Versuchs so groß, daß alles, was ich auf diesen Seiten geschrieben habe, von neun Zehntel der Menschen als naiv oder verrückt beurteilt werden wird. Ist die Erfahrung nicht allgemein und schlüssig, daß die geistigen Liebesverhältnisse immer im Schmutz geendet haben? Der Mensch ist geschaffen, um auf der Erde zu gehen. Hat man jemals die Idee gehabt zu fliegen! ... Ja, antworte ich, Verrückte haben diesen Traum gehabt [...] Sich der Leidenschaft bemächtigen, um sie dem Geist dienstbar zu machen, wäre mit biologischer Evidenz eine der Bedingungen des Fortschritts [...] Eines Tages werden wir für Gott nach dem Äther, den Winden, den Meeren, der Gravitation auch die Energien der Liebe einfangen. – Und dann wird der Mensch zum zweitenmal in der Weltgeschichte das Feuer gefunden haben."

Ist Teilhard „geflogen"?

Ist Teilhard „geflogen"? Sicher nicht so, wie er es sich „erträumt" hat! An Lucile Swan schreibt er am 12. Mai 1936: „Ich komme immer zu demselben Schluß, daß, wenn Du *mich* nicht empfindest, wie Du wolltest, der Grund nicht irgendein geringfügiger fremder Einfluß zwischen uns ist, – sondern die Gegenwart Gottes, den ich als Person liebe und dem ich die letzte Aktivität meines Lebens zu geben habe. Für mich liegt hier das ganze Problem, und der Grund, weswegen Du mich etwas ausweichend und zögernd findest. Du, Du suchst ein Gleichgewicht ‚zu zweit‘; und für mich ist das eine Frage ‚von dreien‘. – Meine Überzeugung, die ich Dir schon mitgeteilt habe, ist es, daß das dritte Element kein Hindernis, nicht eine Art ‚Rivale‘ ist. Ich meine (und ich erfahre), daß er mir im Gegenteil eine Art neuer Dimension bringt, in der Liebe sich freier entfaltet und einen unglaublichen Grad an Festigkeit erreicht. Aber zur gleichen Zeit bewege ich mich noch ‚ungewohnt‘ in dieser neuen Atmosphäre, – und aus vielen Gründen kannst Du das nicht klar sehen. Von daher ein Mangel an Anpassung. Aber ich denke, wir können beide zusammen fliegen.“[36] Sie konnten es anscheinend nicht. Das lag nicht nur an Lucile, sondern auch an Teilhard. Er wollte nicht zugeben, daß es nach seiner Theorie nicht nur möglich, sondern – Liebe vorausgesetzt – sogar geboten schien, das Gleichgewicht ‚zu zweit‘ zu suchen, und zwar zwischen Geist und Körper einerseits und Mann und Frau andererseits.[37] Voraussetzung dafür, daß dieses ‚zu zweit‘ den ‚Dritten‘, Gott, nicht negativ tangiert, ist mit Teilhards eigenen Worten die Richtung der Zweierbeziehung und der körperlichen Vereinigung. „Es gibt keine heiligen oder profanen, reinen oder unreinen Dinge. Es gibt nur einen guten Sinn und einen schlechten Sinn: Der Sinn des Aufstiegs, der zunehmenden Vereinigung, der größeren geistigen Anstrengung; und der Sinn des Abstiegs, des einengenden Egoismus, der materialisierenden Lust.“[38] Lucile Swan und viele andere Frauen spürten den Bruch zwischen Teilhards Theorie und zwischenmenschlicher Praxis. Sie litten darunter, und das um so mehr, als sie spürten, wie er selbst an dieser letzten Inkonsequenz seines Lebens litt. Deshalb war die Tatsache, daß sie miteinander nicht „fliegen“ lernten, kein Grund dafür, einander nicht dankbar zu sein und „treu“.

Anders die theologischen Freunde Teilhards und seine kirchlichen und ordensinternen Vorgesetzten. Einigen von ihnen erschien er schon seit den frühen Texten als der ärgerliche Sonderling und mystische Besserwisser, als den Teilhard sich selbst bezeichnet hatte: „Im Regiment", schreibt der Geologe am 5. Januar 1919 in sein Tagebuch, „bin ich der einzige, der an den Orten, durch die wir gekommen sind, etwas von der Geschichte der Erde geahnt hat. – Weshalb sollte ich nicht der einzige sein, der die wahre Beziehung wahrnimmt, die Gott und das Universum verbindet."[39] Und in dem visionären Text „Die geistige Potenz der Materie" von 1919 ist die Konsequenz daraus, daß Teilhard gewürdigt wird, in das Geheimnis der Materie eingeweiht zu werden: Er wird fortan ein „Fremdling" sein. „Er spürte, daß von nun an nichts mehr auf der Welt sein Herz von der höheren Wirklichkeit lösen könnte, die sich ihm zeigte – nichts; weder die Menschen in dem, was sie an Sich-Eindrängendem und Individuellem haben (denn so verachtete er sie) – noch der Himmel und die Erde in ihrer Höhe, ihrer Breite, ihrer Tiefe, ihrer Macht (denn gerade ihnen weihte er sich für immer). – Eine tiefe Erneuerung hatte sich in ihm vollzogen, so daß es ihm nicht mehr möglich war, Mensch zu sein, *es sei denn auf einer anderen Ebene.* Selbst wenn er jetzt auf die gemeine Erde wieder hinabstiege – und wäre es zu dem getreuen Begleiter, der dort unten auf den Wüstensand hingestreckt geblieben war –: er würde von nun an ein *Fremdling* sein. Ja, er war sich dessen bewußt: selbst für seine Brüder in Gott, die besser als er waren, würde er unbezwinglich von nun an eine unbegreifliche Sprache sprechen, er, dem der Herr bestimmt hatte, die Straße des Feuers zu nehmen – selbst für jene, die er am meisten liebte, würde seine Zuneigung eine Last sein, denn sie würden spüren, wie er unbezwinglich *etwas hinter ihnen* sucht."[40]

Ging es schon in diesem Text immer auch um sein ungewöhnliches Verhältnis zu Frauen, das im Orden nicht unbemerkt blieb, so überbot „Die Evolution der Keuschheit" alles, was Teilhard seinen Mitbrüdern bisher zugemutet hatte. Entsprechend kleinlaut fällt denn auch der Begleitbrief aus, den Teilhard an seinen Ordensfreund Auguste Valensin, den Philosophieprofessor, der wegen seines unabhängigen und kritischen Sinns berüchtigt war, am 24. August 1934 schreibt: „Ist es nötig, Ihnen zu sagen, daß es sich hier mehr als je um eine Gewissenssache unter uns handelt, – wo ich Sie als Berater und Führer betrachte? – Dieses neue Papier (schon vor sechs Monaten geschrieben) Ihnen mitzuteilen, habe ich lange gezögert. Doch dann habe ich mich schließlich versichert, es enthält soviel vom Intimsten meines Denkens, daß es ohne Vorteil wäre, es Ihnen nicht zu zeigen. Versuchen Sie, es unparteiisch zu lesen, – kühl (wie ich es geschrieben habe). Und halten Sie im voraus dies fest: In völliger Aufrichtigkeit versichere ich Ihnen, daß ich diese Seiten ohne irgendeinen Hintergedanken, mir eine Erleichterung zu verschaffen oder irgendeine Entschuldigung, geschrieben habe. Ganz im Gegenteil, ich habe mich angestrengt, mit allen meinen Kräften die traditionelle Position zu verteidigen, indem ich so wirksam wie möglich alle Gründe ‚für' gesammelt habe, die mir gültig erschienen. – Was ich da geschrieben habe, ist das Beste dessen, was ich (mir und anderen) zu antworten gefunden habe, als ich, drei- oder viermal in meinem Leben, während längerer Perioden, in die Enge getrieben worden bin. – Sie werden vielleicht finden, daß das schwach ist, als Triumph. Aber es ist so, ich kann in Wirklichkeit nicht mehr sehen. In dieser Frage des Fleisches (‚Klimax' der Frage nach der Materie) folge ich ‚blindlings' der Kirche, ohne zu begreifen, was sie mir sagt (oder selbst indem ich glaube, anderes zu sehen). – Glauben Sie mir, ich würde viel dafür geben, um eine persönlichere Überzeugung in mir zu fühlen. Und lassen Sie mich sehen, wenn Sie können." Valensin dankt Teilhard, Teilhard dankt Valensin am 11. November 1934: Er habe die Antwort erhalten „und vernichtet". Die weiteren Ausführungen in dem Brief zeigen, daß Teilhard für seine Auffassung nicht mit dem Verständnis, geschweige denn mit der Billigung seiner Freunde rechnen kann. Auch für sie ist er in diesem Punkt „verrückt".[41]

So ist es verständlich, daß der jüngere Henri de Lubac, der vom Orden Teilhard als theologischer Berater und „Gutachter" – um den harten Ausdruck „Zensor" zu vermeiden – zur Seite gegeben worden war und der schon zu Lebzeiten Teilhards, aber vor allem nach dessen Tod alles daransetzte, Teilhard vom Geruch der theoretischen und praktischen Häresie zu befreien und seine wenn auch kühne Rechtgläubigkeit herauszustellen, schon 1968, bevor „Das Herz der Materie" und „Die Evolution der Keuschheit" sowie die Tagebücher veröffentlicht waren – jedoch in Kenntnis all dieser und noch weiterer Schriften! – den Versuch unternahm, Teilhards Auffassung vom Weiblichen, von Keuschheit und Jungfräulichkeit in einem 160 Seiten starken Buch unter dem Titel „Das Ewig-Weibliche. Studie über einen Text Pater Teilhard de Chardins" zusammenhängend darzustellen. Dabei verfährt er wie in der Wissenschaft üblich: Vom biographischen Hintergrund Teilhards, von seinem konkreten Verhältnis zu so vielen Frauen, ohne die seine Reflexionen undenkbar sind, erfährt man mit Ausnahme von wenigen Zeilen über Marguerite Teillard-Chambon, die noch am besten ins traditionelle Bild einer Priesterfreundschaft paßt, fast nichts. Stattdessen wird der Eindruck erweckt, der Text „Die Evolution der Keuschheit" antworte auf wenigstens mündlich vorgebrachte „Fragen und Einwände" von Leuten, „die mit der Stellung der Kirche nicht einverstanden waren". Man erkenne im übrigen „das übliche Vorgehen Teilhards. Seine persönlichen Erklärungen, sogar die verwegensten, haben stets die Tendenz (auch wenn man der Ansicht sein kann, sie erreichten ihr Ziel nicht immer), die praktische Haltung des echten und ‚einfachen' Gläubigen einzuholen – die zu karikieren er sich wohl hütet".[42] Mit anderen Worten: Teilhard sei der pädagogisch nicht immer geschickte, aber fleißige Verteidiger der traditionellen Auffassung, wobei er manchmal „den Bogen überspannt" habe.[43]

Daß Teilhard „seinen Ansatz nicht völlig glaubhaft durchgeführt habe", bemängelt de Lubac auch im Hinblick auf das letzte Kapitel „Das Weibliche oder das Einigende" im Buch „Das Herz der Materie" von 1950. Dabei betrachtet er „Die Evolution der Keuschheit" von 1934 als dessen „Entwurf", was nur der Fall ist, wenn man „Entwurf" im weitesten Sinn versteht. Was für de Lubac in beiden Texten „nicht glaubhaft durchgeführt" erscheint, ist nicht so sehr unser Einwand: Teilhard hätte gemäß seiner Mystik der Vergeistigung mehr einer vergeistigenden körperlichen Einigung statt des Verzichtes darauf das Wort reden können. Der spätere Kardinal de Lubac sieht vielmehr eine Inkonsequenz Teilhards gegenüber dem „Ewig-Weiblichen" von 1918 darin, daß Teilhard der Begegnung der Geschlechter für das Erwachen des Menschen zur zwischenmenschlichen und göttlichen Liebe die Priorität einräumt. „Der gemeinte ‚Übergang'", so de Lubac, „gedacht als ein ‚Wechsel des Zustandes' und eine echte ‚Umkehr', erfolgt einstweilen doch erst innerhalb der menschlichen Liebe"[44], und nicht, wie es rechtgläubig wäre und nach Meinung de Lubacs in der

Dichtung „Das Ewig-Weibliche" auch noch der Fall sei: vorgängig zu und unabhängig von der zwischenmenschlichen Liebe, gemäß der Priorität und Allgegenwart des Ewig-Weiblichen vor der konkreten Frau. Tatsächlich bleibt Teilhard in diesem Punkt hartnäckig. Er nimmt zwar nicht zurück, was er 1918 so formuliert hat: „Jede Monade, sie mag noch so geringfügig sein [...] gehorcht in ihren Regungen einem Ansatz von Liebe zu mir, – dem Universell-Weiblichen"[45] und kommt somit de Lubac entgegen; er hält jedoch konsequent gegen de Lubac an dem fest, was er in den Jahrzehnten zwischen 1912 und 1950 in der Begegnung mit Frauen, dem Individuell-Weiblichen, erfahren und im Kapitel „Das Weibliche oder das Einigende" unmißverständlich festgeschrieben hat: „Selbst nach dem Aufleuchten des plötzlich sich selbst offenbar gewordenen Individuums bliebe der elementare Mensch unvollendet, wenn er sich nicht durch die Begegnung mit dem anderen Geschlecht zur zentrierten Anziehung von Person zu Person entflammen ließe. Das Auftreten einer *reflexiven Monade* wird vollendet durch die Bildung einer *affektiven Dyade*. Und erst *danach* „– woran sich de Lubac stößt –" (das heißt von diesem ersten Funken an) die ganze Folge, die wir beschrieben haben: nämlich die schrittweise und grandiose Ausbildung eines Neo-Kosmischen, eines Ultra-Menschen und eines Pan-Christischen [...] Alle drei nicht nur radikal erleuchtet von Intelligenz, sondern auch in ihrer ganzen Masse imprägniert, wie durch ein einigendes Bindemittel, von dem Universal-Weiblichen".[46] Das könnte auch de Lubac und ähnliche Kritiker versöhnen: Was wann, ob vorher oder nachher oder gleichzeitig, auch immer geschieht, alles ereignet sich im Universell-Ewig-Weiblichen, das freilich in individuellen Frauen – unter ihnen vor allem in Maria – ihre faszinierendste Gestalt ausbildet.

So ist es nur konsequent, wenn wir diesen Beitrag schließen mit den letzten Worten, die Teilhard am 30. März 1955 an Lucile Swan richtete: „Ich bin immer noch nervös, – nervöser als ich will und als ich sein sollte. Und zur gleichen Zeit brauche ich wirklich Deine Gegenwart, Deinen Einfluß in meinem Leben ... Meine Pläne sind noch unklar, wegen des unangenehmen Problemes des ‚Dauervisums', das ich bis jetzt noch nicht habe! Gott segne Dich für alles, was Du mir gabst und gibst! Ganz herzlich, Dein Pierre."[47] Zehn Tage später, am Ostersonntag, dem 10. April 1955, starb Teilhard in der New Yorker Wohnung von Rhoda de Terra, einer „Konkurrentin" von Lucile Swan.

Zwei Tage vorher, am Karfreitag, hatte Teilhard in einem Brief an seinen Provinzoberen Ravier in Frankreich Bilanz gezogen und dabei gestanden: „Ein Gott der Evolution: das heißt ein Gott vergöttlichend, verchristlichend, zugleich der Im-Oben und der Im-Vorn [...] Meine Enttäuschung ist es oft gewesen zu entdecken, daß selbst so scharfsinnige Geister wie ein Auguste Val(ensin), ein Grandmaison oder selbst ein de Lubac (?...) noch im ,Kosmos' und nicht in der Kosmogenese dachten und beteten"[48], also statisch und nicht dynamisch, mehr auf der Suche nach „ewigen Wahrheiten" statt nach dem immer mehr aufblühenden, zukunftsträchtigen „Ewig-Weiblichen".[49]

Kardinal Ratzingers „letzte Komplexität"

1968 hätte Teilhard diesen Vorwurf gegenüber seinen französischen Freunden nicht an Ratzinger richten können. Im Zusammenhang mit der Frage nach dem Auferstehungsleib bekennt dieser sich auch in der Terminologie zu Teilhards Kosmogenese: „Wenn der Kosmos Geschichte ist und wenn die Materie ein Moment an der Geschichte des Geistes darstellt, dann gibt es nicht ein ewig neutrales Nebeneinander von Materie und Geist, sondern eine letzte ,Komplexität', in der die Welt ihr Omega und ihre Einheit findet. Dann gibt es einen letzten Zusammenhang zwischen Materie und Geist, in dem sich das Geschick des Menschen und der Welt vollendet, auch wenn wir heute unmöglich die Art dieses Zusammenhanges definieren können. Dann gibt es einen ,Jüngsten Tag', in dem das Geschick der Einzelmenschen voll wird, weil das Geschick der Menschheit erfüllt ist."[50] Teilhard würde nur ergänzen: Auch das Geschick der Liebenden wird sich erfüllen, sie werden endlich sein können – ein Leib.

11. Der ohnmächtige Gott

Wer an einen allmächtigen und guten Gott glaubt, dem drängt sich beim Nachdenken über Gut und Böse in der biologischen und kulturellen Evolution unweigerlich die alte Frage der Theodizee auf. Gibt es im Rahmen einer evolutiven Weltanschauung neue Antworten auf die alte Frage: Wie kommen das Übel und das Böse in die Welt, wenn es einen allmächtigen und gütigen Gott gibt?

Für eine evolutive Theodizee

Kann Gott das Übel und das Böse nicht verhindern, dann scheint er nicht allmächtig zu sein; *will* er das Übel und das Böse nicht verhindern, ist er dann noch ein guter und gütiger Gott? Das ist das Dilemma, dem sich jede „Theodizee", jeder Versuch einer „Rechtfertigung Gottes", gegenübersteht, nicht erst, seit Leibniz in seinen „Essais de théodicée sur la bonté de Dieu, la liberté de l'homme et l'origine du mal" von 1710 den Einwänden zu begegnen suchte, die Bayle in seinem „Dictionnaire historique et critique" (1695 bis 1697) gegen die Vereinbarkeit des Übels mit der Existenz eines zugleich allmächtigen, weisen und gütigen Gottes vorgebracht hatte.

Die gebräuchlichsten „Rechtfertigungen" seien in Erinnerung gebracht: Der Abstand zwischen der endlichen Kreatur und dem unendlichen Schöpfer müsse jede Anklage als unangemessen verstummen lassen; was letztlich gut oder böse sei, entziehe sich unserem relativen Urteilsvermögen; in einer evolutiven Welt seien Gut und Böse letztlich nur Übergangsphänomene; die gottgewollte Freiheit des Menschen schließe die Möglichkeit, Böses zu tun, notwendig ein, und des Menschen kreatürliche Schwäche führe denn auch mit statistischer Wahrscheinlichkeit zu tatsächlichen Bosheiten; Übel und Böses gehörten nun einmal zur Conditio humana im Übergangsstadium der Bewährung für ein zukünftiges Leben der Seligkeit; ohne vorhergehende Schuld des Menschen könne Gottes großherzige Verzeihung nicht offenbar werden.[1]

Dennoch sei angesichts der neuen Qualität des Übels und des Bösen und ihrer neuartigen Verschränkungsmöglichkeiten – man denke an das Übel der „natürlichen" Bedrohung des Lebens auf dieser Erde durch den von „bösen" Menschen verursachten Treibhauseffekt und den Abbau der Ozonschicht – die Frage erlaubt, ob sich in einer immer mehr als evolutionär erkannten Welt, in der noch erkennbarer als bisher alles mit allem zusammenhängt, nicht auch die Frage der Theodizee mit neuer Dringlichkeit stellt und nach weiteren Antworten verlangt. Nicht als ob es je gelingen könnte, den Schleier über dem Geheimnis des Übels und des Bösen in der Welt eines guten Gottes endgültig und für unser Begreifen befriedigend zu lüften – aber doch in dem Sinne, den wir für die übrigen Fragen der Gotteserkenntnis längst akzeptiert haben: Wir dürfen und müssen den Bereich des Wissenkönnens bis zum Letzten ausloten, um die Grenzen zu erkennen, hinter denen das Reich des Glaubens beginnt.

Es müßte im Zeitalter der evolutiven Weltanschauung außer einer entsprechenden Christologie[2] wohl auch eine „evolutive Theodizee" geben, will der Gläubige nicht den Eindruck erwekken, er sei noch immer einem statischen Weltbild verhaftet und deshalb sei seine Auffassung von Gut und Böse hoffnungslos „antiquiert".[3] Ein eindrucksvoller Versuch einer solchen evolutiven Theodizee ist der Vortrag, mit dem sich Hans Jonas 1984 für die Verleihung des Dr.-Leopold-Lucas-Preises der Evangelisch-theologischen Fakultät der Universität Tübingen bedankt hat. Darin heißt es aus jüdischer Sicht: „Für den Juden, der im Diesseits den Ort der göttlichen Schöpfung, Gerechtigkeit und Erlösung sieht, ist Gott eminent der Herr der Geschichte, und da stellt ‚Auschwitz' selbst für den Gläubigen den ganzen überlieferten Gottesbegriff in Frage […]. Wer aber vom Gottesbegriff nicht einfach lassen will – und dazu hat selbst der Philosoph ein Recht –, der muß, um ihn nicht aufgeben zu müssen, ihn neu überdenken und auf die alte Hiobsfrage eine neue Antwort suchen. Den ‚Herrn der Geschichte' wird er dabei wohl fahren lassen müssen. Also: Was für ein Gott konnte es geschehen lassen?"[4]

Die Frage nach dem Gottesbild: Ein schwacher Gott?

Die Antwort, die Hans Jonas auf die Frage: Was für ein Gott konnte „Auschwitz" geschehen lassen? gibt, lautet vorweggenommen – wir werden darauf später näher eingehen –: Es ist ein Gott, der sich seiner Allmacht entäußert hat.

Nun ist die Vorstellung einer selbstgewollten Schwäche Gottes in der Tradition des Gottesgedankens nicht neu. Bereits der griechische Philosoph Epikur (341–270 v. Chr.) erwägt den Gedanken der Schwachheit Gottes im Rahmen seiner Theodizee-Überlegungen, verwirft diese Möglichkeit jedoch als unvereinbar mit dem philosophischen Gottesbild, das für die menschliche Logik widerspruchsfrei sein muß: „Entweder will Gott die Übel beseitigen und kann es nicht, oder er kann es und will es nicht. Wenn er nun will und nicht kann, so ist er schwach, was auf Gott nicht zutrifft. Wenn er kann und nicht will, dann ist er mißgünstig, was ebenfalls Gott fremd ist. Wenn er nicht will und nicht kann, dann ist er sowohl mißgünstig wie auch schwach und dann auch nicht Gott. Wenn er aber will und kann, was allein sich für Gott ziemt, woher kommen dann die Übel und warum nimmt er sie nicht weg?"[5]

Leider hat sich die christliche Theologie zu sehr ins Schlepptau einer dem statischen Weltbild verhafteten philosophischen Gotteslehre nehmen lassen, statt die biblische Gottesoffenbarung und die mystische Gotteserfahrung mit ihrem dynamischen Gottesbild ernstzunehmen. Hans Blumenberg hat darauf hingewiesen: „Es ist erstaunlich, wie wenig die Theologen von ihrer Offenbarungsquelle halten, wenn sie gegen die Standards verstößt, die eine ältere Philosophie ihnen vorgeschrieben hat. Von einem ‚höchsten Wesen' und einem ‚reinen Geist' weiß die Bibel nichts, vergißt im Gegenteil solche Superlative, wenn es um die Furchtbarkeit oder Empfindlichkeit ihres Gottes geht [...]. Darf man von einem Gott, der zornig wird über Verstöße gegen sein hochkompliziertes Ritualgesetz, etwa nicht vermuten, die Ewigkeit vor der Welt sei ihm zum Verdruß geworden? Er habe sich die Welt, nichts Geringeres, einfallen lassen, weil er sonst doch niemals etwas von seiner Macht gehabt hätte, niemals die Probe auf seine Weisheit und Güte hätte ablegen können? Was nützte ihm Allwissenheit, wenn es nichts zu wissen gab?"[6]

Was, möchte man fortfahren, nützt eine Allmacht, wenn sie nicht dazu dient, eine eigene Ohnmacht herstellen und erfahren zu lassen? Wäre ein solcher Gebrauch göttlicher Allmacht nicht deren letzte Aufgipfelung? Ist das nicht die Bedeutung einiger Zeilen aus dem Christushymnus des neutestamentlichen Philipperbriefes (2,6–11)? „Er [Christus] war Gott gleich, hielt aber nicht daran fest, wie Gott zu sein, sondern er entäußerte sich und wurde wie ein Sklave und den Menschen gleich. Sein Leben war das eines Menschen, er erniedrigte sich und war gehorsam bis zum Tod, bis zum Tod am Kreuz."

Was dem heidnischen Philosophen Epikur und den meisten philosophisch orientierten christlichen Theologen nicht akzeptabel erschien – Gottes selbst gewollte Schwäche –, ist für Martin Luther das Charakteristikum des christlichen Gottesbildes. Er nimmt die biblische Botschaft beim Wort. Danach offenbart sich Gott nicht in Allmacht, sondern in Ohnmacht, wie Luther im Frühjahr 1518 in der Heidelberger Disputation betont. Er stellt der traditionellen, sogenannten *theologia gloriae* von der Macht und Herrlichkeit Gottes die *theologia crucis*, des Kreuzes, gegenüber: „Das [dem Menschen] zugewandte und sichtbare Wesen Gottes ist das Gegenteil des Unsichtbaren, nämlich: seine Menschheit, Schwachheit, Torheit, wie 1. Kor. 1,25 von der göttlichen Schwachheit und Torheit spricht."

Auch sieht Luther bereits deutlich, wie sehr von unserem Gottesbild auch unser Urteil über Gut und Böse abhängt. „Der Theologe, der Gottes unverborgene Herrlichkeit sucht, nennt das Übel [der Selbstherrlichkeit] gut und Gutes [die Selbsterniedrigung] übel, der Theologe des Kreuzes nennt die Dinge beim rechten Namen. Das ist klar. Denn solange er [der Mensch] Christus nicht kennt, erkennt er auch den in Leiden verborgenen Gott nicht. Daher zieht er die Werke den Leiden, die Herrlichkeit dem Kreuze, die Macht der Schwachheit, die Weisheit der Torheit und überhaupt das Gute dem Übel vor. Solche sind es, die der Apostel ,Feinde des Kreuzes Christi' nennt (Phil. 3,18)."[7]

Für Luther können deshalb, um auf die Frage der Theodizee zu kommen, das Übel und das Böse in der Schöpfung nur einem Gott gegenüber zur Sprache gebracht werden, der selbstherrlich dieser leidvollen Welt enthoben wäre. Gott ist vielmehr so in sie verwickelt, daß er selbst Opfer des Übels und des Bösen ist: Er hat sich selbst erniedrigt, ist Mensch geworden und auf Betreiben selbstherrlicher Menschen umgebracht worden.

Wenn Gott seiner Schöpfung jedoch Übles und Böses zugemutet hat in der Voraussicht, daß er selbst als Geschöpf darunter zu leiden haben wird, dann muß es sich bei dem Übel und dem Bösen um etwas für die Schöpfung Notwendiges handeln. Es muß etwas sein, das mit dieser Art von Schöpfung, wie sie Gott vorschwebte, in Kauf genommen werden muß; es muß für diese Schöpfung fundamentalen Charakter haben; nur in einer solchen unersetzbaren Funktion ist es den Geschöpfen und ihrem Geschöpf gewordenen Schöpfer zumutbar.

Nach Luther sind es zwei Funktionen, die das Übel und das Böse in der Schöpfung erfüllen. Erstens wird durch das Übel des Todes und durch die Bosheit der Kreuzigung des Gottessohnes das dem Menschen „zugewandte und sichtbare Wesen Gottes" offenbar: Gott in seiner selbst gewollten „Menschheit, Schwachheit, Torheit". Wer dieses Wesen Gottes, gerade weil es durch das Übel und das Böse offenbar geworden ist, nicht wahrhaben will, hat Gott nicht erkannt und wird ihn auch nicht erkennen, weil er dem Phantom eines allmächtigen, herrlichen, der Schöpfung enthobenen statischen Gottesbildes nachjagt und dadurch Komplize derer ist, die Gott gekreuzigt haben, aus ebensolcher Blindheit und Bosheit.

Die zweite Funktion des Übels und des Bösen besteht eben darin, daß nach Luther durch sie das Herz des Menschen offenbar wird: dessen Versuchung zur Selbstherrlichkeit, sein Versuch, das mühselige kreatürliche Dasein zu verleugnen, zu überspringen und wie der in Herrlichkeit geglaubte Gott sein zu wollen. Wenn der „Theologe der Herrlichkeit und Allmacht Gottes" die durch die Kreuzigung Christi erfolgte Umwertung des philosophischen und traditionellen Gottesbildes nicht akzeptiert, hat das durchaus praktische Voraussetzungen und Konsequenzen: Man müßte sich intensiv mit dem Übel und dem Bösen und dem durch sie verursachten Leiden einlassen, müßte mit-leiden, so wie der Schöpfer mit uns mitgelitten hat. „Feinde des Kreuzes Christi" sind die Theologen der Allmacht Gottes und alle, die ihre Mentalität teilen, nach Luther gerade „deshalb, weil sie Kreuz und Leid hassen, die [selbstgerechten] Werke und ihre Herrlichkeit jedoch lieben; so nennen sie das Gut des Kreuzes ein Übel und das Übel des Werkes ein Gut. Aber es ist schon gesagt, daß Gott nur in Leiden und Kreuz zu finden ist [...]. Denn durch das Kreuz werden die [selbstgerechten] Werke zerstört und [der alte, selbstherrliche] Adam gekreuzigt, der durch die Werke vielmehr erbaut wird. Denn es ist unmöglich, nicht durch seine guten Werke aufgeblasen zu werden, wenn man nicht zuvor durch Leiden und Übel vollkommen arm und leer geworden ist, bis man weiß, daß man selbst nichts ist und daß die Werke nicht einem selbst, sondern Gott entstammen."[8]

Es scheint nach Luther: Kreatur sein ist nicht möglich, es sei denn um den Preis der Erfahrung von Übel und Bösem. Wer sich der Erfahrung von Übel und Bösem zu entziehen sucht, entzieht sich dadurch der Erfahrung seiner Kreatürlichkeit und – des Kreators.

Gott – Lastträger der Evolution?

Unter den Christen des 20. Jahrhunderts hat der französische Geologe und Paläontologe Pierre Teilhard de Chardin, als traditionalistisch erzogener Philosoph und Theologe unter dem Einfluß seiner naturwissenschaftlichen Studien selbst Evolutionist geworden, am meisten über eine Theodizee im Zeitalter der evolutiven Weltanschauung nachgedacht, ohne daß er deshalb diesem Thema auch nur eines seiner Hauptwerke gewidmet hätte.

Denn nach Teilhard sind Übel und Böses für die Evolution so selbstverständlich, daß er meinte, ihnen nicht mehr Aufmerksamkeit schenken zu sollen, als sie verdienen. Waren nicht ohnehin die traditionelle christliche Erbsündenlehre und die landläufige Predigt vom „irdischen Jammertal" mitschuld, daß sich im christlichen Abendland bis in die Moderne hinein ein übertriebener Pessimismus breitmachte, der weder von der modernen evolutiven Weltanschauung – die freilich nichts gemein hat mit dem populären und oberflächlichen Fortschrittsglauben! – noch von einer richtig verstandenen Theologie des Kreuzes gedeckt ist?

Man hat Teilhard deshalb einen naiven Optimismus unterstellt, und die kirchlichen Obrigkeiten haben verlangt, daß er in seinem Hauptwerk „Der Mensch im Kosmos" wenigstens „Einige Bemerkungen über den Rang und die Rolle des Bösen in einer evolutionären Welt" ergänzte. Darin bekennt Teilhard unmißverständlich: „Jedenfalls ist es unleugbar, daß selbst für den Blick des einfachen Biologen nichts so sehr einem Passionsweg gleicht wie der abenteuerliche Weg der Menschheit."⁹ Das Werk durfte trotzdem zu seinen Lebzeiten nicht erscheinen.

Wo Teilhard ausdrücklich das Problem der Theodizee streift, formuliert er es, vor allem wenn er sich an seine mehr oder weniger atheistischen Wissenschaftskollegen wendet, weniger als Rechtfertigung Gottes, sondern als Rechtfertigung der Evolution vor der menschlichen Vernunft. Ist die Vernunft doch für Teilhard gleichsam das begnadete Organon Gottes – eine Konsequenz der Teilhardschen Immanenztheologie: Was sich vor der Vernunft rechtfertigen läßt, ist auch vor Gott gerechtfertigt. Wenn Gott die Evolution gewollt hat und nach Vernunftermessen zur Evolution unabdingbar Übel und Sünde gehören, dann muß Gott auch Übel und Sünde gewollt haben.

Freilich war es nach Teilhard im Zeitalter eines statischen Kosmosverständnisses mit entsprechendem statischen Gottesbild „sehr schwierig, wenn nicht unmöglich (es sei denn durch den Eingriff eines in sich selbst so gut wie unerklärlichen *Unglücksfalles* [Erbsünde]), vor der Vernunft das Vorhandensein der Schmerzen und der Sünden in der Welt zu rechtfertigen. Gilt dagegen die Kosmogenese [Evolution], wie lange müssen wir da noch hinausschreien, um es einer eingefahrenen ‚öffentlichen Meinung‘ begreiflich zu machen, daß das Problem des Übels, intellektuell (ich sage nicht *affektiv*) gesprochen, nicht nur lösbar wird, sondern *sich auch nicht mehr stellt*. Denn aus unbarmherzigen statistischen Gründen ist es physisch unmöglich, daß nicht auf allen Ebenen (der vorlebendigen, der lebendigen, [der] reflektierten Ebene) des Universums irgendeine Unordnung oder Entordnung innerhalb einer *auf dem Wege der Anordnung* befindlichen Vielheit zutage treten. In einem derartigen ‚tastenden System‘ ist es absolut unvermeidlich (kraft der Gesetze der Großen Zahlen), daß jedes Voranschreiten in Richtung der Ordnung mit Versagen, Zersetzungen, Diskordanzen bezahlt wird: letzteres in einem Verhältnis, das von gewissen unmöglich zu determinierenden kosmischen Konstanten abhängt – wobei es aber ganz gewiß eitel wäre, ihnen *a priori* eine

Höchstgrenze fixieren zu wollen, jenseits deren die Welt als ‚verfallen' oder ‚schlecht' zu gelten hätte [...]. Das Übel (kein *katastrophenhaftes* Übel mehr, sondern ein *evolutives*), ein *Sekundäreffekt,* ein unvermeidliches *Neben*produkt des Ganges eines in Evolution befindlichen Universums!"[10]

Die Ausdrücke „Sekundäreffekt" und „Nebenprodukt" dürfen nicht darüber hinwegtäuschen: Es handelt sich bei dem evolutiven Übel um ein konstitutives Element der Evolution. Um sich selbst das klarer zu machen, versucht Teilhard, als Sanitäter an der Front des Ersten Weltkrieges mit dem unermeßlichen Leid konfrontiert, eine Reflexion über den Weg der evolutiven Schöpfung von der Vielfalt zur Einheit. Denn *„die Vielheit ist am Grund all unserer Übel",* ist Teilhards Grundthese. Die Vielheit erklärt sowohl den Schmerz (das physische Übel) als auch die Sünde (die moralische Bosheit).

„Der *Schmerz* ist die vitale Wahrnehmung unseres Minder-Seins, sowie es sich verschlimmert oder auch nur wenn es anhält. Er ist also *grundsätzlich* an die ungenügend reduzierte Vielheit gebunden, die wir in uns tragen. Diese restliche Auflösung würde, wenn sie empfunden werden könnte, das absolute Leiden bringen, indem sie uns vernichtete. *Faktisch* können wir uns in dem engbegrenzten Bezirk unserer Erfahrung jederzeit mit Betrübnis davon überzeugen, wie hart es ist, die Wegstrecken zu durchlaufen, welche das Vielerlei von der Einheit trennen, und wie tief daher der göttliche Stachel eingedrückt ist, der uns dem Grad der Vereinigung zujagt, durch den wir selig werden sollen." Der Schmerz ist für Teilhard also Ausdruck unserer in Evolution befindlichen Kreatürlichkeit von der „(ver)nichtenden" Vielheit zu der uns bestimmten „beseligenden" Vereinigung mit dem Göttlichen.

„In dem Willen, der sie begeht, ist die Sünde zunächst nichts als ein entgleister und partikularistischer Versuch, zur einzig erstrebenswerten Synthese des Seins zu gelangen. Die Begierden verführen uns durch einen *Köder von Einheit"*[11] zur vorschnellen Selbstherrlichkeit, zur unkreatürlichen, den Regeln der Evolution widersprechenden Abkürzung des mühsamen Weges evolutionärer Entwicklung.

Die Kreuzigung Christi ist konsequenterweise für Teilhard nicht zuerst Ausdruck der Bosheit des Menschen, sondern dafür, was es für jedes Geschöpf, auch für Gott selbst, wenn er Mensch wird, bedeutet, „die Last einer Welt im Zustand der Evolution" zu tragen. „Zeigt sich unseren Augen auf dem Holz – leidend, sterbend, befreiend – noch der Gott der Erbsünde? [...] Überlegt man es sich nämlich genau, so bedeutet ‚die Sünde der schuldigen Welt tragen' (wird diese Aussage *in Begriffe der Kosmogenese übersetzt und transportiert*) nichts anderes als ‚die Last einer Welt im Zustand der Evolution' tragen."[12]

Teilhard entschärft die Theodizeefrage jedoch nicht nur dadurch, daß er Übel und Böses als unvermeidliche Begleiterscheinungen einer Schöpfung in Evolution und – beim Menschen – in Freiheit auffaßt; auch nicht nur dadurch, daß er Gott in dem historischen Jesus Christus mitleiden läßt. Letzteres hat ja schon Luther betont. Teilhard geht noch einen Schritt weiter, vom historischen zum kosmischen Christus. Der Kreator, der transzendente Schöpfer, ist auch der Evolutor, die immanente Energie der Evolution, und als solcher den Gesetzen der Evolution unterworfen. Gott als Evolutor ist so mächtig und so machtlos, wie die Evolution selbst mächtig und machtlos ist – nach dem Willen Gottes des Kreators. „Bisher hatte ein Gott des Kosmos (das heißt, ein Schöpfer vom ‚effizienten' Typ) offensichtlich genügt, um unser Herz zu erfüllen und unseren Geist zu befriedigen. Von nun an aber (und hier ist ganz gewiß die tiefe Quelle der modernen religiösen Unruhe zu suchen) vermag nichts, es sei denn ein Gott der Kosmogenese – das heißt, ein Schöpfer vom ‚beseelenden' Typ – unser Anbetungsvermögen zu befriedigen. Bei diesem neuen *Deus evolutor,* der im Herzen selbst des alten Handwerker-Gottes emporsteigt, muß selbstverständlich und in erster Linie um jeden Preis (und aus kosmischer Notwendigkeit) die ursprüngliche Transzendenz aufrechterhalten werden; denn wenn Er nicht der Welt präemergiert war, wie könnte Er ihr dann als Ausgang und als Vollendung nach vorn dienen? – Aber ebensosehr (und sogar noch mehr: denn gerade hierin besteht die erwartete Erneuerung) ist es angemessen, Seinen immanenten Charakter zu vertiefen, zu bewundern und auszukosten. Gilt die konvergente Kosmogenese, heißt Schaffen für Gott *vereinigen.* Doch sich vereinigen heißt sich immergieren. Sich (in den Plural) immergieren heißt aber sich ‚korpuskulisieren'. Und sich in eine Welt korpuskulisieren, deren Anordnung statistisch

Unordnung (und mechanische Anstrengung) mit sich bringt, heißt — um sie zu übersteigen — sich in die Sünde und den Schmerz eintauchen."[13]

Wir sehen: Teilhard bleibt auch 1951 noch seiner ursprünglichen Intuition von 1917 vom „Kampf gegen die Vielheit" als Entwicklungsprinzip der evolutiven Schöpfung treu. Und schon damals, 1916, prägt Teilhard für den sich in die Vielheit hineinbegebenden Gott den Terminus „kosmischer Christus"[14]: „Der Leib Christi muß kühn begriffen werden, so wie der hl. Johannes, der hl. Paulus und die Väter ihn gesehen und geliebt haben: er bildet eine natürliche und neue Welt, einen beseelten und regen Organismus, darin wir alle physisch, *biologisch* vereint sind. Die einzige Aufgabe der Welt ist die physische Einkörperung der Gläubigen in Christus, der Gottes ist. Dieses allerwichtigste Werk aber vollzieht sich *mit der Strenge und Harmonie einer natürlichen Evolution*"[15] und ist nichts anderes als das Drama des gottmenschlichen Erleidens und Erlösens des Kosmos: in Ohnmacht.

Daraus folgt, und das ist für die Frage der Theodizee von weittragender Bedeutung: Das Leiden des historischen Christus in Jesus von Nazareth weitet sich zum universellen Leiden des kosmischen Christus. „Auf Golgotha ist er auch und vor allem *das Zentrum des Zusammenströmens und Stillwerdens aller irdischen Leiden* [...]. Anders können wir die Unermeßlichkeit seiner Todesangst gar nicht erfassen, als daß wir in ihr eine Angst erkennen, die das Echo aller Ängste, ein ‚*kosmisches Leiden*' ist."[16]

Angesichts eines solchen Gottesbildes im Zeitalter der evolutiven Weltanschauung hat es wenig Sinn, im Namen der leidenden Menschheit gegen diesen Gott Klage zu erheben: Es ist sein eigenes Leiden, dem er ohnmächtig ausgeliefert zu sein scheint. Doch drängt sich die Frage auf: Warum hat Gott dieses Drama der Fremd- und Selbstquälerei überhaupt inszeniert? Ist der christliche Gott nicht doch ein masochistischer Gott?

Gottes Selbstentmachtung – ein Mythos?

Hans Jonas, dessen Mutter in Auschwitz ermordet wurde, hat nicht als Christ, sondern als Religionsphilosoph, inspiriert vom alttestamentlichen und kabbalistischen jüdischen Glauben, auf die Frage, wozu Gott das Schöpfungsdrama überhaupt inszeniert habe, geantwortet: zur „Selbsterprobung des Geistes in der Endlichkeit". „Nur ein raumzeitlich riesiges Universum bot nach dem Walten bloßer Wahrscheinlichkeiten, ohne Einmischung göttlicher Macht, überhaupt eine Chance für das irgendwann und -wo passierende Hervortreten des Geistes; und wenn dies und die Selbsterprobung des Geistes in der Endlichkeit die Absicht des Schöpfers waren, so mußte er eben ein riesiges Universum schaffen und dem Endlichen darin seinen eigenen Lauf lassen."[17] Das war auch die Meinung Teilhard de Chardins.

Wenn aber der Unendliche dem Endlichen seinen eigenen Lauf lassen will, dann muß „der Unendliche" – und Jonas beruft sich hier auf eine von Gershom Scholem erforschte Spekulation der jüdischen Kabbala – „sich in sich selbst zusammenziehen und so außer sich die Leere, das Nichts entstehen lassen, in dem und aus dem er die Welt schaffen konnte. Ohne diese Rücknahme in sich selbst könnte es kein anderes außerhalb Gottes geben, und nur sein weiteres Zurückhalten bewahrt die endlichen Dinge davor, ihr Eigensein wieder ins göttliche ‚alles in allem' zu verlieren."[18]

Doch „sich selbst zusammenziehen", „sich in sich selbst zurücknehmen", „sich weiter zurückhalten", damit die endlichen Dinge ihr Eigensein entfalten können, das bedeutet nichts anderes, als „daß Gottes Macht als begrenzt anzusehen ist durch etwas, dessen Existenz aus eigenem Recht und dessen Macht, aus eigener Autorität zu wirken, er selbst anerkennt".

So einsichtig das auch sein mag, Jonas macht sich selbst den Einwand: Müßte Gott dann nicht wenigstens in den Fällen, wo bisher unerhörtes Leiden von Geschöpfen zum Himmel schreit, eine Ausnahme machen und seine Allmacht ins Spiel bringen? Da „dürfte man wohl erwarten, daß der gute Gott die eigene Regel selbst äußerster Zurückhaltung seiner Macht dann und wann bricht und mit dem rettenden Wunder eingreift. Doch kein rettendes Wunder geschah; durch die Jahre des Auschwitz-Wütens schwieg Gott."[19]

Gottes „Zurückhaltung seiner Macht" selbst in den krassesten Fällen unschuldigen Leidens muß demnach noch einen anderen Grund haben, als daß Gott nur die Eigenentfaltung der Schöpfung gewährleisten wolle. Jonas beschwört auf der Suche nach einer

Antwort einen „selbsterdachten Mythos", jenes „Mittel bildlicher, doch glaublicher Vermutung, das Plato für die Sphäre jenseits des Wißbaren erlaubte [...]: Im Anfang, aus unerkennbarer Wahl, entschied der göttliche Grund des Seins, sich dem Zufall, dem Wagnis und der endlosen Mannigfaltigkeit des Werdens anheimzugeben. Und zwar gänzlich: Da sie einging in das Abenteuer von Raum und Zeit, hielt die Gottheit nichts von sich zurück; kein unergriffener und immuner Teil von ihr blieb, um die umwegige Ausformung ihres Schicksals in der Schöpfung von jenseits her zu lenken, zu berichtigen und letztlich zu garantieren. Auf dieser bedingungslosen Immanenz besteht der moderne Geist. Es ist sein Mut oder seine Verzweiflung, in jedem Fall seine bittere Ehrlichkeit, unser In-der-Welt-Sein ernst zu nehmen: die Welt als sich selbst überlassen zu sehen, ihre Gesetze als keine Einmischung duldend, und die Strenge unserer Zugehörigkeit als durch keine außerweltliche Vorsehung gemildert. Dasselbe fordert unser Mythos von Gottes In-der-Welt-Sein."[20]

Die Parallelen zu Teilhards Forderung, Gott müsse immanent verstanden werden, er immergiere, korpuskulisiere sich in die Welt hinein, existiere jetzt als der kosmische Christus, sind frappierend. Freilich hält Teilhard an der gleichzeitigen Transzendenz des immanenten Gottes fest.

Für Jonas jedoch bedeutet die gänzliche Entäußerung der Gottheit in die evolutionäre Schöpfung hinein die totale Ohnmacht Gottes. Im Hinblick auf Auschwitz sagt Jonas: „Gott schwieg. Und da sage ich nun: nicht weil er nicht wollte, sondern weil er nicht konnte, griff er nicht ein. Aus Gründen, die entscheidend von der zeitgenössischen Erfahrung eingegeben sind, proponiere ich die Idee eines Gottes, der für eine Zeit – die Zeit des fortgehenden Weltprozesses – sich jeder Macht der Einmischung in den *physischen* Verlauf der Weltdinge begeben hat; der dem Aufprall des weltlichen Geschehens auf sein eigenes Sein antwortet nicht ‚mit starker Hand und ausgestrecktem Arm', wie wir Juden alljährlich im Gedenken an den Auszug aus Ägypten rezitieren, sondern mit dem eindringlich-stummen Werben seines unerfüllten Zieles."[21]

Was ist das „eindringlich-stumme Werben" für ein „unerfülltes Ziel" anderes, als daß dieser Gott, der sich aus radikaler Solidarität mit den Menschen selbst entmachtet hat, die Schöpfung nicht mit

Machtmitteln zu ihrem Glück zwingen kann – es wäre gegen den Sinn einer sich frei selbst zu bestimmenden Partnerschaft –, sondern „nur" durch die Anziehungskraft seiner der Welt immanenten Größe und Güte, Wahrheit, Schönheit und – Liebe.

Von der Theo-dizee zur Anthropo-dizee

Doch gerade wenn Gott Auschwitz nicht verhindern konnte, auch wenn er gewollt hätte, drängt sich die immer noch offene Frage um so unabweisbarer auf: Welches ist das letzte Motiv für Gottes Selbstentäußerung in die Schöpfung hinein bis zur gänzlichen Entmachtung gegenüber dem „physischen Verlauf der Weltdinge", der so viel leibliches und seelisches Leid verursacht? Jonas spricht darüber in obigem Zitat zurückhaltend: Gott handle „aus unerkennbarer Wahl". An anderer Stelle sagt er jedoch ahnungsvoll: „Der sorgende Gott sei kein Zauberer. Irgendwie hat er, durch einen Akt unerforschlicher Weisheit oder der Liebe oder was immer das göttliche Motiv gewesen sein mag, darauf verzichtet, die Befriedigung seiner selbst durch seine eigene Macht zu garantieren."[22] Es verwundert, wie sehr sich Jonas scheut, dem göttlichen Motiv näher und entschiedener nachzuforschen, als fürchte er sich vor dem faszinierenden Ergebnis.

Wenn wir Luther und Teilhard als verstärkende Zeugen hinzunehmen, dann scheint sich die Hypothese aufzudrängen: Es ist in der Tat die Liebe, die Gott bewogen hat, sich uns in seiner „Menschheit, Schwachheit und Torheit", uns gleich, zu offenbaren (Luther), und Gott habe geschaffen, „um sich mit uns zu vereinigen" im Gang der Evolution (Teilhard de Chardin). Das Ziel, für das Gott nach Jonas' Worten statt mit seiner Allmacht mit einem „eindringlich-stummen Werben" ficht, scheint die größtmögliche Verschöpflichung Gottes und die größtmögliche Vergöttlichung der Schöpfung zu sein.

„Nachdem er sich ganz in die werdende Welt hineingab, hat Gott nichts mehr zu geben: jetzt ist es am Menschen, ihm zu geben."[23] Dieses Jonas Wort über den partnerschaftlichen Austausch bedeutet zunächst, bei der Wahrheit zu bleiben: nicht Gott in die Schuhe schieben, was wir verschuldet haben: „Die Schmach von Auschwitz ist keiner allmächtigen Vorsehung und keiner dialektisch-weisen Notwendigkeit anzulasten, etwa als antithetisch-synthetisch erforderter und förderlicher Schritt zum Heil. Wir Menschen haben das der Gottheit angetan als versagender Walter ihrer Sache, auf uns bleibt es sitzen, wir müssen die Schmach wieder von unserem entstellten Gesicht, ja vom Antlitz Gottes, hinwegwaschen."[24] Die Frage der Theo-dizee wird zu einer Frage der Anthropo-dizee: Nicht Gott, sondern die Menschen müssen sich vor Gott, vor der Evolution und vor der Geschichte für alles vermeidbare, nicht notwendige Übel und für alles Böse rechtfertigen.

Wenn Gott sich selbst in die Welt hinein gegeben hat, ohne etwas an Sicherheit für sich zurückzubehalten, und es jetzt an uns liegt, ihm zurück zu geben, dann liegt sein Schicksal in unserer Hand. Davon war auch Luther schon überzeugt: „Unsers Gotts Ehre [...] ist die, so er sich umb unser Willen aufs aller Tiefest erunter gibt, ins Fleisch, ins Brot, in unsern Mund, Herz und Schoß, und dazu umb unsern Willen leidet, daß er unehrlich gehandelt wird, beide auf dem Kreuz und Altar."[25] Bei Teilhard heißt es: „Erschaffen ist also für den Allmächtigen keine Kleinigkeit, keine Vergnügungsreise. Es ist ein Abenteuer, ein Risiko, eine Schlacht, in die Er sich ganz und gar einläßt."[26]

Für Hans Jonas – er ist in diesem Punkt am radikalsten – ergibt sich „aus der Kombination also einerseits vom urgründlichen *Gewolltsein* des Geistes im Strome des Werdens und andererseits der *Machtentsagung* des so wollenden Urgeistes eben um der unvorgreiflichen Selbstheit endlicher Geister willen –, daß in unsere unsteten Hände, jedenfalls in diesem irdischen Winkel des Alls, das Schicksal des göttlichen Abenteuers gelegt ist und auf unseren Schultern die Verantwortung dafür ruht. Da muß der Gottheit wohl um ihre Sache bange werden." Für Jonas ist es evident, und Luther und Teilhard de Chardin würden ihm zustimmen, „daß wir jetzt die uns gefährdete göttliche Sache in der Welt vor uns schützen, der für sich ohnmächtigen Gottheit gegen uns selbst zu Hilfe kommen müssen. Es ist die Pflicht der wissenden Macht – eine kosmische Pflicht, denn es ist ein kosmisches Experiment, das wir mit uns scheitern lassen, in uns zuschanden machen können."[27]

In der Tat: Statt der Theodizee brauchen wir angesichts einer Evolution, die sich einer ohnmächtigen Gottheit verdankt und die in die Verantwortung mächtig-ohnmächtiger Menschen gelegt ist, eine Anthropodizee.

Ratzinger über Gottes „Allmacht"

Daß Gottes „Allmacht" von Jesu „Ohnmacht" her interpretiert werden muß, ist 1968 auch die Ansicht Ratzingers: „Indem das Credo Gott gleichzeitig ‚Vater' und ‚Allherrscher' nennt, hat es einen Familienbegriff und einen Begriff kosmischer Macht zusammengefügt als die Beschreibung des einen Gottes. Es bringt damit genau das zum Ausdruck, worum es im christlichen Gottesbild geht: die Spannung von absoluter Macht und absoluter Liebe, absoluter Ferne und absoluter Nähe, von Sein schlechthin und von unmittelbarer Zugewandtheit zum Menschlichsten des Menschen, das Ineinander von Maximum und Minimum [...] Das Wort Vater [...] verknüpft zugleich den ersten Glaubensartikel mit dem zweiten; es verweist auf die Christologie und verspannt damit die beiden Stücke so ineinander, daß, was von Gott zu sagen ist, vollends erst deutlich wird, wenn man zugleich zum Sohn hinüberblickt. Was zum Beispiel ‚Allmacht', ‚Allherrschertum' heißt, wird christlich erst an der Krippe und am Kreuz deutlich. Hier, wo der Gott, der als der Herr des Alls bekannt wird, in die letzte Ohnmacht der Ausgeliefertheit an sein geringstes Geschöpf eingetreten ist, kann in Wahrheit erst der christliche Begriff des Allherrentums Gottes formuliert werden. An dieser Stelle wird zugleich ein neuer Begriff von Macht geboren und ein neuer Begriff von Herrschaft und Herrentum. Die höchste Macht erweist sich darin, daß sie gelassen genug sein kann, sich gänzlich aller Macht zu begeben; daß sie mächtig ist nicht durch Gewalt, sondern allein durch die Freiheit der Liebe, die noch im Zurückgewiesenwerden stärker ist als die auftrumpfende Mächte der irdischen Gewalten."[28]

12. Die Evolution der Verantwortung

„Wie ich glaube"

1934 schreibt der französische Jesuit Pierre Teilhard de Chardin, sechsundvierzigjährig und wegen häretischer Äußerungen über die Erbsünde, die er sozusagen transpersonal interpretiert, im Exil in China, auf Bitten von Bruno Solages, Rektor des Institut Catholique von Toulouse, einen vierzigseitigen aufregenden Text unter der Überschrift „Comment je crois", „Wie ich glaube". Aus dieser Überschrift wird in der deutschen Ausgabe „Mein Glaube" . Diese Änderung ist symptomatisch für den überall festzustellenden schleichenden Übergang vom Sein zum Haben. Unter der Hand wird aus Teilhard, aus dem Philosophen, Theologen, Geologen und Paläontologen, dem leidenschaftlichen Verfechter der Evolutionstheorie, aus einem Menschen, der gläubig *ist* und sein Leben lang um sein Glaubenkönnen ringt, ein Spießer des Glaubens, der seinen festen Glauben *hat* und sich darauf wie auf einem unerschütterlichen Besitz ausruht. Das ist jedoch, wie Erich Fromm sagt, „ein falscher Sprachgebrauch, denn Prozesse und Tätigkeiten können nicht besessen, sondern nur erlebt werden".[1]

Das war auch Teilhards Überzeugung, und zwar aus eigener Erfahrung. So heißt es gleich am Anfang von „Comment je crois" — der Text wurde übrigens 1934 nicht veröffentlicht, so wenig paßte er damals in die römisch-katholische Glaubenslandschaft, und er paßt leider heute wieder nicht —: „Wie alles andere menschliche Erkennen baut die religiöse Psychologie auf Erfahrung auf. Sie braucht Fakten. Und weil in diesem Falle die Fakten nur in der Tiefe des Bewußtseins in Erscheinung treten, erwarten sie, um sich zu entwickeln, individuelle ‚Bekenntnisse'."[2] Wir brauchen in diesem Text für „religiöse Psychologie" nur „transpersonale Psychologie" zu sagen, dann haben wir hier in nuce deren methodisches

Vorgehen beschrieben, und es ist auch Teilhards eigene Methode.

Obwohl Teilhard aus der scholastischen Philosophie und der orthodoxen Theologie kommt, mißt er sie unerbittlich an seiner Erfahrung und unterwirft beide rigoros seinem intuitiven, rationalen, naturwissenschaftlichen und mystischen Erkenntnisdrang, weshalb konservative Philosophen und Theologen ihn auch bald nicht mehr zu den ihren zählen – oder krampfhaft seine kirchenkonforme Rechtgläubigkeit nachweisen wollen wie der spätere Kardinal Henri de Lubac. Auch engstirnige Naturwissenschaftler zeigen Teilhard gegenüber wegen seiner ideologiekritischen Einstellung, seiner interdisziplinären Perspektive und seiner die Fachsprachen sprengenden Diktion deutlich Berührungsängste.

Doch selbst wo in Teilhards weltanschaulichen Schriften die Terminologie noch den Anschein erweckt, er behandele spezifisch christliche oder sogar nur römisch-katholische Glaubensinhalte, geht es ihm immer, wie wir sehen werden, um allgemeine religionsphilosophische, religionspsychologische und ethische Fragestellungen, auch wenn er von „Erbsünde", vom „kosmischen Christus" oder von „Moral" spricht.

So wie er die naturwissenschaftlichen Paradigmen seiner Zeit von ihren positivistischen und reduktionistischen Ideologien reinigt und sie dann in ein holistisches Weltbild einbringt, so behandelt er auch die Dogmen und die Glaubensvorstellungen der traditionellen Religionen, vorrangig die seines angestammten römisch-katholischen Glaubens, kritisch, immer bestrebt, diese von allen fundamentalistischen Verengungen zu befreien und sie in sein transpersonales Weltbild zu integrieren. Den Unterschied zwischen dem wissenschaftlichem Welt*bild* und einer nichtwissenschaftlichen Welt*anschauung,* der vor allem im deutschsprachigen Kulturraum gepflegt wird, kennt er kaum bzw. versucht er zu überbrücken.

Vorbilder für diese Vorgehensweise waren für Teilhard, was sich noch nicht genügend herumgesprochen hat, die Transpersonalisten der ersten Jahrzehnte unseres Jahrhunderts. So sagt er zwar in einer Tagebuchnotiz vom 1. Januar 1919 über eine im Entstehen begriffene Schrift: „Ohne Abhängigkeit von irgend jemandem geschrieben ... Titel: ‚Wo ist das Leben?'" Er beantwortet diese Frage dann jedoch selbst in überraschender Weise, die seine Unabhängigkeit zumindest in Frage stellt: „In der heutigen Welt, in den theologischen Disputen? in den Predigten? ... oder bei Jaurès, Schuré, Maeterlinck, Wells, Osborn, James ..."?

Bruchstücke einer Konfession

Richtschnur seiner Unterscheidung der Geister ist, wie Teilhard in dem oben zitierten Text sagt, die innere Erfahrung. Für den intersubjektiven Diskurs steht sie jedoch nur zur Verfügung, wenn sie die Gestalt eines „Bekenntnisses" annimmt. Im Fall Teilhards sind wir in der glücklichen Lage, daß alle seine weltanschaulichen Schriften in den dreizehn vorliegenden Bänden der französischen Werkausgabe – es existieren daneben noch weitere elf Bände mit den streng wissenschaftlichen Arbeiten zu Geologie und Paläontologie – Bruchstücke einer Konfession sind, auch wenn sie sich noch so objektiv, abstrakt und theoretisch geben. Denn zu vielen der ausgearbeiteten und veröffentlichten Texte kennen wir parallel geführte Briefwechsel und Tagebücher Teilhards, aus denen hervorgeht, wie sehr er um jede Formulierung gerungen hat, weil er alles in sich und um sich herum als Prozeß, als Evolution erlebt hat. Kurz, sein Werk ist der Niederschlag seiner Erfahrungen auf allen Stufen des Bewußtseins, vor allem, wie er oben selbst sagt, von Erfahrungen „in der Tiefe des Bewußtseins".

Wie sehr er dort mit den zentralen Problemen des transpersonalen Bewußtseins konfrontiert wurde, zeigt ein typisches Zitat aus „Comment je crois": „Es macht die Besonderheit meines Glaubens aus, daß er in zwei Bereichen einwurzelt, die gewöhnlich als einander widerstreitend betrachtet werden. Aufgrund meiner Erziehung und meiner geistigen Bildung gehöre ich zu den ‚Kindern des Himmels'. Aufgrund meines Temperaments und meiner beruflichen Studien aber bin ich ein ‚Kind der Erde'. Da ich so durch das Leben ins Herz beider Welten gestellt wurde, deren Theorie, Sprache und Empfindungen ich aus einer vertrauten Erfahrung kenne, habe ich keinerlei innere Scheidewand aufgerichtet. Ich habe die beiden anscheinend gegensätzlichen Einflüsse in der Tiefe meiner selbst in voller Freiheit aufeinander wirken lassen. Am Ende dieses Wirkprozesses aber habe ich nach dreißig dem Streben nach innerer Einheit gewidmeten Jahren den Eindruck, daß sich zwischen den beiden Strömungen, die mich fordern, auf ganz natürliche Weise eine Vereinigung vollzogen hat. Das eine hat das andere nicht getötet, sondern verstärkt. Heute glaube ich wahrscheinlich mehr denn je an Gott – und gewiß mehr an die Welt. Ist nicht das, in einem Einzelfall, die zumindest skizzierte eigentliche Lösung des großen geistigen Problems, an dem sich derzeit die vorwärtsmarschierende Front der Menschheit stößt."[3]

Schon dieser Text, der in wenigen Worten – und nicht wenige von ihnen sind heute Schlüsselwörter einer transpersonalen Psychologie – das Leben und Werk Teilhards beschreibt, läßt uns ahnen, warum es für uns ergiebig sein könnte, Teilhard als Zeugen zu nehmen für ein Leben aus transpersonalem Bewußtsein mit einer entsprechenden transpersonalen Ethik, und das um so mehr, als Teilhard, wie hoffentlich die Zitate bereits gezeigt haben, nicht nur transpersonale Erfahrungen gemacht hat, sondern auch in der Lage war, darüber intelligent zu reflektieren und zu schreiben, wie Franzosen es eben können.

Der Streit um die Erbsünde

Ist es Zufall, Plagiat oder sachliche Notwendigkeit, daß sich nicht nur der Evolutionist Teilhard de Chardin in drei Aufsätzen 1920, 1922 und 1947 ausdrücklich – und in anderen nebenbei – mit dem Problem der Erbsünde befaßte, sondern daß auch der gegenwärtige Systematiker des Transpersonalismus Ken Wilber in seinem Buch mit dem deutschen Titel „Halbzeit der Evolution" ein Kapitel über die Erbsünde aufgenommen hat und daß sogar das ganze Buch den englischen Titel „Up From Eden" trägt? Es ist – auch wenn Ken Wilber Teilhard de Chardin kennt, schätzt und von ihm abgeschrieben haben könnte – in der Tat eine sachliche Notwendigkeit für eine Ethik des transpersonalen Bewußtseins, sich mit dem zu befassen, was in jüdisch-christlicher Symbolik unter „Garten Eden" bzw. „Paradies", unter „Ursünde", „Erbsünde" und „Vertreibung aus dem Paradies" verhandelt wird. Geht es doch um die Frage nach dem Glück des Menschen, nach der Herkunft des Bösen und nach der Verantwortung des Menschen für die konkrete Wirklichkeit des

Guten und Bösen in der Tiefe unseres Bewußtseins und in der Erfahrungswelt um uns herum.

Die Interpretation des Mythos von der „Erbsünde" lautet bei Teilhard in dem Aufsatz „Sündenfall, Erlösung und Geozentrik" von Juli 1920: „Die Erbsünde symbolisiert einfach die unvermeidliche Wahrscheinlichkeit des Übels [...], die an die Existenz allen teilhabenden Seins gebunden ist. Überall, wo Sein in fieri [im Werden] entsteht, treten unmittelbar als sein Schatten Schmerz und Sünde auf; nicht nur infolge der Tendenz der Geschöpfe zur Ruhe und zum Egoismus, sondern auch (und das ist verwirrender) als unausweichliche Begleiterscheinung ihres Fortschrittsbemühens. Die Erbsünde ist die wesentliche Reaktion des Endlichen auf den Schöpferakt. Unvermeidlich schleicht sie sich im Schatten jeder Schöpfung in die Existenz ein. Sie ist die *Kehrseite* jeder Schöpfung."[4] Teilhard ist aus eigener Erfahrung sowie als kritischer Philosoph, Theologe und Paläontologe, nicht zuletzt als Spezialist für die Frühzeit der menschlichen Evolution, für den Übergang vom Tierreich zur menschlichen Spezies, davon überzeugt: Noch vor aller persönlichen und historisch fixierbaren Entscheidung sind Schuld und Sünde die allgemeingültigen Lebensbedingungen des Menschen derart, daß er erst noch werden muß, was er ansatzweise ist, und daß er seinen Weg nur mit eingeschränkten Fähigkeiten des Erkennens, Wollens und Liebens mühsam tastend suchen muß. Dann sind aber Zeichen von Ermüdung, Verweigerung und sogar Rebellion gegen das auferlegte Schicksal nur allzu verständlich, auch wenn deren Konsequenzen die allgemeine Situation noch verschlimmern. Jedes Versagen verstärkt die erbsündliche condition humaine, auch wenn unsere sogenannten Sünden in der Regel ebensowenig wie die Ursünde bewußter Ungehorsam aus transpersonalem Bewußtsein heraus sind, so radikal böse, wie man böse nur sein kann im Angesicht des Göttlichen selbst, im Paradies. Dieses liegt jedoch nicht hinter, sondern bestenfalls vor uns.

Jedenfalls wäre Teilhard de Chardin einer Meinung mit Ken Wilber: Der Sündenfall „war *nicht* der Sturz aus irgendeinem vorangehenden *höheren* Zustand; es war nicht ein Fall aus einem transpersonalen *Himmel,* sondern ein Herausfallen aus dem präpersonalen Bereich, den Bereich der Erde, der Natur des Instinkts, der

Gefühle und der Unbewußtheit." Das Essen vom Baum der Erkenntnis „bedeutete den Erwerb von Selbstbewußtsein und wahrer mentaler Reflexion, und mit diesem evolutionären Wissen mußten die Menschen *dann* ihre ursprüngliche Entfremdung zur Kenntnis nehmen."[5]

Entfremdung wovon? Teilhard hatte es schon angedeutet: Der Mensch wird sich bewußt, daß er nur Teilhaber des Seins ist, nicht in der Fülle des Seins lebt. Wenn er die Fülle des Seins auch nicht hinter sich hat – das Paradies –, so ahnt er es doch irgendwie vor sich. Jedenfalls ruft es ihn auf den Weg, es zu suchen. Ob er diesen Ruf akzeptiert, wie er diesen Weg meistert, ob er ans Ziel gelangt, das ist das Drama der menschlichen Existenz. Der Mensch ahnt auch, daß die Fülle des Seins, die er sucht, irgendwie in diese menschliche Existenz verwickelt ist, mit auf dem Weg ist in wie immer gearteter, entäußerter Gestalt und daß sie gerade als solche die Quelle des Seins ist für den dürstenden Pilger. So ist der Mensch unterwegs zwischen dem ersten Adam des personalen Bereichs und dem zweiten Adam des transpersonalen Bereichs, als, wie Teilhard es einprägsam von sich gesagt hat, als „Kind der Erde" und als „Kind des Himmels" zugleich in der Hoffnung, „Himmel" und „Erde" mögen sich in uns und überhaupt vereinigen.

Teilhard hat diese Vision in dem Text „Mögliche Darstellungen der Erbsünde" von 1922, der dann nach Rom gelangte und zu seinem Exil in China führte, vorsichtig – es hat ihm jedoch nichts genützt – und in traditioneller Terminologie, die wir jedoch leicht zu entschlüsseln wissen, formuliert: „Man darf vielleicht sagen, daß alle Schöpfung, da der Schöpferakt (per definitionem) das Sein von den Grenzen des Nichts (das heißt aus den Tiefen des Vielen, das heißt aus einer Materie) zu Gott aufsteigen läßt, als ihr Risiko und ihren Schatten Sünde mit sich bringt, das heißt unausweichlich mit einer Erlösung verbunden ist. Das Drama Edens wäre in dieser Konzeption das Drama der ganzen menschlichen Geschichte, die in einem wirklichkeitsnahen Symbol zusammengefaßt wäre: Adam und Eva, die Bilder der Menschheit auf dem Wege zu Gott. Die Seligkeit des irdischen Paradieses wäre das uns allen beständig angebotene, aber von vielen abgewiesene Heil, das derart organisiert ist, daß niemand in seinen Besitz gelangen könnte, es sei denn durch die Einswerdung in Unserem Herrn."[6]

Teilhard meint Christus als den zweiten Adam. Steht der erste Adam symbolisch für die Möglichkeiten des Bewußtseins der personalen Stufe des Menschen, wo er statt zu sammeln zerstreuen, statt zu einigen streiten, statt zu lieben hassen kann, so steht der zweite Adam für die Möglichkeiten des transpersonalen Bewußtseins. In ihm kann der Mensch nicht nur seine individuelle menschliche Entfaltung, die Ontogenese, vollenden, sondern auch teilhaben an der Vollendung der gesamten Menschheit, der Phylogenese, und ein dementsprechendes humanistisches Bewußtsein entwickeln. Schließlich kann er sogar mitwirken an der Vollendung des gesamten Universums, der Kosmogenese, mit einem entsprechenden kosmischen Bewußtsein.

Diese „christischen" – wie Teilhard formuliert, um seine Christusauffassung von anderen zu unterscheiden – Möglichkeiten kann es jedoch für den Menschen nur geben, weil der kosmische Christus über die genannten Funktionen hinaus auch Zeichen ist für die Anwesenheit, die Immanenz des transzendenten göttlichen Seins in allen Seienden, ja mehr noch: für die Geburt des Schöpfers im Schoße der Schöpfung, für die Evolution des Göttlichen im Nicht-Göttlichen und durch das Nicht-Göttliche, für die sich in und mittels der Onto-, Phylo- und Kosmogenese ereignende Theogenese. Erst wenn wir diese Theogenese in die Vision vom Sein mit aufnehmen, haben wir nach Teilhard den adäquaten Interpretationsrahmen für eine Ethik des transpersonalen Bewußtseins.

Die Theogenese

Man muß schon wie Teilhard einigermaßen fasziniert sein von den Wundern der Evolution, mit Teilhard gesprochen, vom Wunder der Evolution, das sie selbst ist, um nachvollziehen zu können, warum er so sehr darauf bestand, dieser seiner Urerfahrung die höchstmögliche Erklärung zu geben: Die Evolution ist nichts anderes als das Werden des Göttlichen selbst. Wir leben, sei es im präpersonalen, personalen oder transpersonalen Bereich, zunächst und unterschiedslos vor allem im Göttlichen Bereich. „Le Milieu Divin" hat Teilhard das von seinen drei Büchern ihm wichtigste und liebste genannt. Darin heißt es zum Beispiel: „Daß der Göttliche Bereich um uns herum eine fortwährend wachsende Spannung annehmen kann, macht seinen an Verantwortung schweren Zauber aus. Er ist, wenn wir so sagen wollen, eine Atmosphäre, die immer leuchtender wird und immer mehr von Gott geladen. In Ihm, und nur in Ihm verwirklicht sich der närrische Wunsch jeder Liebe: sich im Geliebten zu verlieren und immer tiefer in das Geliebte einzudringen."[7]

Die Frage, die sich aufdrängt, nämlich wie sich die Gottheit in die Evolution hinein begeben hat, möchten wir jedoch nicht mit Teilhard erwägen, der vorwiegend vom Faszinosum der Schöpfung angetan ist. Es gibt jedoch auch, wie Rudolf Otto es beschrieben hat, ihr Tremendum, ihren Schrecken, der uns erstarren und sprachlos macht und zur Verzweiflung treiben kann, vor allem dann, wenn das Böse und das Leid im Laufe der Evolution unvorstellbare und unerträgliche Ausmaße annehmen. Ist es dann immer noch der Göttliche Bereich, wenn Millionen Menschen systematisch ausgerottet werden, wenn Kinderschänder vor nichts zurückschrecken, ja wenn auch nur ein einziges unschuldiges Kind irgendwo leidet?

Es war Hans Jonas, der im Andenken an seine in Auschwitz umgekommene Mutter vor der Frage stand, seinen Glauben an den Göttlichen Bereich aufzugeben oder ihn radikal neu zu denken, nämlich als Selbstentäußerung des Schöpfers in die Schöpfung hinein, als Abstieg, als Involution, in die Materie und als mühsamer Aufstieg, als Evolution, mit der Materie und in Abhängigkeit von ihr, dabei auf ihrer höheren, personalen Stufe schließlich dem Menschen ausgeliefert auf Gedeih und Verderb und anscheinend ohnmächtig gegen dessen Möglichkeiten, den Göttlichen Bereich teilweise oder sogar total zu verwüsten.

Doch hören wir Jonas selbst aus seinem Buch „Das Gottesbild nach Auschwitz" mit seinem, wie er es genannt hat, „privaten Mythos": „Im Anfang" so beginnt Jonas, „aus unerkennbarer Wahl" – Teilhard wagt zu sagen, aus Liebe – „entschied der göttliche Grund des Seins, sich dem Zufall, dem Wagnis und der endlosen Mannigfaltigkeit des Werdens anheimzugeben. Und zwar gänzlich: Da sie einging in das Abenteuer von Raum und Zeit, hielt die Gottheit nichts von sich zurück; kein unergriffener und immuner Teil von ihr blieb, um die umwegige Ausformung ihres Schicksals in der Schöpfung von jenseits her zu lenken, zu berichtigen und letztlich zu garantieren. [...] Mit dem Erscheinen des Menschen erwachte die Transzendenz zu sich selbst und begleitet hinfort sein Tun mit angehaltenem Atem, hoffend und werbend, mit Freude und Trauer, mit Befriedigung und Enttäuschung" – wie es eben zwischen Liebenden so zugeht, würde Teilhard sagen –, „– und, wie ich glauben möchte, sich ihm fühlbar machend, ohne doch in die Dynamik des weltlichen Schauplatzes einzugreifen."

Es ist für unseren Zusammenhang nicht unwichtig zu erfahren, daß Jonas mit diesem „privaten Mythos" nicht nur in der Tradition der Gnosis sowie der neuplatonischen philosophischen und theologischen Abstiegs- und Aufstiegsmythologie steht, sondern auch in der Tradition der jüdischen Mystik. Nach Gershom Scholem findet sich zum Beispiel in der kabbalistischen Mystik des Isaak Luria und seiner Schule aus dem 16. Jahrhundert auch schon die Überzeugung, daß die endgültige Gestalt des Schöpfers von seiner Schöpfung abhänge: „Der Prozeß nämlich, in dem er sich selbst zeugt, gebiert und entwickelt, gelangt nicht rein in Gott selbst zum Abschluß. Es gibt Stücke des Restitutionsprozesses, die dem Menschen überantwortet sind ... Es ist also mit anderen Worten der Mensch, der dem Antlitz Gottes die letzte Vollendung gibt, der Gott als den König und mystischen Gestalter aller Dinge erst eigentlich in sein Himmelskönigtum einsetzt und dem Gestalter selbst die letzte Gestalt gibt."[8]

Teilhard de Chardin ist in seiner Überzeugung vom Gott der Evolution nach den biblischen Hinweisen bei Paulus und Johannes eher beeinflußt von der mittelalterlichen christlichen Mystik eines Meister Eckhart und eines Tauler, von beiden gibt es Textauszüge in seinen Tagebüchern. Nach Meister Eckhart beginnt durch die Schöpfung für die Gottheit der Ewigkeit ihre Geschichte als Gott in der Zeit: „Ehe die Geschöpfe waren, war Gott nicht ‚Gott': sondern er war, was er war. Als aber die Geschöpfe entstanden und sie ihr geschaffenes Sein empfingen, da war Gott nicht [mehr] ‚Gott in sich selbst', sondern er war ‚Gott' in den Geschöpfen."[9]

Auch ist ein Einfluß des deutschen Idealismus auf Teilhard nicht ausgeschlossen. Für Schelling ist „der Anfang der Schöpfung [...] eine *Herablassung* Gottes; er läßt sich eigentlich herab ins Reale, contrahiert sich ganz in dieses. Aber hierin ist nichts, was Gott unwürdig wäre. [...] Wir müssen annehmen, daß sein Leben die größte Analogie mit dem menschlichen hat, daß in ihm neben dem ewigen Sein auch ein ewiges Werden ist."[10]

Auch an eine bestimmte Richtung der christlichen Theologie konnte Teilhard anknüpfen. Für die sogenannten „Kenotiker" (von griechisch „kenosis", Entäußerung) unter den Theologen des 19. und 20. Jahrhunderts ist der Satz aus dem Paulusbrief an die Philipper 2,5-8 das zentrale Glaubensbekenntnis: Christus Jesus „war Gott gleich, hielt aber nicht daran fest, wie Gott zu sein, sondern entäußerte sich und wurde wie ein Sklave und den Menschen gleich. Sein Leben war das eines Menschen; er erniedrigte sich und war gehorsam bis zum Tod, bis zum Tod am Kreuz." Der Glaube an die leibliche Auferstehung Christi vom Tode und an seine Himmelfahrt ist nur der konsequente symbolische Ausdruck für die weitere Evolution Gottes und seiner Schöpfung über den Tod hinaus hinein in die unendlichen Möglichkeiten des Göttlichen Bereichs.

Sich selbst seinlassen und sich der Gottheit überlassen

Agere sequitur esse, sagt schon die mittelalterliche Philosophie: das Tun entspricht dem Sein. Entsprechend der im ersten Teil angedeuteten transpersonalen Vision vom Sein, das im Werden ist, wollen wir nun im zweiten Teil noch kurz die Vision einer Ethik des transpersonalen Bewußtseins skizzieren, einige Grundzüge transpersonalen Tuns nach dem Maßstab des Göttlichen Bereichs.

Wir wollen gleich mit dem aufregendsten Paradox einer Ethik des Göttlichen Bereichs beginnen: Wer darin etwas tun will, muß zunächst nichts tun wollen. Das verstehen wir nur dann, wenn uns immer mehr bewußt wird, was wir unbewußt immer schon sind: Mystiker. Als Mystiker bewegen wir uns im göttlichen Bereich unseres Lebens wie ein Schwimmer im Ozean – ohne Rettungsgürtel, ohne Planke, ganz ausgesetzt, ganz – frei, einzig getragen von den Wellen, die uns mal liebkosen, mal erschrecken, denen wir uns nichtsdestoweniger auf Leben und Tod anvertrauen, weil es für uns, die wir leben und überleben wollen, keine Alternative gibt.

Unter der Überschrift „Wichtige Bemerkung" lautet ein Textabschnitt zu Beginn von Teilhards „Der Göttliche Bereich": „Der Göttliche Bereich verlöre in der Tat für den ‚Mystiker' alle Größe und allen Geschmack, wenn dieser nicht mit seinem ganzen ‚teilhabenden' Sein, mit seiner ganzen ohne sein Verdienst gerechtfertigten Seele, mit seinem ganzen von Gott aufgerufenen und gestärkten Willen fühlte, *wie vollständig er jeglichen Halt* im göttlichen Ozean verliert, so sehr verliert, daß ihm selbst schließlich in seinem Innersten für sein Handeln überhaupt *keine Stütze* mehr bleibt."[11]

Um im Bild zu bleiben: Die Voraussetzung dafür, daß uns die Wasser Gottes tragen, ist, daß wir uns von allem Ballast befreien, daß wir leicht werden und leer, so daß uns die göttlichen Strömungen mit sich führen können, wohin sie wollen, ohne jegliche Behinderung, ohne den geringsten äußeren und inneren Widerstand. Es muß den Anschein haben, als wären wir dem Spiel der Wellen und des Windes gänzlich ausgeliefert.

Das ist in der Tat das erste Prinzip der Ethik des transpersonalen Bewußtseins: Daß wir – um es mit Meister Eckhart zu sagen – „im Geiste arm sind": „Ein armer Mensch sei, der *nicht will* [...], der *nicht weiß* [...], der *nicht hat*".[12]

Dieses Prinzip verlangt nichts weniger, als daß wir fortsetzen, was die Gottheit begonnen hat, als sie sich selbst entäußerte, ihr göttliches Wollen, Wissen und Haben hinter sich ließ und leer wurde, um in diese Leere hinein das Leben der Schöpfung einströmen zu lassen und sich selbst als Geschöpf unter Geschöpfen dazu.

Wir verdanken unser Leben dem Sterben der Gottheit, das ist das Grundgesetz der Schöpfung: „Wenn das Weizenkorn nicht in die Erde fällt und stirbt, bringt es keine Frucht." Teilhard hat dieses Grundgesetz in der Anwendung auf uns so beschrieben: „Gott muß, um endgültig in uns einzudringen, uns auf irgend eine Weise aushöhlen und entleeren und so für sich selbst Platz schaffen. Er muß um uns sich anzugleichen, uns immer wieder in die Hand nehmen, uns umschmelzen und die Moleküle unseres Seins aufbrechen. Der Tod ist beauftragt, diese ersehnte Aufschließung bis auf den Grund unseres Selbst durchzuführen."[13]

Das erste Prinzip einer Ethik des transpersonalen Bewußtseins lautet demnach: Das Bewußtsein wird sich von allem Dies-Wollen und Das-Wollen, von allem Besser-Wissen und Alles-Wissen, von allem Nichtgenug-Haben und Übergenug-Haben freimachen, um ganz offen zu sein für das göttliche Wollen, Wissen und Haben, das in uns und durch uns und mit uns den Göttlichen Bereich und darin das Göttliche selbst weiter entwickeln will.

Die Gesetze der Evolutionsethik

Da die Ethik des transpersonalen Bewußtseins prinzipiell keine Gesetzesethik ist, sondern eine Seinsethik, stellen wir uns erst an zweiter Stelle, nachdem wir das grundlegende Prinzip vom Sich-sein-Lassen und vom Sich-der-Gottheit-Überlassen vorgestellt haben, der Frage: Gibt es für die transpersonale Ethik denn keine Gesetze im landläufigen ethischen und moralischen Sinn, die man nur zu befolgen braucht, um richtig zu leben, oder an denen man sich wenigstens orientieren kann? Doch, es gibt sie, es sind nach Teilhard die Gesetze der Evolution. Sie sind jedoch wie alle Gesetze allgemein und abstrakt, dennoch können sie einer globalen Orientierung dienlich sein.

Das erste Gesetz einer Evolutionsethik: Alles bis ans Ende in Richtung des höheren Bewußtseins vorantreiben. Teilhard unterscheidet zwischen der alten Ethik des Gleichgewichts, einer geschlossenen Moral, und einer Ethik der Bewegung, einer offenen Moral. „Der Moral des Gleichgewichts […] konnte die sittliche Welt als ein endgültig umschriebener Bereich erscheinen. Der Moral der Bewegung […] stellt sich diese selbe Welt als eine höhere Sphäre des Universums dar, die an unbekannten Kräften und ungeahnten Kombinationen viel reicher ist als die niederen Sphären der Materie. Auf den geheimnisvollen Ozean der zu erforschenden und zu vermenschlichenden sittlichen Energien werden sich die wagemutigsten Seefahrer von morgen hinauswagen. Alles versuchen und alles bis ans Ende in Richtung des größeren Bewußtseins vorantreiben, das ist in einem als im Zustand der geistigen Transformation befindlich erkannten Universum das allgemeine und höchste Gesetz der Sittlichkeit: die Kraft eingrenzen (es sei denn, um eben dadurch noch mehr Kraft zu erhalten), das ist die Sünde."[14]

Das zweite Gesetz einer Evolutionsethik: Das höhere Bewußtsein drängt auf Vereinigung mit allem durch die Liebe, wobei die Vereinigung nicht vereinnahmt, sondern differenziert. Teilhard erläutert: „Die Phänomene der Verschmelzung oder Auflösung sind in der Natur nur das Zeichen einer Rückkehr zur Zersplitterung ins Homogene. [...] Die wahre Vereinigung, die nach oben, die im Geiste, vollendet in ihrer eigenen Vollkommenheit die Konstituierung der Elemente, die sie beherrscht. Die Vereinigung differenziert. Kraft dieses grundlegenden Prinzips können die elementaren Personalitäten sich festigen, und sie können sich festigen, indem sie zu einer höheren psychischen Einheit oder Seele werden – durch die Liebe."[15] Innerhalb einer Welt konvergenter personaler Struktur, in der die Anziehung Liebe wird, entdeckt der Mensch, daß er sich grenzenlos allem hingeben kann, was er tut. Im geringsten seiner Akte kann er mit dem ganzen Universum einen integralen Kontakt durch die ganze Oberfläche und die ganze Tiefe seines Seins gewinnen.[16]

Das dritte Gesetz einer transpersonalen Evolutionsethik, in den Worten Teilhards: „Die Bewußtwerdung eines ‚Omega' im Herzen der Noosphäre – der Übergang der Kreise zu ihrem gemeinsamen Zentrum: das Auftreten der ‚Theosphäre'."[17] Mit anderen Worten: Das menschliche Tun kann sich an einem letzten, transzendenten Zielpunkt, genannt Omega, orientieren, der jedoch als immanenter Ursprung, genannt Alpha, in allem gegenwärtig und wirksam ist, in der Materie wie in der Biosphäre, jedoch auf der Stufe des menschlichen Geistes, in der Noosphäre, bewußt wird und eine neue Stufe der Evolution heraufführt: die Theosphäre, den vollendeten Göttlichen Bereich. Eine Ethik, die diese transzendente Perspektive nicht kennt, ist für Teilhard antiquiert. Er hat das auf die griffige Formel gebracht: „Das Maß einer Ethik ist ihre Fähigkeit, als Mystik zu erblühen."[18]

Das vierte Gesetz einer transpersonalen Evolutionsethik, vielleicht das wichtigste: Die Evolution der Verantwortung des Menschen sowohl hinsichtlich ihrer Intensität wie hinsichtlich ihres Umfangs. Teilhard hat diesem Gesetz 1950, auch motiviert durch die offenkundig gewordene atomare Bedrohung und die sich ankündigende ökologische Krise, einen Aufsatz gewidmet mit der Überschrift: „Die Evolution der Verantwortung in der Welt." Darin heißt es: „Vor uns gab es vielleicht eine Zeit, in der die Individuen noch dahin streben konnten, sich jedes für sich isoliert zu verbessern und zu vollenden. Nun, diese Epoche ist endgültig überholt. Zu keinem Augenblick der Geschichte, entschließen wir uns endlich, das anzuerkennen, ist der Mensch so vollständig (aktiv und passiv) wie heute durch den Grund seines Seins selbst an den Wert und die Vervollkommnung aller anderen um ihn herum gebunden gewesen. Und dieses Regime der Interdependenz wird, darauf weist alles hin, sich im Laufe der kommenden Jahrhunderte nur mehr verstärken. Eine Art verallgemeinerter Ultra-Verantwortung, die die ganze Stufenleiter der Tugenden und der Sünden betrifft und verstärkt, wird also schließlich das kennzeichnendste moralische Charakteristikum des Ultra-Humanen sein, auf das wir, ob wir wollen oder nicht, aus kosmischer Notwendigkeit zutriften."[19]

Die Evolution der Verantwortung erstreckt sich konsequenterweise auch auf die Theogenese. Ebenfalls 1950, fünf Jahre vor seinem Tod, schreibt Teilhard in seiner autobiographischen Skizze „Das Herz der Materie": „Gerade durch das einigende Wirken, das ihn uns enthüllt, ‚verwandelt sich' Gott auf irgendeine Weise, indem er uns sich einverleibt. Also Ihn nicht einfach nur sehen und sich von Ihm umfangen und durchdringen lassen, – sondern ebenso (wenn nicht in erster Linie) Ihn immer noch weiter entdecken (oder sogar in einem gewissen Sinne Ihn vollenden): So erscheinen mir heute die wesentliche Bewegung und das wesentliche Interesse der hominisierten Evolution."[20]

Auf das Risiko, das darin für die Gottheit liegt, hat Hans Jonas hingewiesen: „daß in unsere unsteten Hände, jedenfalls in diesem irdischen Winkel des Alls, das Schicksal des göttlichen Abenteuers gelegt ist und auf unseren Schultern die Verantwortung dafür ruht." Daß wir dabei nur die freiwilligen oder unfreiwilligen Vollstrecker des göttlichen Weltgeistes sein sollten – was unsere Verantwortung wieder aufheben würde –, hat Jonas mit Blick auf den überstiegenen Idealismus eines Hegel in aller Schärfe zurückgewiesen: „In uns – Bitte! – sei der Weltgeist unbeirrbar dabei, oder gar schon angelangt, zur endgültigen Form seiner Wahrheit zu kommen, seine Urbestimmung mit weiser Notwendigkeit zu vollenden? Wir sind, willig oder unwillig, wissend oder unwissend, doch immer unfehlbar, seine erwählten Vollstrecker? Da muß ich doch bitten! Die

Schmach von Auschwitz ist keiner allmächtigen Vorsehung und keiner dialektisch-weisen Notwendigkeit anzulasten, etwa als antithetisch-synthetisch erforderter und förderlicher Schritt zum Heil. *Wir* Menschen haben das der Gottheit angetan als versagende Walter ihrer Sache, auf uns bleibt es sitzen, wir müssen die Schmach wieder von unserem entstellten Gesicht, ja vom Antlitz Gottes, hinwegwaschen."[21]

Von der Achtsamkeit des Herzens

Wenn die Evolutionsethik vor allem eine mystische Ethik ist, nach der der Mensch zu seinen Imperativen, zu dem, was er hier und jetzt zu tun oder zu lassen hat, nicht oder nur in zweiter Linie durch einen syllogistischen Schluß kommt, indem er allgemeine Gesetze auf seinen Einzelfall anwendet, dann genügt es, auch die Gesetze der Evolution nur im Hinterkopf zu haben, sozusagen als groben Orientierungsrahmen. Denn wichtiger als dieser ist die Feinabstimmung meines Handels auf die jeweiligen individuellen, unverwechselbaren und einmaligen Situationen meines Lebens mit ihren ebenfalls singulären Möglichkeiten. Diese Feinabstimmung nun geschieht durch die Achtsamkeit des Herzens. „Die Achtsamkeit des Herzens. Ein Leben in Kontemplation" heißt der Titel eines Buches von David Steindl-Rast mit Kapitelüberschriften wie „Mit dem Herzen horchen", „Umwelt als Guru", „Durch die Sinne Sinn finden".

Die Achtsamkeit des Herzens ist das Wichtigste, was es für den Menschen und damit auch für eine Ethik des transpersonalen Bewußtseins gibt. Denn wie sollten wir sonst den Ruf vernehmen, der uns in unserer einmaligen Situation den Weg zeigt in Richtung von mehr Bewußtsein, von mehr Liebe, von mehr Theosphäre, vor allem dann, wenn es mehrere durchaus in Richtung Evolution führende Möglichkeiten gibt. Kommt es doch, wenn wir zur Avantgarde der Menschheit gehören wollen und die Evolution vorantreiben möchten, auf dieses „mehr", dieses „magis" an, eine Lieblingsformel des Ignatius von Loyola in seinen Exerzitien, die sowohl Teilhard de Chardin wie auch Graf Dürckheims Initiatische Übungen beeinflußt haben, auch wenn Dürckheim schließlich mehr Meister Eckhart zuneigte.

Wie Steindl-Rast und der Jesuit Enomiya-Lassalle hat vor allem Graf Dürckheim für die Einübung der Achtsamkeit des Herzens die uralte ost-westliche Methode der Meditation wieder entdeckt. Meditieren heißt vor allem horchen, in den Worten von Steindl-Rast:

„So zu horchen heißt, mit dem Herzen horchen, mit dem ganzen Wesen. Herz bedeutet das Zentrum unseres Wesens, in dem wir wahrhaftig eins sind. Eins mit uns selbst, nicht aufgespalten in Verstand, Wille, Gefühle, Körper und Geist, eins mit allen Geschöpfen. […] Hier sind wir auch vereint mit Gott, der Quelle des Lebens, welche im Herzen entspringt. Um mit dem Herzen zu horchen, müssen wir immer wieder zu unserem Herzen zurückkehren, indem wir uns die *Dinge zu Herzen nehmen*."[22]

Nur in dem Maße, als wir uns die Dinge ins Herz nehmen, werden wir jenen Trost verspüren, der nach Karl Rahner unerläßlich ist als ein weiteres „Prinzip der existentiellen Erkenntnis". Es ist der Trost, der herrührt von der Berührung durch die Gottheit, wie es in der 20. Vorbemerkung des Exerzitienbuches heißt: „Je mehr unsere Seele in Einsamkeit und Abgeschiedenheit [wer denkt da nicht an Meister Eckhart] weilt, desto geeigneter macht sie sich, ihrem Schöpfer und Herrn zu nahen und ihn zu berühren; und je mehr sie ihn so berührt, desto mehr wird sie befähigt, von seiner göttlichen und höchsten Güte Gnaden und Gaben zu empfangen."[23]

Die Gabe jedoch, die wir täglich am dringendsten brauchen, ist Wegweisung, die Erkenntnis des nächsten Schrittes, der mehr zur Evolution des Göttlichen Bereichs und Gottes beiträgt. Indem wir uns – meinen nun Ignatius, Teilhard und Dürckheim – während der Meditation in der Atmosphäre des Trostes, des Friedens und der Freude, die von der Berührung durch die Gottheit herrühren, unsere nächsten möglichen Schritte vor Augen führen, werden bei dem Schritt, der „mehr" und „besser" zum Ziel führt, in der Regel der Trost, Frieden und Freude verstärkt werden, werden wir uns mehr im Einklang mit dem göttlichen Sein fühlen, werden wir spüren, daß wird mit diesem Schritt dem göttlichen Wesen in uns mehr Gestalt geben. Wenn wir ihn dann doch nicht gehen wollen oder einen weniger geeigneten Schritt wählen möchten, wird, so meinen die geistlichen Meister, der Trost in der Regel gestört werden, wird uns Unruhe erfassen und werden der innere Frieden und die geistige Freude weichen, weil wir uns nicht mehr in Übereinstimmung mit dem göttlichen Willen befinden. Die Gottheit läßt uns, gleichsam enttäuscht durch diese Behinderung ihrer und unserer Evolution, ihre Berührung schmerzlich vermissen.

Was so in den Stunden der Meditation eingeübt wird, könnte zu jener „Seinsfühlung" und zu jenem „Spürbewußtsein" führen, die Dürckheim eindrucksvoll beschrieben hat und die dazu führen, daß wir allezeit und überall nicht mehr nur den Willen Gottes tun, sondern im Schoße der Gottheit ruhen, die darauf achtet, daß wir immer mehr lieben. Ist doch nach Teilhard und den Mystikern wie Eckhart und auch Ignatius von Loyola das letzte Motiv zur Schöpfung die überströmende Liebe der Gottheit, die über ihre Liebe in der Ewigkeit hinaus auch noch in der Zeit lieben und geliebt sein will.

Damit es zu dieser Haltung der dauernden Seinsfühlung der Liebe kommt – in der Ethik nennt man solche habituellen positiven Fähigkeiten „Tugenden" –, bedarf es in der Regel irgendwann der „großen Seinserfahrung" oder des „Durchbruchs", wie Dürckheim eine das innere Leben erschütternde Erfahrung nennt.[24] Viele Mystiker und Mystikerinnen haben davon in ihren Schriften, Briefen, Tagebüchern oder auch mündlich berichtet. Im Grund handelt es sich immer darum, daß der Mensch in Bewegung gerät im Hinblick auf sein Weltbild und sein Welthandeln, die ja immer im Positiven oder im Negativen mit der Frage nach dem Göttlichen zu tun haben. In den „Durchbrüchen" werden gleichgültige, nihilistische oder atheistische Positionen erschüttert, werden infantile, regressive und aggressive Gottesbilder gereinigt bzw. im doppelten Sinn des Wortes „überholt" – ad acta gelegt oder weiterentwickelt.

So auch bei Teilhard de Chardin. Sein Gottesbild entwickelte sich von der Herz-Jesu-Verehrung der Kindheit, von dem „Gott meiner Mutter", wie er sagt, zum „Gefühl der Vereinigung mit Gott" im universalen Christus, dann zum Christus als dem „Zentrum der Konvergenz" im Göttlichen Bereich bis zum „Gott vor uns", der in Evolution begriffenen und von uns abhängigen Gottheit.

Spuren dieser „Durchbrüche" oder geschenkter „Seinsfühlung" finden sich bei Teilhard vor allem in den mehr poetischen Texten, was bezeichnend ist: Ganzheitliche Erschütterungen und spirituelle Einstellungen lassen sich wie die Liebe weniger in Alltagsprosa und Fachsprachen als in der Sprache des Herzens – wenn überhaupt – wiedergeben. Man denke an das „Stundenbuch" und die „Duineser Elegien" von Rilke, an die „Four Quartets" von T. S. Eliot oder an den „Versuch über den geglückten Tag" von Peter Handke.

An der Front des Ersten Weltkrieges, vor Dünkirchen, schreibt Teilhard im Oktober 1916 „Drei Geschichten" in der Art und Weise des englischen mystischen Schriftstellers Benson. Darin schildert Teilhard in Form von Visionen das Werden seiner Intuition davon, „wie das machtvolle und vielfältige Universum die Gestalt Christi angenommen hat."[25]

Im März 1918 kommt Teilhard durch die Liebe zu seiner Cousine Marguerite zu der existentiellen Erkenntnis von der Bedeutung des Weiblichen für die Evolution und verfaßt, angeregt durch die Rolle der Weisheit, der Sapienta der hebräischen Bibel, seine Hymne an das „Ewig-Weibliche" mit dem Schlüsselvers: „Ich bin der Zutritt zum Herzen der ganzen Schöpfung – das Tor zur Erde – die Initiation ..."[26]

Noch im Zweifel darüber, welche überragende Rolle die Materie in der Evolution tatsächlich spielt, beschreibt Teilhard im August 1919 in Anlehnung an die Berufungsgeschichte des Propheten Elias der hebräischen Bibel seine eigene Berufung zum prophetischen Künder der Geist-Materie, als die sie sich ihm enthüllt: „Eine tiefe Erneuerung hatte sich in ihm vollzogen, so daß es ihm nicht mehr möglich war, Mensch zu sein, *es sei denn auf einer anderen Ebene.* Selbst wenn er jetzt auf die gemeine Erde wieder hinabstiege – und wäre es zu dem getreuen Begleiter, der dort unten auf den Wüstensand hingestreckt geblieben war –: er würde von nun an *ein Fremdling* sein [...] ‚Ich grüße dich [Materie], mit schöpferischer Kraft geladenes, göttliches Milieu, vom Geist bewegter Ozean, von dem inkarnierten Wort gekneteter und beseelter Ton. [...] Du herrschest, Materie, in den erhabenen Höhen, wo die Heiligen glauben, dir auszuweichen – so durchsichtiges und so bewegliches Fleisch, daß wir dich nicht mehr von einem Geist unterscheiden. Trage mich dorthin empor, Materie, durch das Bemühen, die Trennung und den Tod – trage mich dorthin, wo es endlich möglich sein wird, das Universum keusch zu umarmen!'

222

Unten, in der wieder ruhig gewordenen Wüste, weinte jemand: ‚Mein Vater, mein Vater! Welch irrer Wind hat ihn fortgerissen!‘ Und auf dem Boden lag ein Mantel.“[27]

Gibt es eine treffendere und schönere Beschreibung dessen, wozu eine Ethik des transpersonalen Bewußtseins uns führen kann? In den Worten Ken Wilbers: Der Bodhisattva „nimmt alle Manifestationen mit sich ins Paradies, und das Gelöbnis des Bodhisattva lautet, niemals Erleuchtung zu akzeptieren, ehe nicht alle Dinge am *Geist* teilhaben. Meines Erachtens gibt es keine edlere Haltung als diese.“[28] Teilhard de Chardin, ein Bodhisattva des Westens!

Ratzingers Gesetz der „Selbstverschwendung“

Ganz im Sinne Teilhards sieht auch Kardinal Ratzinger 1968 das Prinzip einer evolutiven Ethik in der „Selbstverschwendung“. Er verweist auf das „Strukturgesetz der Schöpfung“, „in der das Leben Millionen Keime verschwendet, um ein Lebendiges zu retten; in der ein ganzes Weltall verschwendet wird, um an einer Stelle dem Geist, dem Menschen einen Platz zu bereiten. Überfluß ist das Prägezeichen Gottes in seiner Schöpfung [...] Überfluß ist aber zugleich der eigentliche Grund und die Form der Heilsgeschichte, die letztlich nichts anderes ist als der wahrhaft atemberaubende Vorgang, daß Gott in unbegreiflicher Selbstverschwendung nicht nur ein Weltall, sondern sich selbst verausgabt, um das Staubkorn Mensch zum Heil zu führen [...] Der Verstand des bloß Rechnenden wird es ewig absurd finden müssen, daß für den Menschen Gott selbst aufgewendet werden soll. Nur der Liebende kann die Torheit einer Liebe begreifen, für die Verschwendung Gesetz, der Überfluß das allein Genügende ist. Und doch: Wenn es wahr ist, daß die Schöpfung vom Überfluß lebt; daß der Mensch jenes Wesen ist, für welches das Überflüssige das Notwendige ist, wie kann es uns dann wundern, daß Offenbarung das Überflüssige und eben darin das Notwendige, das Göttliche, die Liebe ist, in der sich der Sinn des Weltalls erfüllt?“[29] Teilhard wäre über diese Ausführungen selig gewesen.

13. Kosmische Gebete Teilhard de Chardins

Zur Einführung
„Der kosmische Christus, Er ist und Er wird"

Der französische Priester und Jesuit Pierre Teilhard de Chardin (1881–1955) war nicht nur ein erfolgreicher Naturwissenschaftler, der als Geologe, Paläontologe und Anthropologe die Entstehungsgeschichte der Erde und der Menschheit erforscht hat. Er war zugleich ein mystisch begnadeter Philosoph und Theologe, der die Evolutionstheorie auf den ganzen Kosmos und auf die zukünftige Menschheits- und Religionsgeschichte ausgedehnt und im Lichte dieser Erkenntnisse den christlichen Glauben neu interpretiert hat – in Weiterentwicklung biblischer Ansätze.

Teilhard de Chardin war ein Mystiker. Was er glaubte und in seinen Schriften festgehalten hat, waren keine bloßen Schreibtischgedanken, sondern religiöse Lebenserfahrungen. Davon zeugen die hier zusammengestellten Gebete Teilhards aus seinen Schriften der Jahre 1916–1927. Es sind die Jahre des mystischen Aufbruchs im Leben Teilhards, zunächst in den Schützengräben des Ersten Weltkriegs, dann in den Wüsten Asiens, wo Teilhard an wissenschaftlichen Expeditionen teilnahm.[1] In diesen frühen Schriften Teilhards geht der Text oft spontan in Gebetsformulierungen über, ein Zeichen dafür, daß die Wurzeln der Teilhardschen Weltsicht im Gebet liegen.

Inhaltlich kreisen diese Gebete um die Frage: Wenn der Christ glaubt, daß Gott den Kosmos geschaffen und durch die Menschwerdung seines Sohnes in Jesus Christus erlöst hat, was bedeutet das angesichts einer in Entwicklung begriffenen Welt?

Teilhard war der Überzeugung: Der Kosmos ist – und man kann darüber wie die Bibel nur in Bildern reden – Gottes geheimnisvoller, „mystischer", noch im Werden begriffener „Leib", so daß wir es in allem, was wir sind und sein werden, was uns umgibt und was noch sein wird, im wörtlichsten Sinne „mit Gott zu tun haben".

So wahr es ist, daß Gott der Ewige und der Unveränderliche ist, ebenso wahr ist – und die Menschwerdung des Sohnes Gottes in Jesus Christus ist das Erkennungszeichen dafür –, „daß die Unveränderlichkeit Gottes – ohne dadurch aufgehoben zu sein – gar nicht einfach das allein Gott Auszeichnende ist, sondern daß er in und trotz seiner Unveränderlichkeit wahrhaft etwas werden kann: er selber, er in der Zeit. Und diese Möglichkeit ist nicht als Zeichen seiner Bedürftigkeit zu denken, sondern als Höhe seiner Vollkommenheit, die geringer wäre, wenn er nicht weniger werden könnte, als er bleibend ist" (Karl Rahner).[2]

Wenn der Kosmos Gottes werdender „Leib" ist – und das „Dies ist mein Leib, dies ist mein Blut" in der Eucharistiefeier über Brot und Wein gesprochen ist das Erinnerungszeichen dafür –, dann suchen und erfahren wir Gott nicht fern von uns und jenseits der Welt, sondern mitten in uns und inmitten des Kosmos. Das Wort des heiligen Paulus auf dem Areopag in Athen bekommt jetzt einen neuen, aktuellen und tieferen Sinn: Die Menschen „sollten Gott suchen, ob sie ihn ertasten und finden könnten; denn keinem von uns ist er fern. Denn in ihm leben wir, bewegen wir uns und sind wir, wie auch einige von euren Dichtern gesagt haben: wir sind von seiner Art" (Apg 17,27/28).

Doch wir leben und bewegen uns nicht nur in Gott, wenn wir in der Welt sind, wir nehmen auch an seinem Werden teil, am Werden Gottes im Kosmos. Wir selbst sind Werdende, wir müssen es – aller Trägheit zum Trotz – auch sein wollen und uns für das Werden Gottes in uns und durch uns zur Verfügung stellen. Nur als Menschen, die sich der göttlichen Dynamik öffnen, diesem Drängen Gottes nach mehr Wahrheit, Gerechtigkeit und Liebe, nach mehr Wirklichkeit Gottes in der Welt, fallen wir nicht aus Gott heraus und bleiben nicht als „Abfall" der göttlichen Kosmosgeschichte zurück.

Von diesen kühnen, den Christen durchaus noch nicht selbstverständlichen Zusammenhängen zwischen Welt und Gott handeln die hier gesammelten Gebete. Wer sie meditiert und nachzubeten versucht, wird nicht mehr hin- und hergerissen werden zwischen Gottesdienst und Dienst an der Welt, zwischen Nächstenliebe und

Gottesliebe, zwischen Selbstentfaltung und Opfer seiner selbst, zwischen Nostalgie und Zukunftsgläubigkeit. Er wird in selbstloser und freudiger Hingabe an den Nächsten, an die Menschheit, an die Weiterentwicklung von Welt und Kosmos sich selbst finden und in allem den in Jesus Christus Mensch gewordenen und immer mehr Kosmos werdenden ewigen Gott.

„Wie ein Licht, in allen dasselbe, strahlt Christus, im niemals erreichten Herzen allen Lebens, am idealen Ziel *allen* Wachstums. Überall zieht Er uns an sich und nähert uns einander, in einer Bewegung universaler Konvergenz zum Geist hin. Ihn *allein* suchen wir, und in Ihm bewegen wir uns. Doch um Ihn zu halten, müssen wir *alle Dinge* verlängern (und überschreiten) bis ans Äußerste ihrer Natur und ihres Fortschrittes.

Der kosmische Christus, Er ist und Er wird.

Er ist bereits in der Welt erschienen. Aber er muß noch viel wachsen, sei es in den isoliert betrachteten Individuen, – sei es, vielleicht vor allem, in einer *gewissen geistigen menschlichen Einheit,* von welcher die derzeitige Gesellschaft nur ein blasses Abbild wäre." (Teilhard de Chardin)[3]

Die unvollendete Welt[4]

O ja, Jesus, ich glaube es, und ich will es von den Dächern und auf den öffentlichen Plätzen ausrufen, Du bist nicht nur der äußere Herr der Dinge und der unmittelbare Glanz des Universums: Mehr als das bist Du der beherrschende Einfluß, der uns durchdringt, uns hält, uns anzieht durch die Triebkraft unserer unbezwinglichsten und tiefsten Wünsche; Du bist das kosmische Sein, das uns umfängt und uns in seiner vollkommenen Einheit vollendet. Gewiß ist es so, und gewiß ist es deshalb, daß ich Dich über alles liebe!

Von einem widersprüchlich scheinenden Verlangen verzehrt, dürstete ich danach, Herr, mehr ich selbst zu sein, indem ich aus mir hinausträte, und nun hast Du Deinem Versprechen getreu meinen Durst mit dem *lebendigen Wasser* Deiner kostbaren Wesenheit gestillt; wer sich darin verliert, findet seine Seele und die aller anderen, vereint mit der seinen ...

Schon erfuhr ich in der Betrachtung Deiner Gottheit das Entzücken, ein persönliches und liebendes Unendliches zu finden; und die Verbindung dieser Worte klang so wohl, daß sie zu wiederholen mich eine Seligkeit ohne Ende dünkte, wie die einzige Note, die die Viola des Engels hergab und die zu hören der hl. Franziskus nie müde wurde. So ist es nun, daß an Deiner Menschheit die Vielheit des Menschengeschlechts auflebt; und der Hauch, der dessen zerstreute Elemente gerinnen macht und harmonisiert, ist nicht ein Geist höherer und erschreckender Natur; es ist eine Menschenseele, die fühlt und bebt wie ich: Deine Seele ist es, Jesus. Und wie Du nun meinem Verlangen nach Tätigkeit und Veränderung so überaus gütig entgegenkommst, zeigst Du mir diese höhere und endgültige Welt, die Du in Dir konzentrierst und birgst, als *unvollendet,* so daß mein Leben die innige Befriedigung kosten könne, Dir ein wenig vom Deinigen zu geben. – Hier ist es also, das große Anliegen, absolut und greifbar, das ich als Ziel und als Ideal allen meinen menschlichen Anstrengungen zuzuweisen gedachte: das Reich Gottes zu fördern und zu gewinnen! Dein Leib, Jesus, ist nicht nur das Zentrum aller Ruhe am Ziel, er ist auch das Band aller nützlichen Anstrengungen. In Dir, an der *Seite dessen, der ist,* kann ich leidenschaftlich den lieben, *der wird.* Was bedarf ich noch, daß der endgültige Friede sich in meiner Seele ausbreite, die auf unverhoffte Weise in ihrem unwahrscheinlichsten Trachten nach kosmischem Leben befriedigt wurde?

Etwas noch, Herr, nur eins. Doch das schwierigste von allem und – was noch schlimmer ist – was Du vielleicht verworfen hast ... daß ich, um an Dir teilzuhaben, diese strahlende Welt, in deren Ekstase ich erwacht bin, nicht bedingungslos von mir weisen muß ...

Die Einheit der neuen Erde

Christus Jesus, Du trägst in Deiner Güte und Deiner Menschlichkeit wirklich die ganze ruhelose Größe der Welt. Und deswegen, um dieser unaussprechlichen, in Dir verwirklichten Synthese dessen willen, was unsere Erfahrung und unser Denken niemals zu vereinen gewagt hätten, es anzubeten: Element und Totalität, Einheit und Vielheit, Geist und Materie, Unendliches und Personales – um dieser unfaßbaren Konturen willen, welche diese

Komplexität Deiner Gestalt und Deinem Wirken verleiht, um deswillen gibt sich mein von den kosmischen Realitäten ergriffenes Herz leidenschaftlich Dir hin!

Ich liebe Dich, Jesus, um der Menge willen, die sich in Dir birgt und die man mit allen andern Wesen lärmen, beten, weinen hört, wenn man sich ganz nahe an Dich preßt.

Ich liebe Dich um der Transzendenz und unerschütterlichen Festigkeit Deiner Absichten willen, durch welche Deine milde Freundlichkeit sich mit unbeugsamem Determinismus tönt und uns unerbittlich in die Falten ihres Willens nimmt.

Ich liebe Dich als Quelle, das aktive und belebende Medium, als Ziel und Ausgang der Welt, selbst der natürlichen, und ihres Werdens.

Zentrum, in welchem sich alles begegnet und das sich über alle Dinge erstreckt, sie zu sich einzuholen, ich liebe Dich wegen der Fortsetzung Deines Leibes und Deiner Seele in der ganzen Schöpfung durch die Gnade, das Leben, die Materie.

Jesus, mild wie ein Herz, glühend wie eine Kraft, innig wie ein Leben, Jesus, in den ich mich ergießen kann, mit dem ich herrschen und mich befreien soll, ich liebe Dich *wie eine Welt,* wie die Welt, die mich hingezogen hat, und Du bist es, jetzt sehe ich's, den die Menschen, meine Brüder, jene sogar, die nicht glauben, durch die Magie des großen Kosmos fühlen und aufsuchen.

Jesus, Mittelpunkt, dem alles zustrebt, räume uns, uns allen, wenn möglich, einen kleinen Platz ein unter den auserwählten und heiligen Monaden, die eine nach der andern durch Deine Sorgfalt aus dem gegenwärtigen Chaos gelöst, langsam in Dir in der Einheit der neuen Erde zusammenfinden …

Die universale Liebe

Herr, Du bist es, der Du mit dem unmerklichen Stachel eines sinnenhaften Zaubers in mein Herz gedrungen bist, um mein Leben in Dir verströmen zu lassen. Du bist herabgestiegen in mich, einen kleinen Splitter der Dinge benutzend, und dann hast Du Dich plötzlich vor meinen Augen als die Universale Existenz entfaltet. Herr, laß mich Dich unter dieser so nahen und so konkreten ersten

Gestalt lange kosten, in allem, was belebt, und allem, was überströmt, in allem, was eindringt, und allem, was umhüllt – in dem Duft, und dem Licht, und der Liebe, und dem Raum ...

Ich glaubte zu hören, Herr, daß unter Deinen Dienern einige bedenklich werden, wenn sie ein Herz sehen, das zu sehr empfindet (ganz wie ihnen ein Geist gefährlich scheint, der zuviel denkt)... Aber ich kann nicht glauben, daß diese recht haben. Denn schließlich, Herr, mit welcher Substanz soll einer, der seine Seele dem Ruf des immanenten Göttlichen verschließt, die Methoden nähren, durch die er sein Gebet unterstützen will?

Wie es nur eine einzige Materie gibt, die geschaffen wurde, das zunehmende Wachstum des Bewußtseins im Kosmos zu tragen, so gibt es auch *nur ein Grundgefühl,* das Fundament jeglicher Mystik, nämlich: *die der menschlichen Person eingeborene Liebe, die sich auf das ganze Universum erstreckt.*

Wie jede natürliche Kraft ist auch diese Leidenschaft in ihrer Entwicklung dem Stillstand, der Verkehrung, dem Irrgang ausgesetzt ... Sie kann in eitle Poesie verdunsten, sich in naturalistische Mystik verirren, in einen heidnischen Pantheismus entarten. Trotzdem bleibt bestehen, daß sie allein aufquellend und uranfänglich ist im menschlichen Herzen.

Wenn deshalb jemand, Gottes wegen, in sich das Gebäude einer sublimen Liebe errichten will, muß er vor allem seine Sinne verfeinern. Durch den klugen und doch eifrigen Umgang mit den ergreifendsten Realitäten muß er in sich sorgfältig das Gefühl, die Schau, den Geschmack der Allgegenwart nähren, die alle Dinge in der Natur umschimmert. Unter diesem einzigen greifbaren Stoff erscheinst Du uns, entzückst uns und offenbarst uns nach und nach die Wunder Deines Daseins unter uns.

Die göttliche Prüfung

Bis jetzt, Herr, war meine Haltung gegenüber Deinen Gaben die eines Menschen, der empfindet, daß er nicht allein ist, und deshalb zu unterscheiden sucht, welcher Einfluß in der Finsternis auf ihm lastet. Jetzt, da mir die durchsichtige Konsistenz, von der wir alle ergriffen sind, enthüllt wurde, muß *das mystische Bemühen, zu schau-*

en, ich begreife es wohl, *dem Bemühen, zu fühlen und mich auszuliefern,* Platz machen. Das ist die *Phase der Vereinigung.* So gehören mir also, nach ihrer Ordnung und in ihrem Maß, all die Gewalten und aller Zauber, alle Gestalten und alle Bewegungen! Mir gehört, was groß ist und stark! Mir, was standhält und was widersteht! Was sich dehnt und was überschäumt! …

Ich will, Herr, um Dich besser zu umfangen, daß mein Bewußtsein so weit werde wie die Himmel, die Erde und die Völker, so tief wie die Vergangenheit, die Wüste und der Ozean, so fein gewoben wie die Atome der Materie und die Gedanken des Menschenherzens …

Muß ich Dir nicht anhangen in der ganzen Weite des Alls? Muß meine Liebe nicht in jedem Ding verwurzelt sein, da Du Dich mir in dem ganzen Antlitz der Welt darbietest, damit ich Dich fühle und Dich halte?

Damit wiederhole ich (ich weiß es) die äußere Geste der Heiden und der Weisen der Erde. Unter denen, die mich sehen, wird mehr als einer den Kopf schütteln und mich anklagen, die Natur anzubeten …

Herr, damit in mir immer der Geist leuchte, damit ich nicht der Versuchung unterliege, die jeder Kühnheit auflauert, damit ich nie vergesse, daß Du *allein* in allem gesucht werden mußt, wirst Du mir in den Stunden, die Du kennst, die Entbehrung, die Enttäuschungen, den Schmerz schicken. Der Gegenstand meiner Liebe wird schwinden oder ich werde ihn hinter mir lassen.

— Die Blume, die ich hielt, ist in meinen Händen verblüht …

— Eine Mauer hat sich an der Wegbiegung vor mir aufgerichtet …

— Den Saum habe ich aufscheinen sehen zwischen den Bäumen des Waldes, den ich ohne Ende glaubte…

— Eine Flamme hat das Blatt verzehrt, das meine Gedanken trug …

— Die Prüfung ist gekommen …

… Und ich war letztlich nicht traurig, wie ich erwartet hätte, wenn ich mich an der Unverläßlichkeit und Begrenztheit irgendeines besonderen Gutes stieß. Im Gegenteil, eine ungeahnte, strahlende Freude ist in meine Seele eingebrochen.

Weshalb denn, Herr?

Weil ich in diesem Scheitern der unmittelbaren Stützen, auf die ich mein Leben zu bauen unterfing, auf einzigartige Weise die Erfahrung machte, daß ich nur noch in Deiner Konsistenz ruhte.

Erquickung und Aufschwünge sind unentbehrlich für die Weckung und Erhaltung des mystischen Sinnes. Aber *all seine Hochgefühle zusammen wiegen nicht den Frost einer Enttäuschung auf,* die uns erfahren läßt, daß Du allein, mein Gott, beständig bist. — Durch den Schmerz und nicht durch die Freude erlangt Deine Göttlichkeit nach und nach in *unserem Empfindungsvermögen* die höhere Wirklichkeit, die sie in der Natur der Dinge besitzt, die aber im Erleben selbst der Eingeweihtesten sich so schwer durchsetzt.

Wenn deshalb eines Tages — mindestens an jenem des Todes — alles um mich zu wanken beginnt, wenn ein völliger Zusammenbruch dieses Gebäude von Forschung und Zuneigung, die das Werk meiner Existenz sind, zerstört, dann wird wohl angesichts der hüllenlosen Gestalt Deiner Konsistenz, die aus so viel Trümmern allein noch herausragt, das Wort, das mir auf die Lippen kommt, Herr, mit Deiner Gnade der alte Festruf aus der Antike sein: Io, triumpe! [O Triumph. Nach Horaz, Epode 7,21—23: quasi deum invocat triumphum: gleichsam den triumphierenden Gott anrufen.]

Das schöpferische Schaffen

Noch mehr, Herr, noch mehr!

— Als Deine Präsenz mich mit ihrem Licht überflutet hat, wollte ich in ihr die eigentlich greifbare Wirklichkeit finden.

— Jetzt, da ich Dich halte, höchste Konsistenz, und mich von Dir getragen fühle, merke ich, daß der geheime Grund meiner Wünsche nicht war, zu umfassen, sondern in Besitz genommen zu werden.

— Nicht als einen Strahl, auch nicht als eine feingesponnene Materie, sondern als Feuer begehre ich Dich und habe ich Dich in der Intuition der ersten Begegnung erahnt. Ich werde erst Ruhe finden — ich sehe es wohl —, wenn von Dir ein aktiver Einfluß über mich hereinbricht, mich umzuwandeln.

Göttlicher Bereich, schon ausgestattet mit den Hüllen der Quantität und des Raumes, offenbare Dich mir als der Brennpunkt aller Energien. Erscheine also in Deinem wahren Wesen, als das *schöpferische Schaffen!*

Die Herrschaft Gottes

Da sind die Kräfte, die liebkosen, und die durchdringen, und die weitmachen. Und da sind auch jene, die zerreißen, die brechen und die zerrütten ... Wie kommt es, Herr, daß während diese vielfältigen Tonarten meiner Knechtschaft, dem Wellengang meines Bewußtseins folgend, nach und nach wie in einem Erschauern aufleuchten — wie kommt es, daß allmählich mein Herz sich mit Vorliebe an diese hält und nicht an jene?

— Was ist es denn im Leiden, was mich so tief Dir ausliefert?

— Warum zitterte ich freudiger als vor Flügeln, wenn Du mir Fesseln reichtest?

— Ach, weil ich in Deinen Geschenken, Herr, einzig den Duft Deines Einwirkens und den Eindruck Deiner Hand auf mir begehrte.

— Mehr als die Freiheit und das Hochgefühl des Erfolgs berauscht uns Menschen die Freude, eine höhere Schönheit gefunden zu haben, die uns beherrscht; das ist die Trunkenheit des Ergriffenen.

— Solange ich mich nach meinen eigenen Wünschen bewege und wachse, kann ich mich für meinen eigenen Meister halten. Solange ich in der Richtung Deines Handelns laufe, spüre ich es nicht: mein Boot scheint weder Steuer noch Segel zu haben. Schlägt aber der Wind um, kommen die jähen Hemmnisse, die das Boot aufwerfen, die Drehungen, die es fast zum Kentern bringen, dann spüre ich an ihrer Kraft die Gewalt, die mich hält. Erst wenn sie sich meinen Wünschen entgegenstellt und sie mattsetzt, nimmt Deine Macht, o Gott, für mein Herz ihre ganze Realität an und prägt mich tief mit dem beseligenden Zeichen ihrer Herrschaft.

Der universale Geist

Es ist also wahr, Herr?... Dadurch, daß ich Wissenschaft und Freiheit ausbreite, kann ich die göttliche Atmosphäre, in die mich zu versenken immer mein einziger Wunsch sein wird, an sich und für mich verdichten! Dir kann ich anhangen, wenn ich mich der Erde bemächtige!... Freude, Freude, Freude des Geistes, und Weitwerden des Herzens! ... So ist denn dieser *Beutetrieb* gerechtfertigt und verklärt, der mich seit meiner Kindheit unablässig zu den Dingen zog, niemals den gleichen, durch die ich doch niemals erreichte, was ich suchte! ...

— Möge die Materie, erforscht und bearbeitet, uns die Geheimnisse ihrer Struktur, ihrer Bewegungen und ihrer Vergangenheit ausliefern!

— Mögen die gebändigten Energien sich vor uns beugen und unserer Macht gehorchen!

— Mögen die Menschen, bewußter und stärker geworden, sich in reichen und glücklichen Verbänden zusammenfinden, in denen das besser angewendete Leben hundertfältige Frucht bringt!

— Möge das Universum unserer Betrachtung die Symbole und die Formen aller Harmonie und aller Schönheit liefern!

... Ich soll *suchen,* und ich soll *finden!*

Es geht nicht um meine Zustimmung noch um mein Wohlbefinden, nicht einmal um mein Leben ...

Es geht um das Weiterleben und die Entfaltung des universalen Geistes – dieses Geistes, der noch nicht vollendet, auch noch *nicht seines vollen Gelingens sicher* ist, der aber in seiner Bewegung nach immer mehr Geistigkeit *auslangt –*, dieses Geistes, den *der Kreislauf der Bedürfnisse und des Zweifels* lebendig hält.

Es geht um das Element, Herr, in dem Du hier wohnen willst ...

Es geht um Dein Dasein unter uns!

Die unaussprechliche Beziehung

Die Bewegung, die mich ergriffen hat, war von *einem Punkt* ausgegangen, von einer Person – der meinen. In der Erregung der Sinne hatte sich dieser Punkt ausgeweitet, wie wenn er alles hätte einsaugen wollen. Aber sehr bald fand *er* sich ergriffen und wie umgepolt. – Mit all den Wesen, die mich umgaben, fühlte ich mich von einer höheren Bewegung gefangen, die die Elemente des Universums aufwühlte und sie in einer neuen Ordnung gruppierte. Als es mir aber gegeben war zu sehen, wohin die blendende Spur der individualisierten Schönheit und der Bruchstücke von Harmonie strebte, bemerkte ich, daß all dies *in einem einzigen Punkt* zentrierte, in einer Person – der Deinen ...

Jesus!

Diese Person besaß in ihrer überströmenden Einheit die Kraft eines jeden der niedrigeren Kreise der Mystik. Ihre Präsenz umströmte alle Dinge und gab ihnen Halt. Ihre Macht beseelte jede Energie. Ihr herrscherliches Leben griff in jedes andere Leben ein, um es sich anzugleichen. – So verstand ich, Herr, daß es möglich war zu leben, ohne aus Dir hinauszutreten und ohne aufzuhören, immer tiefer in Dich zu versinken, Du Ozean eines durchdringenden und bewegenden Lebens. Seit Du gesagt hast, Herr: „Hoc est Corpus meum ...“ [Dies ist mein Leib, Lk 22,19], ist nicht nur das Brot auf dem Altar, sondern auch (gewissermaßen) *alles,* was im Universum die Seele für das Leben des Geistes und der Gnade nährt, *Dein* und *göttlich* geworden – vergöttlicht, vergöttlichend und der Vergöttlichung fähig. Jede Präsenz läßt mich fühlen, daß Du bei mir bist; jeder Kontakt ist die Berührung Deiner Hand; jede Notwendigkeit übermittelt mir eine Regung Deines Willens. – So sehr, daß alles, was wesentlich und beständig um mich ist, mir zur Herrschaft und gewisserweise zur Substanz Deines Herzens geworden ist,

Jesus!

Darum ist es mir nicht möglich, Herr, – es ist unmöglich für jeden, der Dich nur ein wenig verstanden hat –, Dein Antlitz zu betrachten, ohne es *erstrahlen* zu sehen von jeglicher Realität und jeglicher Kraft. In dem Mysterium Deines Mystischen Leibes – Deines Kosmischen Leibes – wolltest Du einen Rückstoß verspüren von jeder Freude und jedem Notruf, der irgendeine der unzähligen Zellen der Menschheit erschüttern würde. Dafür können wir Dich nicht schauen und Dir nicht anhangen, ohne daß sich Dein ganz einfaches Sein unter unserer Umarmung in die wiederhergestellte Vielheit all dessen wandelt, was Du auf Erden liebst,

Jesus!

Aus dieser außerordentlichen Synthese jeglicher Vollkommenheit und jeglichen Werdens, die Du in Dir verwirklichst, geht hervor, daß der Akt, durch den ich Dich besitze, in seiner strengen Einfachheit viel mehr Haltungen und Wahrnehmungen in sich schließt, als ich auf diesen Seiten dargelegt habe und je ausdrücken könnte. Wenn ich an Dich, Herr, denke, vermag ich nicht zu sagen, ob ich Dich mehr hier oder dort finde, ob Du für mich eher Freund, Kraft oder Materie bist, ob ich betrachte oder leide, ob ich bereue oder mich vereinige, ob ich Dich liebe, Dich oder aber die anderen und das übrige ... Jede Zuneigung, jedes Begehren, jeder Besitz, jedes Licht, jede Tiefe, jede Harmonie und jede Glut funkeln allesamt auf in der unaussprechlichen *Beziehung,* die sich knüpft zwischen mir und Dir,

Jesus!

Das ist mein Leib

Die göttliche Vereinigung

Herr, da ich heute, ich Dein Priester, weder Brot noch Wein noch Altar habe, will ich meine Hände über das All des Universums breiten und seine Unermeßlichkeit zur Materie meines Opfers nehmen.

Ist nicht der unendliche Kreis der Dinge die endgültige Hostie, die Du verwandeln willst?

Ist nicht der überschäumende Schmelztiegel, darin sich die Tätigkeiten jeder lebendigen und kosmischen Substanz vermengen und sieden, der Schmerzenskelch, den Du zu heiligen wünschest?

Es gibt eine Weise, die Welt zu betrachten, die uns in ihr nichts als eine Summe ungleichartiger oder feindlicher Elemente sehen läßt. Überall um uns her, so scheint es, unheilbare Trennung und angeborener Widerstreit. Überall das Gemeine ins Kostbare gemischt – der Weizen Seite an Seite mit dem Unkraut. Überall Nutzlosigkeit, Ausschuß, Abraum ...

Du hast mir die Gabe verliehen, mein Gott, unter dieser Zusammenhanglosigkeit der Oberfläche die lebendige und tiefe

Einheit zu fühlen, welche Deine Gnade erbarmungsvoll über unser verzweifeltes Vielerlei geworfen (unter ihm ausgespannt) hat.

Du hast erlaubt, daß ich, die Enttäuschung des Augenscheins überwindend, auf die Dinge keinen Blick werfen kann, ohne vor und nach ihrer Zerbröckelung (die realer als ihre Vielfalt und gleichwohl später ist als sie) das substantielle Band zu bemerken, das im Begriff ist, sich zu knüpfen, die Wunschseele, die dabei ist, sich zu sammeln.

Du hast mir die wesentliche Berufung der Welt enthüllt, sich zu einem Teil, der aus *all* ihrem Sein ausgewählt ist, in die Fülle Deines fleischgewordenen Wortes zu vollenden.

O welch unsagbare Spannung schwirrt durch die Ruhe und das Spiel der Kreatur, für den, der zu sehen versteht! Die Mannigfaltigkeit und Beweglichkeit der Wesen, die wir antreffen, pulverisiert für unsere Sinne die Potenz der Welt. – Des Tages, wann alle diese Fäden der Liebe und des Begehrens sichtbar werden, zusammenfließend in einem gemeinsamen Streben, welch eine Sturzflut und welch ein Schock!

Die ganze Welt ist konzentriert, emporgehoben in der Erwartung der göttlichen Vereinigung ... Und doch stößt die Welt an eine unüberschreitbare Schranke. Nichts gelangt zu Christus, was dieser nicht nimmt und in sich hereinholt!

So seufzt das Universum, zwischen seiner Leidenschaft und seiner Ohnmacht verfangen ...

Wie fühle ich heute, Herr, den Ruf der ermatteten Vielheit durch mich gehen, die im Göttlichen ihre Ordnung und ihre Ruhe zu gewinnen sucht!

Mir ist, als höre ich von allen Kreaturen – von denen, die in der trägen Materie gefangenliegen – von denen auch, die im Licht des Lebens erwachen – von denen, die sich in Freiheit bewegen – die universale Klage aufsteigen: „Erbarme dich unser, Priester, wenn du kannst. Gib uns du unsre Vollendung, indem du uns unsern Gott gibst!"

Wer also wird über die unförmige Masse der Welt die Worte sprechen, die ihr *eine* Seele geben?

Welche Stimme wird zwischen Gott und der Schöpfung das Hindernis niederreißen, das Ihn abhält, zu ihr zu kommen?

Möge sich heute wieder und morgen und immerfort, solange

die Verwandlung nicht restlos erfüllt ist, das göttliche Wort wiederholen: „Dies ist mein Leib." [...]

Herr, nimm dieses Universum in Deine Hände und segne es, das bestimmt ist, die Fülle Deines Seins unter uns zu nähren und zu vollenden!

Bereite es dazu vor, mit Dir verbunden zu werden! Verstärke deshalb die Anziehung, die aus Deinem Herzen auf unseren Staub herabwirkt!

In diesem Augenblick, allmächtiger Vater, in welchem ich alles Streben einsammle, das aus den niederen Sphären zu Dir steigt — der Macht des Verlangens bewußt, das sich durch meine Worte zu bahnen sucht — weiter ausgreifend als die weiße Hostie und in Abhängigkeit von ihr — aus allen Kräften meines Verlangens, meines Betens, meines Vermögens — über alle Entwicklung und alle Substanz — werde ich sprechen:

Hoc est Corpus meum [Dies ist mein Leib, Lk 22,9].

Der göttliche Schoß

Ich knie nieder, Herr, vor dem Universum, das insgeheim unter dem Einfluß der Hostie zu Deinem anbetungswürdigen Leib und Deinem göttlichen Blut wurde.

Ich werfe mich in seiner Gegenwart nieder oder vielmehr, besser, *ich sammle mich in ihm.*

Die Welt ist voll von Dir! ...

O universaler Christus, wahres Fundament der Welt, der Du Deine Vollendung in der Anfüllung all dessen findest, was Deine Macht aus dem Nichts hervorgehen ließ, ich bete Dich an, und ich gehe auf in dem Bewußtsein Deiner universal ausgegossenen Fülle.

Diese Fülle, mein Gott, verleihen wir keineswegs Dir wie Teile, die sich zu einer Summe zusammensetzen, sondern *sie überkommt uns.*

Da Dein Leben stärker ist als das unsre, beherrscht es uns, verzehrt es uns, assimiliert es uns in sich hinein.

Wir sind nicht die Elemente, deren Anhäufung Dich konstituiert, sondern die Nahrung, die Dein Feuer unterhält.

Deine Vollendung vollführt uns, weit eher als daß sie aus unseren Entwicklungen hervorginge. — Und dennoch, Herr, es bleibt bestehen, daß wir die für Deine Ausweitung notwendige Grundlage sind.

Du vernichtest uns nicht, wenn Du uns überflutest. Sondern Du hütest eifersüchtig das Mark unserer natürlichen Fähigkeiten, um daraus die Achse, den Kern, die Stütze Deines Wachstums zu machen. – Unter Deinem Wirken – das umwandelt und nicht zerstört – geht alles, was an Gutem in uns ist, auf ewig in die Vollkommenheit Deines Leibes ein.

So kann ich fortan leben und arbeiten, ohne aus Dir hinauszugehen, *voll und ganz beseligt.*

Du, Jesus, bist die Zusammenfassung und der Gipfel jeder menschlichen und kosmischen Vollkommenheit. Kein Zug von Schönheit, kein Liebreiz von Güte, kein Element von Kraft, das nicht in Dir seinen geläuterten Ausdruck und seine Krönung findet... Wenn ich Dich besitze, halte ich wirklich in einem einzigen Gegenstand die ideale Vereinigung alles dessen, was das Universum geben und erträumen lassen kann, zusammengerafft. Der einzigartige Wohlgeschmack Deines bewunderungswürdigen Wesens hat die erlesensten Aromen, die die Erde enthält und andeutet, so gut zusammengezogen und synthetisiert, daß wir sie nun nach Wunsch, eines um das andere, unbegrenzt in Dir finden können, o Brot, das alle Erquickung in sich schließt!

Fülle Du des geschaffenen Seins *(plenitudo entis creati),* so bist Du, Jesus, auch die Fülle meines persönlichen Seins *(plenitudo entis mei)* und die aller Lebenden, die Deine Herrschaft anerkennen. In Dir und in Dir allein können wie in einem Abgrund ohne Schranken unsere Kräfte losschnellen und sich entspannen – ihr Vollmaß geben –, ohne an irgendeine Grenze zu stoßen; – in Liebe und Hingabe hinabtauchen mit der Gewißheit, in Deinen Tiefen nirgends die Klippe eines Versagens, den Boden irgendeiner Kleinlichkeit, die Strömung einer Verkehrtheit anzutreffen.

Durch Dich und durch Dich allein, totales und eigentliches Objekt unserer Zuneigungen, schöpferische Energie, der Du die Verschwiegenheit unserer Herzen und das Geheimnis unseres Wachstums auslotest, ist unsere Seele erwacht, feinfühlig und groß geworden bis zur äußersten Grenze ihrer schlummernden Möglichkeiten.

Unter Deinem Einfluß schließlich, Deinem Einfluß allein,

schmilzt, zerspringt die Schale der organischen Isolierung und des eigenwilligen Egoismus, der die Monaden trennt, und die Menge der Seelen stürzt sich der Einheit zu, die zur Reifung der Welt notwendig ist.

So bist Du, Jesus, eine dritte Fülle, die zu den zwei andern kommt, in einem sehr wahren Sinn die Gesamtheit aller Wesen, die sich, auf immer vereint, im mystischen Verbund Deines Organismus bergen und begegnen *(plenitudo entium)*. In Deinem Schoß, mein Gott, besitze ich alle, die ich liebe, besser als in jeglicher Umarmung, beleuchtet von Deiner Schönheit und wiederum Dich beleuchtend mit den Strahlen (die so stark auf unsre Herzen wirken), die sie von Dir empfangen haben und auf Dich zurückwerfen. Die entmutigende Vielheit der Wesen, auf die ich wirken möchte, um sie zu erhellen und zu führen, da ist sie, in Dir, Herr, versammelt. Durch Deine Vermittlung kann ich ans Innerste jeden Wesens rühren – und hineingeleiten, was ich wünsche –, wenn ich Dich recht bitte und Du es gewährst.

Der göttliche Leib

Wenn ich mir je eingebildet habe, ich sei es, der das konsekrierte Brot nähme und sich damit nährte – in welch einem Licht gewahre ich jetzt, daß ganz im Gegenteil es mich ergreift und mich an sich zieht!

Die kleine reglose Hostie ist in meinen Augen so weit wie die Welt geworden, so verzehrend wie eine Feuersglut. Sie beherrscht mich von überallher. Sie will sich um mich schließen.

Eine unerschöpfliche und universale Kommunion beendet die universale Konsekration.

Ich wüßte nicht, Herr, wie mich solch großer Gewalt entziehen, und ich liefere mich ihr beseligt aus.

Zuerst, mein Gott, vertraue ich mich den allgemeinen Potenzen der Materie, des Lebens, der Gnade an. Der Ozean von Energien, die wir in unserer Schwachheit nicht kontrollieren können, in deren Mitte wir einhertreiben, kaum fähig, uns zurechtzufinden und ein wenig zu lavieren – er ist nun für mich das wohltätige Feld Deines schöpferischen Wirkens geworden. Der Anteil dessen, was „in nobis sine nobis" [in uns ohne uns] ist, der in mir so groß ist, daß meine Freiheit darin ertrunken scheint, ich fühle ihn warm, beseelt, beladen mit der organisierenden Wirkkraft Deines Leibes, Jesus.

Durch alles, was in mir besteht und widerhallt, durch alles, was mich von innen weitet, mich von außen anreizt, mich anzieht oder mich verwundet, arbeitest Du an mir, Herr; – Du modellierst und vergeistigst meinen gestaltlosen Ton; – Du wandelst mich in Dich ...

Um Dich meiner zu bemächtigen, Gott, Du, der Du ferner bist als alles und tiefer als alles, ergreifst Du und verbündest Du die Unermeßlichkeit der Welt und das Innerste meiner selbst.

Ich fühle im Geheimsten meines Seins die totale Anstrengung des Universums mitgetragen.

Diesem gesegneten Erleiden überlasse ich mich nicht passiv, Herr; sondern ich biete mich dazu an, und ich begünstige es aus all meinem Vermögen.

Die belebende Macht der Hostie, ich weiß es wohl, stößt an unsere freie Entscheidung. Ich brauche nur den Eingang meines Herzens zu verschließen, und ich bleibe in der Finsternis – nicht nur meine individuelle Seele, sondern auch das ganze Universum, insoweit dieses Universum tätig ist, meinen Organismus zu unterstützen und meine Erkenntnis zu erwecken, insoweit auch, als ich auf es reagiere, um die Empfindungen, die Ideen, die Sittlichkeit der Handlungen, die Heiligkeit des Lebens aus ihm zu gewinnen. – Ich brauche hingegen nur zu *wollen;* und alsbald erfüllt das Göttliche auf dem Weg meiner lauteren Absicht das Universum in dem Maße, als dieses in mir zentriert ist. Weil ich dank meiner Einwilligung eine lebendige Parzelle am Leib Christi geworden bin, dient alles, was über mich einströmt, schließlich dazu, Christus zu entfalten. Christus überflutet mich, mich und *meinen* Kosmos.

O Herr, ich verlange danach.

Möge meine Hinnahme immer vollständiger, immer großzügiger, immer stärker sein!

Möge mein Wesen sich immer offener, immer durchsichtiger Deinem Einfluß darbieten!

Und möge ich so Dein Wirken immer näher fühlen, Deine Gegenwart immer dichter, überall um mich her.

„*Fiat, Fiat*" [Es geschehe, vgl. Lk 1,38].

Um Dein Wirken, das Du durch alle Dinge auf mich ausübst, zu begünstigen, will ich noch mehr tun, mein Gott, als mich dem Erleiden der Existenz zu öffnen und anzubieten. Ich will mich treulich Deinem Arbeiten an meinem Körper und meiner Seele anschließen. Ich will mich bemühen, Deinen geringsten Antrieben zu folgen und zuvorzukommen. O könnte ich Dir so wenig widerstehen, Herr, daß Du es gleichsam nicht mehr fertig brächtest, mich von Dir zu unterscheiden! ... so vollkommen würden wir in der Kommunion des Willens vereinigt sein!

Selbst diese vollkommene Gefügigkeit, Herr, wäre noch nicht alles, was Du von mir erwartest. Denn sie würde den positiven Reichtum meines Tuns nicht erschöpfen. Nur das *Formale* – nicht das *Materiale* – meines Handelns würde sie erreichen. Doch Du willst mein ganzes Wesen, Jesus, die Frucht mit dem Baum, die hervorgebrachte Arbeit samt der eingefangenen Potenz – das *opus* mit der *operatio*. Um Deinen Hunger und Deinen Durst zu stillen, um Deinen Leib bis zu seiner vollen Entfaltung zu nähren, tut es Dir not, unter uns eine Substanz zu finden, die Du aufzehren könntest. Diesen Nährstoff, der bereit ist, in Dich verwandelt zu werden, diesen Unterhalt Deines Fleisches will ich Dir zurichten, indem ich in mir und überall den *Geist* befreie, – den Geist, durch das Bemühen (auch das natürliche), das Wahre zu erkennen, das Gute zu leben, das Schöne zu schaffen ...

– den Geist, durch die Abtrennung der niederen und schlechten Potenzen ...

– den Geist, durch die soziale Übung der Nächstenliebe, welche allein die Vielheit in eine einzige Seele einholen kann ...

Das Erwachen des G*eistes in der Welt,* wenn auch noch so wenig, *fördern, heißt, dem Inkarnierten Wort ein Anwachsen an Wirklichkeit und Konsistenz* anbieten, heißt, seinem Einfluß ermöglichen, sich um uns her zu verdichten.

Was heißt das anderes, Herr, als daß ich durch die ganze Breite und Dichte des Wirklichen, durch all seine Vergangenheit und durch all sein Werden, durch alles, was ich ertrage, und alles, was ich tue, durch all die Knechtschaft, die Initiative, durch das Werk selbst meines Lebens zu Dir gelangen, mich Dir vereinen und in dieser Vereinigung unbegrenzt weiterschreiten kann!

Den dreifachen Traum der Liebe, Du verwirklichst ihn mit unerhörter Fülle durch Deine Inkarnation: – sich in den geliebten

Gegenstand einhüllen, ja, in ihm ertrinken –unaufhörlich seine Gegenwart intensivieren – und sich darin verlieren, ohne sich jemals an ihm zu sättigen ...

Der göttliche Dienst

Jetzt, mein Gott, da Du mich in allem und durch alles mit Dir vereint hast, gehöre ich mir nicht mehr.

Gemäß dem Gesetz jeder Fülle in einem noch vielfältigen und veräußerlichten (diffusen) Universum muß ich aber wie das erwachsene Leben und die brennende Flamme das Feuer, das Du mir mitgeteilt hast, verbreiten.

In einem stetig wachsenden Licht zeigst Du mir immer klarer Deinen (individuellen und sakramentalen) Leib, wie er sich mit einem „Hof" von lebendem Staub so weit wie die Welt umgibt – und wie sich unter der Wirkung Deiner vergeistigenden Ausströmung der auserwählte Teil dieses Staubes in Deinem Brennpunkt konzentriert, während der Rest auf die Wege der Nacht gejagt wird ...

Ich sehe Dein Fleisch ins ganze Universum auslangen und sich solcherart mit ihm mischen, daß es alle brauchbaren Elemente aus ihm gewinnt. Kein Atom, das Deiner Totalität nicht seinen Tribut leistet, und wäre es vor seiner Beseitigung.

Ich merke schließlich, daß jede, auch die natürliche Vollkommenheit die notwendige Grundlage für den mystischen und endgültigen Organismus ist, den Du vermittels aller Dinge auferbaust. Du zerstörst die Wesen nicht, die Du an Dich nimmst, Herr; aber Du verwandelst sie, wobei Du alles, was Jahrhunderte der Schöpfung Gutes in ihnen erarbeitet haben, bewahrst.

– Universalität Deiner göttlichen Anziehung und wesenhafter Wert unseres menschlichen Tuns – ich brenne, mein Gott, diese zweifache Offenbarung, die Du mir gibst, zu verbreiten und sie zu verwirklichen. [...]

Ich, Herr, möchte, für mein sehr bescheidenes Teil, der Apostel sein und (wenn ich so sagen darf) der Evangelist *Deines Christus im Universum.* – Ich möchte durch meine Betrachtungen, durch mein Wort, durch die Praxis meines ganzen Lebens die Kontinuitätsbeziehungen aufdecken und predigen, die aus dem Kosmos, darin wir uns bewegen, ein durch die Inkarnation vergöttlichtes Medium machen, das durch die Kommunion vergöttlichend wirkt und durch unsere Mitwirkung selbst zu vergöttlichen ist.

Die Ewigkeit der Werke

Es bedeutet schon viel, denken zu dürfen, wenn wir Gott lieben, werde etwas von unserer inneren Tätigkeit, etwas von unserer *operatio,* nie verlorengehen. Aber wird nicht auch die Arbeit selbst, die Geist und Herz und Hände leisten, das Arbeitsergebnis, das Werk, das *opus,* auf irgendeine Weise „verewigt" und gerettet?

O doch, Herr, kraft des Anspruchs, den Du selbst ins Innerste meines Willens gelegt hast, wird es so sein. Ich will, ich habe es nötig, daß es so sei.

Ich will es, weil ich unwiderstehlich liebe, was Deine fortwährende Mithilfe mir täglich zur Wirklichkeit hinzuzufügen erlaubt. Diesen Gedanken, dieses greifbare Kunstwerk, diese Harmonie von Tönen, diesen ganz bestimmten Ausdruck der Zuneigung, den köstlichen Anflug eines Lächelns oder eines Blickes, alle diese neuen Schönheiten, die in mir und um mich erstmals auf dem menschlichen Antlitz der Erde erscheinen, ich liebe sie wie Kinder, von denen ich einfach nicht glauben kann, daß sie in ihrem Fleisch vollständig sterben werden. Wenn ich glaubte, die Dinge würden für immer verwelken, hätte ich ihnen denn jemals das Leben gegeben? – Je mehr ich mich selbst erforsche, um so deutlicher wird mir die psychologische Wahrheit bewußt, daß der Mensch nicht einmal den kleinen Finger für eine Arbeit rührt, wenn er nicht von der mehr oder weniger deutlichen Überzeugung beseelt ist, er arbeite ein klein wenig (wenigstens auf Umwegen) am Bau eines Endgültigen mit, das heißt, an Deinem eigenen Werk, mein Gott. Dieser Gedanke mag jenen fremd und übertrieben scheinen, die einfach tätig sind, ohne sich dabei bis ins Innerste zu prüfen. Und doch wird auch ihr Handeln von diesem grundlegenden Gesetz bestimmt. Es braucht nichts weniger als die Anziehungskraft dessen, was man das Absolute nennt – es braucht nichts weniger als Dich selbst, um die gebrechliche Freiheit, die Du uns gegeben hast, in Schwingung zu versetzen. Alles, was also meinen ausdrücklichen

Glauben an den himmlischen Wert meiner Arbeitsergebnisse vermindert, entwertet unheilbar auch meine Fähigkeit zu handeln.

Zeige allen Deinen Gläubigen, Herr, wie „ihre Werke ihnen" im wahren und vollen Sinn in Dein Reich „nachfolgen": *opera sequuntur illos* [Die Werke folgen ihnen, Off 14,13]. Ohne diesen Glauben sind sie träge Arbeiter, die keine Aufgabe drängt. Ist aber der menschliche Instinkt bei ihnen [nicht] stärker als das Zaudern oder die Sophismen einer ungenügend erleuchteten Religion, dann bleiben sie geteilt und im tiefsten Grunde ihres Wesens behindert. Dann kann man mit Recht sagen, daß die Söhne des Himmels im Bezirk des Menschlichen nicht mit der gleichen Überzeugung, also nicht mit den gleichen Waffen wetteifern können wie die Kinder dieser Erde.

Der doppelte Faden des Lebens

Ja, mein Gott, ich glaube es, und ich glaube es um so lieber, weil es ja nicht nur um meine Beschwichtigung, sondern um meine Vollendung geht: Du bist am Ursprung Ansporn und am Ende Anziehung, und ich kann mein Leben lang nur dem ersten Antrieb und seinen Entfaltungen folgen oder sie begünstigen. Und Du bist es auch, der für mich die Myriaden Einflüsse, die jeden Augenblick auf mich eindringen, durch Deine Allgegenwart belebst, mehr belebst als mein Geist die Materie, die er beseelt. – Im Leben, das in mir emporquillt, und in der Materie, die mich trägt, finde ich noch Besseres als Deine Geschenke: Dir selbst begegne ich, Dir, Der Du mich an Deinem Sein teilhaben läßt und mich knetest. In der Tat, im anfänglichen Regulieren und Modulieren meiner Lebenskraft, im günstig fortgesetzten Spiel der Zweitursachen berühre ich, so nah wie nur möglich, die zwei Gesichter Deiner Schöpfertätigkeit. Ich begegne Deinen zwei wunderbaren Händen und ich küsse sie: die Hand, die so tief greift, daß sie sich in uns mit den Quellen des Lebens vermischt, und jene, die so weit umfaßt, daß sich unter ihrem geringsten Druck alle Spannkräfte des Weltalls auf einmal harmonisch beugen. Diese seligen Formen des Erleidens – für mich sind es der Lebenswille, die Freude, so und nicht anders zu sein, und die Gelegenheit, mich nach meinem Gutfinden zu verwirklichen –, sie sind schon ihrer Natur nach von Deinem Einfluß geladen, von einem Einfluß, der mir bald ganz klar als die ordnende Kraft des mystischen Leibes erscheinen wird. Um mich in ihnen mit Dir zu vereinigen, in einer Vereinigung im Ursprung – einer Vereinigung an den Lebensquellen –, muß ich Dich nur in ihnen erkennen und Dich bitten, immer mehr in ihnen zu sein.

Dein Anruf geht allen unseren Bewegungen voran. So erwecke Du, Herr, in mir die Sehnsucht nach dem Sein, damit durch den göttlichen Durst, den Du mir gegeben, der Zugang zu den großen Wassern sich in mir weit öffne. Entziehe mir nie die heilige Freude am Sein, diese Urkraft, diesen allerersten Halt: *„Spiritu principali confirma me"* [Durch den Urgeist stärke mich, vgl. Ps 50,14]. Du, dessen liebende Weisheit mich aus allen Kräften und allen Zufällen der Erde herausformt, laß mich eine Gebärde tun, deren volle Wirksamkeit sich mir angesichts der Mächte der Verminderung und des Todes offenbaren wird – laß mich, nachdem ich es gewünscht habe, glauben, glühend glauben, über allen Dingen an Deine wirkende Gegenwart glauben.

Durch Dich sind diese Erwartung und dieser Glaube schon voll von wirkender Kraft. Doch wie soll ich es anstellen, um durch eine äußere Anstrengung Dir zu bezeugen und mir selbst zu beweisen, daß ich nicht zu jenen gehöre, die einfach mit den Lippen sagen: „Herr, Herr!"? Ich will an Deinem vorgreifenden Wirken mitarbeiten, und zwar auf zweifache Art. Zunächst will ich auf Deine tiefe Eingebung, die mir zu sein befiehlt, mit dem Vorsatz antworten, meine Kraft zu lieben und zu handeln nie zu ersticken, nie abzulenken und nie zu vergeuden. Zweitens will ich mich an Deine einhüllende Vorsehung klammern, die mir immerfort durch die Ereignisse des Tages den nächsten Schritt, den ich zu tun, und die nächste Sprosse, die ich zu erklimmen habe, zeigt, und will mich hüten, eine Gelegenheit zu verpassen, um „zum Geist" aufzusteigen.

Das Leben eines jeden von uns ist gleichsam aus zwei Fäden geflochten: Dem Faden der inneren Entwicklung entlang formen sich nach und nach unsere Ideen, unsere Gefühle, unsere menschliche und mystische Haltung. Am Faden des äußern Erfolges befinden wir uns in jedem Augenblick an dem bestimmten Punkt, wo die gesamten Kräfte des Universums konvergieren, um auf uns die von Gott erwartete Wirkung auszuüben.

Mein Gott, damit Du mich immerzu so, wie Du mich wünschest, dort findest, wo Du mich erwartest, das heißt, damit Du mich durch mein Inneres und durch mein Äußeres voll erfassest – gib, daß ich niemals diesen doppelten Faden meines Lebens zerreiße.

Sterben als Kommunizieren

Mein Gott, mitten im tätigen Leben fühlte ich voll Freude, wie ich mich selbst entwickelte und dadurch Deine Macht über mich vermehrte. Gerne überließ ich mich unter dem inneren Drang des Lebens oder im günstigen Spiel der Ereignisse Deiner Vorsehung. Nachdem ich also die Freude entdeckt habe, jedes Wachstum einzusetzen, um Dich in mir größer zu machen oder größer werden zu lassen, gib, daß ich nun auch ohne Verwirrung an diese letzte Stufe der Vereinigung herantrete, auf der ich Dich, in Dir abnehmend, besitzen werde.

Nachdem ich Dich als Den erkannt habe, „Der mein erhöhtes Ich ist", laß mich, *wenn meine Stunde gekommen ist,* Dich unter der Gestalt jeder fremden oder feindlichen Macht wiedererkennen, die mich zerstören oder verdrängen will. Wenn sich an meinem Körper und noch mehr an meinem Geist die Abnutzung des Alters zu zeigen beginnt; wenn das Übel, das mindert oder wegrafft, mich von außen überfällt oder in mir entsteht; im schmerzlichen Augenblick, wo es mir plötzlich zum Bewußtsein kommt, daß ich krank bin und alt werde; besonders in jenem letzten Augenblick, wo ich fühle, daß ich mir selbst entfliehe, ganz ohnmächtig in den Händen der großen unbekannten Mächte, die mich gebildet haben; in all diesen düsteren Stunden, laß mich, Herr, verstehen, daß Du es bist, der – sofern mein Glaube groß genug ist – unter Schmerzen die Fasern meines Seins zur Seite schiebt, um bis zum Mark meines Wesens einzudringen und mich in Dich hineinzuziehen.

Ja, je tiefer das Übel im Grunde meines Fleisches unheilbar eingefressen ist, um so mehr kannst Du es sein, den ich in mir berge wie einen liebenden und tätigen Quell der Reinigung und der Loslösung. Je mehr sich die Zukunft vor mir wie eine schwindelerregende Kluft oder wie ein dunkler Durchgang öffnet, um so mehr kann ich, wenn ich mich auf Dein Wort hin hineinwage,

Vertrauen haben, mich in Dir zu verlieren oder mich in Dich wie in einen Abgrund zu stürzen – in Deinen Leib, Jesus Christus, aufgenommen zu werden.

O, Kraft meines Herrn, unwiderstehliche und lebendige Macht, weil Du von uns beiden der unendlich Stärkere bist, fällt Dir die Rolle zu, in der Einigung, die uns verschmelzen soll, mich zu verbrennen. Gib mir also etwas noch Wertvolleres als die Gnade, um die Dich alle Deine Gläubigen bitten. Es genügt nicht, daß ich beim Sterben kommuniziere. Lehre mich *zu kommunizieren, indem ich sterbe.*

Der Schoß der Materie

Was wäre unser Geist, mein Gott, hätte er nicht das Brot der irdischen Gegenstände, um sich zu nähren, den Wein der geschaffenen Schönheiten, um sich zu berauschen, die Übung in den menschlichen Kämpfen, um sich zu stärken? Welche armseligen Kräfte, welche blutleeren Herzen brächten Dir Deine Geschöpfe entgegen, wenn sie dazu kämen, sich *vorzeitig* vom Schoß zu trennen, in dem Du sie in Deiner Vorsehung geborgen hast! Zeige uns, Herr, wie wir diese Sphinx anschauen können, ohne daß sie uns verführt! Laß uns ohne ausgeklügelte menschliche Gelehrsamkeit, bloß aus der einfachen Gebärde Deines erlösenden Eintauchens in die Materie, das Geheimnis verstehen, das auch hier, in den Eingeweiden des Todes, verborgen liegt. Durch Deine schmerzliche Menschwerdung enthülle uns die geistige Kraft der Materie und lehre uns, sie eifersüchtig für Dich einzufangen.

Der universale Christus

Mein Gott, wenn ich mich dem Altar nähere, um zu kommunizieren, gib, daß ich künftig jene unendlichen Perspektiven erkenne, die unter der kleinen, nahen Hostie, in der Du Dich verbirgst, vor mir versteckt sind. Ich habe mich schon daran gewöhnt, unter der Reglosigkeit dieses Stückleins Brot eine verzehrende Macht zu erkennen, die – wie Deine größten Kirchenlehrer sagen – mich angleicht und weit davon entfernt ist, sich von mir angleichen zu lassen. Hilf mir, den Rest der Illusion zu überwinden, in der ich glauben konnte, Deine Berührung sei begrenzt und vorübergehend.

Ich beginne zu begreifen: Unter den sakramentalen Gestalten berührst Du mich zunächst durch die „Akzidenzien" [Eigenschaften] der Materie, aber auch durch Rückwirkung des ganzen Universums, in dem Maße, wie dieses unter Deinem ersten Einfluß auf mich zurückfließt und mich beeinflußt. Die Arme und das Herz, die Du mir öffnest, sind tatsächlich nichts weniger als die vereinten Kräfte der Welt, die, bis zu ihrem tiefsten Grunde von Deinem Willen, von Deinem Sinn, von Deinem Wesen durchdrungen, sich auf mein Sein legen, um es zu formen, zu nähren und bis in die innerste Glut Deines Feuers hineinzuziehen. In der Hostie schenkst Du mir *mein Leben,* Jesus!

Was kann ich tun, um diese einhüllende Umarmung aufzufangen? Um diesen Kuß des Universums zu erwidern? *„Quomodo comprehendam ut comprehensus sum?"* [Wie kann ich ergreifen, wie ich ergriffen bin? vgl. Phil 3,12] Dem unbeschränkten Anerbieten, das mir gemacht wird, wüßte ich nicht anders als durch eine unbeschränkte Annahme zu antworten. Ich werde der eucharistischen Berührung also *mit der ganzen Anstrengung meines Lebens antworten* – meines heutigen und morgigen Lebens – meines persönlichen Lebens und meines mit allem andern Leben verbundenen Lebens. In mir lösen sich die heiligen Gestalten immer wieder auf. Aber sie lassen mich jedesmal ein wenig tiefer in den Schichten Deiner Allgegenwart zurück. Im Leben und im Sterben, in keinem Augenblick werde ich aufhören, in Dir voranzuschreiten. Das stillschweigende Gebot Deiner Kirche, daß man immer und überall kommunizieren solle, ist also unerhört nachdrücklich und streng gerechtfertigt. Die Eucharistie muß mein Leben überfluten. Mein Leben muß dank des Sakramentes zu einer unbegrenzten und unaufhörlichen Berührung mit Dir werden – das gleiche Leben, das mir vor ein paar Augenblicken wie eine Taufe mit Dir in den Wassern der Welt erschienen war und sich mir jetzt als eine Kommunion mit Dir durch die Welt enthüllt. *Das Sakrament meines Lebens* – meines empfangenen Lebens – meines gelebten Lebens – meines zurückgelassenen Lebens ...

Du bist zum Himmel aufgefahren, nachdem Du bis zur Hölle abgestiegen bist. Dadurch hast Du, o Jesus, das Universum in jedem Sinn so vollständig erfüllt, daß es uns künftig glücklicherweise unmöglich sein wird, aus Dir hinauszutreten. *„Quo ibo spiritu tuo et quo a facie tua fugiam.“* [Wohin werde ich gehen vor Deinem Geist, und wohin vor Deinem Antlitz fliehen, Ps 138,7] Ich bin nun dessen ganz gewiß. Weder das Leben, durch dessen Ablauf Du immer vollständiger von mir Besitz ergreifst, noch der Tod, der mich in Deine Hände wirft, weder die geistigen Mächte, die guten oder bösen, die Deine lebenden Werkzeuge sind, noch die Kräfte der Materie, in die Du getaucht bist, weder die nichtumkehrbaren Fluten der Dauer, deren Rhythmus und Ablauf Du als letzte Instanz überwachst, noch die unergründbaren Tiefen des Raumes, die ein Maß Deiner Größe sind, *„neque mors, neque vita, neque angeli, neque principatus, neque potestates, neque virtutes, neque instantia, neque futura, neque fortitudo, neque altitudo, neque profundum, neque (ulla) creatura alia“* [Weder Tod noch Leben, weder Engel noch Gewalten und Mächte, weder Gegenwärtiges noch Zukünftiges, weder Kraft noch Höhe und Tiefes noch irgendein anderes Geschaffenes, Röm 8,38] – nichts von alldem wird mich von Deiner wesenhaften Liebe trennen; denn all dies ist ja nur der Schleier, dies sind nur die „Gestalten“, unter denen Du mich ergreifst, damit ich Dich ergreifen kann.

O Herr, ich frage abermals, welche der beiden Seligkeiten ist kostbarer: daß für mich alle Dinge eine Berührung mit Dir sind? Oder daß Du so „universal“ bist, daß ich Dich in jedem Geschöpf erfahren und fassen kann?

Manchmal bildet man sich ein, man mache Dich für meine Augen anziehender, indem man in fast ausschließlicher Weise den Reiz und die Güte Deines menschlichen Antlitzes von damals verherrlicht. O wahrhaft, Herr, wollte ich nur einen Menschen lieben, würde ich mich dann nicht jenen zuwenden, die Du mir im Zauber ihrer blühenden Gegenwart gegeben hast? Mütter, Brüder, Freunde, Schwestern, sind unter ihnen nicht viele von unwiderstehlicher Liebenswürdigkeit und leben mit uns? Was sollten wir denn in dem Judäa vor zweitausend Jahren suchen?... Nein, was ich, wie jedes Wesen, mit dem Schrei meines ganzen Lebens, sogar meiner ganzen irdischen Leidenschaft herbeirufe, ist etwas ganz anderes, als einen mir Ähnlichen zu lieben. Einen Gott will ich anbeten.

Oh, anbeten heißt, sich im Unergründlichen verlieren, ins Unausschöpfbare eintauchen, im Unvergänglichen Frieden finden, in der begrenzten Unermeßlichkeit aufgehen, sich dem Feuer und der Transparenz hingeben, sich bewußt und willentlich in dem Maße vernichten, als man seiner selbst bewußter wird, sich vom Grund auf Jenem schenken, Der ohne Grund ist! Wen können wir anbeten?

Je mehr der Mensch Mensch wird, um so mehr wird er vom Bedürfnis gepackt, und zwar von einem immer ausdrücklicheren, immer reineren, immer unmäßigeren Bedürfnis anzubeten.

O Jesus, zerreiße die Wolken mit Deinem Blitz! Zeige Dich uns als der Starke, der Strahlende, der Auferstandene! Sei uns der Pantokrator [Allherrscher], der in den alten Basiliken die volle Einsamkeit der Kuppeln beherrscht! Es braucht nichts weniger als diese Parusie [Wiederkunft], um in unseren Herzen die Herrlichkeit der aufsteigenden Welt auszugleichen und zu beherrschen. Damit wir mit Dir die Welt besiegen, erscheine uns bekleidet mit der Herrlichkeit der Welt!

Der Schleier vor unseren Augen

„Domine, fac ut videam." [Herr, mache mich sehend, Lk 18,41] – Herr, wir wissen und wir erahnen, daß Du überall um uns bist. Aber es scheint, als hätten wir einen Schleier vor unseren Augen. Laß Dein universelles Antlitz von überallher leuchten: *„illumina vultum tuum super nos."* [Laß Dein Antlitz über uns leuchten, vgl. Ps 66,2]. Möge Dein tiefer Glanz das Innerste bis in die dichten Dunkelheiten erhellen, in denen wir uns bewegen. *„Sit splendor Domini nostri super nos."* [Des Herrn Glanz sei über uns, Ps 89,17]. Sende uns dafür Deinen Geist, *„Spiritus principalis"* [Urgeist], dessen entflammendes Wirken allein die große Umgestaltung beginnen und vollenden kann, von der alle innere Vollkommenheit kommt und nach der Deine Schöpfung seufzt: *„Emitte Spiritum tuum, et creabuntur et renovabis faciem terrae."* [Sende aus Deinen Geist, und sie werden geschaffen, und Du wirst das Antlitz der Erde erneuern, Ps 103,30].

Der Schrecken der Welt

„*Domine, adiuva incredulitatem meam.*" [Herr, hilf meinem Unglauben, Mk 9,24]. Ach, Du weißt es selbst, Herr, da Du ja als Mensch die Angst auch erfahren hast. An gewissen Tagen erscheint uns die Welt als ein schreckliches Ding: ungeheuer, blind und roh. Sie schüttelt uns, zerrt uns hin und her, tötet uns, ohne dessen zu achten. Heldenhaft – das kann man wohl sagen – hat es der Mensch dazu gebracht, zwischen den großen, kalten und dunklen Wassern einen bewohnbaren Bezirk zu schaffen, wo es beinahe hell und warm ist – wo die Wesen Augen zum Sehen, Hände zum Lindern und ein Herz zum Lieben haben. Aber wie unsicher ist diese Wohnstatt! In jedem Augenblick, durch alle Ritzen bricht das große entsetzliche Ding herein – dieses Ding, dessen Gegenwart wir krampfhaft zu vergessen suchen und das doch immerwährend da ist, nur durch eine dünne Zwischenwand von uns getrennt. Feuer, Pest, Sturm, Erdbeben und die Entfesselungen dunkler seelischer Kräfte reißen in einem Augenblick rücksichtslos ein, was wir mühsam aufgebaut und mit Verstand und Herz ausgestattet hatten.

Mein Gott, da mir meine menschliche Würde verbietet, wie ein Tier oder ein Kind davor die Augen zu schließen – und damit ich der Versuchung nicht unterliege, das Universum und seinen Schöpfer zu verfluchen – *gib, daß ich es anbete, weil ich Dich in ihm verborgen sehe.* Das große befreiende Wort, Herr, das Wort, das zugleich offenbart und tätig ist, wiederhole es mir, Herr: „*Hoc est Corpus meum.*" [Dies ist mein Leib, Lk 22,19]. Wahrhaftig, das ungeheure und düstere Ding, das Gespenst, der Sturm – wenn wir wollen – bist Du! „*Ego sum, nolite timere.*" [Ich bin es, fürchtet euch nicht, Mt 14,27] Alles, was uns in unserem Leben erschreckt, alles, was Dich selbst im Ölgarten entsetzt hat, das sind im Grunde nur die Gestalten oder Erscheinungsformen, die Materie desselben Sakramentes.

Die Liebe zum „Anderen"

Mein Gott, ich bekenne, ich stand lange Zeit – und stehe leider noch immer – der Nächstenliebe ablehnend gegenüber. Voll Inbrunst habe ich die übermenschliche Freude ausgekostet, mich selbst zu durchbrechen und in jene Seelen zu verlieren, für die mich die so geheimnisvolle Verwandtschaft der menschlichen Zuneigung bestimmt hat. Doch der Gemeinschaft jener gegenüber, die Du mich lieben heißest, fühle ich mich von Geburt an feindselig und verschlossen. Was im Universum über mir oder unter mir (man könnte sagen, auf der gleichen Linie) steht, das füge ich leicht in mein inneres Leben ein: die Materie, die Pflanzen, die Tiere und dann die Kräfte, die Gewalten, die Engel – sie alle nehme ich ohne Schwierigkeit an und fühle mich voll Freude innerhalb ihrer Hierarchie geborgen. Aber der „andere", mein Gott – nicht nur „der Arme, der Lahme, der Krüppel und der Beschränkte", sondern einfach der „andere", der „andere" kurzhin – jener, dessen Universum dem meinen anscheinend verschlossen ist, der unabhängig von mir zu leben und mir die Einheit und die Stille der Welt zu zerschlagen scheint –, wäre ich aufrichtig, wenn ich leugnete, daß meine gefühlsmäßige Reaktion ihn zurückstoßen möchte? Wenn ich leugnete, daß der bloße Gedanke, mit ihm in geistige Verbindung zu treten, mich schon mit Widerwillen erfüllt?

Mein Gott, laß mir im Leben des anderen Dein Antlitz leuchten. Das unwiderstehliche Licht Deiner Augen, das auf dem Grund der Dinge strahlt, hat mich schon zu jedem Werk begleitet, das ich vollbringen, und zu jedem Schmerz, den ich ertragen mußte. Gib, daß ich Dich auch und vor allem im Innersten, im Vollkommensten, im Fernsten der Seele meiner Brüder erkenne.

Das Geschenk, das Du von mir für diese Brüder abverlangst – das einzige Geschenk, über das mein Herz verfügt –, ist nicht jene von privilegierten Zuneigungen übervolle Zärtlichkeit, die Du als stärksten geschaffenen Ansporn des inneren Wachstums in unser Leben setzest. Was Du verlangst, ist weniger angenehm, aber ebenso wirklich und noch stärker. Du willst, daß sich durch Deine Eucharistie zwischen den Menschen und mir jene grundlegende Anziehung offenbare, die jede Liebe dunkel vorausahnt und die aus den Myriaden von vernünftigen Geschöpfen auf mystische Art eine Einheit in Dir, Jesus Christus, bildet. Du willst, daß mich etwas Höheres zum „andern" hinziehe als eine bloß persönliche Sympathie, nämlich *die innerste Verwandtschaft, die zwischen jeder Welt für sich und dieser Welt für Gott besteht.*

Du verlangst ja damit von mir nichts psychologisch Unmögliches; denn Du lädst mich ein, in der fremden und unzählbaren Menge nur immer dasselbe persönliche Sein zu lieben, nämlich das Deine.

Du verpflichtest mich dem Nächsten gegenüber auch keineswegs zu scheinheiligen Liebesbezeugungen; denn mein suchendes Herz kann ja Deine Person nur in dem finden, was in jedem anderen Menschen den einmaligen und konkreten Kern seiner Person darstellt; an dieses andere Selbst, nicht an ein unbestimmtes Sein um ihn herum, richtet sich meine Liebe.

Nein, Du verlangst von mir weder Falsches noch Unmögliches. Durch Deine Offenbarung und Deine Gnade zwingst Du nur das Menschlichste in uns, endlich seiner selbst bewußt zu werden. Die Menschheit schlief – sie schläft noch immer –, indem sie in den schmalen Freuden ihrer kleinen abgeschlossenen Liebe dahindöst. Eine unermeßliche geistige Macht schlummert auf dem Grund unserer Vielzahl, die erst offenbar wird, wenn wir vermögen, *die Wände* unseres Egoismus zu *sprengen* und uns durch einen grundlegenden Neuguß unserer Anschauungen zum alltäglichen und praktischen Sehen der universellen Wirklichkeiten zu erheben.

Jesus, Erlöser des menschlichen Tätigseins, dem Du einen Grund zum Handeln bringst – Erlöser der menschlichen Mühsal, der Du Lebenswert verleihst – sei Du auch das Heil der menschlichen Einheit, indem Du uns zwingst, unsere Armseligkeit hinter uns zu lassen und uns, an Dich gelehnt, hinauszuwagen auf die unbekannten Meere der Liebe.

Die Mächte des Bösen

Deine Offenbarung, Herr, verpflichtet mich, mehr zu glauben. Die Mächte des Bösen im Universum sind nicht nur eine Anziehung, ein Abweichen, ein „Minus"-Zeichen, eine vernichtende Umkehr zur Vielheit. Im Laufe der geistigen Entwicklung der Welt haben sich bewußte Elemente, Einheiten, freiwillig aus der Masse herausgelöst, die von Deinem Zauber angezogen ist. Das Böse ist in ihnen gleichsam Fleisch, gleichsam „Substanz" geworden. Und nun bestehen um mich herum dunkle Gegenwarten, schlechte Wesen, bösartige *Dinge,* die unter Deine lichtvolle Gegenwart gemischt sind. Und dieses abgetrennte Ganze stellt einen endgültigen und unwiderruflichen Abfall von der Entwicklung der Welt dar. Es gibt nicht nur *untere,* sondern auch *äußere* Finsternisse. Dies sagt uns das Evangelium.

Mein Gott, keines der Geheimnisse, an die wir glauben müssen, verletzt unsere menschlichen Anschauungen schmerzlicher als das Geheimnis der Verdammung. Je mehr wir Menschen werden, das heißt, der Schätze bewußt, die im geringsten Sein verborgen sind, und je klarer wir den Wert erkennen, den das kleinste Atom für die schließliche Einheit darstellt, um so verlorener fühlen wir uns beim Gedanken an die Hölle. Ein Zurückfallen in irgendein Nicht-Sein, das könnten wir noch verstehen … Aber eine ewige Nutzlosigkeit, und eine ewige Pein! …

Du, mein Gott, hast mir befohlen, an die Hölle zu glauben. Aber Du hast mir auch verboten, mit absoluter Sicherheit von einem einzigen Menschen anzunehmen, er sei verdammt. Ich werde also hier weder versuchen, die Verdammten zu sehen, noch gewissermaßen zu erfahren, ob es solche gibt. Doch indem ich auf Dein Wort hin die Hölle *als ein Bauelement des Universums* annehme, werde ich so lange beten und betrachten, bis mir dieses fürchterliche Ding als eine bestärkende oder gar beseligende Ergänzung der Einblicke erscheint, die Du mir in Deiner Allgegenwart eröffnet hast.

Und wahrhaftig, Herr, muß ich denn meinem Geist oder den Dingen Gewalt antun, um selbst im Geheimnis des zweiten Todes eine Quelle des Lebens zu erkennen? Ist es notwendig, lange hinzusehen, um in den Finsternissen draußen eine erhöhte Spannung und eine Vertiefung Deiner Größe zu entdecken?

Ich weiß wohl, daß die Mächte des Bösen dem Göttlichen Bereich um mich herum mit ihrem freiwilligen Zerstörungswerk nichts anhaben können. Im gleichen Maße, wie sie in mein Universum einzudringen versuchen, erfährt ihr Einfluß — wenn mein Glaube nur groß genug ist — das gemeinsame Schicksal jeder geschaffenen Kraft: Von Deiner unwiderstehlichen Macht erfaßt und umgedreht, verwandeln sich die Versuchungen und Übel ins Gute und schüren die Glut der Liebe.

Selbst wenn man den leeren Platz betrachtet, den der Abfall der abtrünnigen Seelen im Schoß des mystischen Leibes zurückläßt, so können auch sie, das weiß ich wohl, die Vollkommenheit des Pleromas [Fülle] nicht verringern. Jeder Seele, die sich den Anrufen der Gnade zum Trotz zugrunde richtet und also die Vollendung der gemeinsamen Einigung zerstören müßte, stellst Du, mein Gott, eine jener Neugestaltungen entgegen, die jederzeit das Universum in neuer Frische und Reinheit wiederherstellen. Der Verdammte ist nicht aus dem Pleroma ausgeschlossen, sondern nur von seinem strahlenden Antlitz und von seiner Beseligung. Er verliert das Pleroma, doch er ist für das Pleroma nicht verloren.

Die Existenz der Hölle kann also im Göttlichen Bereich, dessen Fortschritt um mich herum ich mit Entzücken verfolgt habe, weder etwas zerstören noch etwas verderben. Im Gegenteil. Ich spüre, wie die Hölle darin etwas Großes und Neues bewirkt. Sie fügt dem Göttlichen Bereich einen Akzent, einen Ernst, eine Deutlichkeit und eine Tiefe hinzu, die er ohne sie nicht besäße. Die Bergzinne kann nur durch den Abgrund, über dem sie aufragt, recht gemessen werden. Ich sprach vorhin aus meiner menschlichen Schau von einem Universum, das nach unten durch das Nichts abgeschlossen sei, mit anderen Worten davon, daß die Stufenleiter der Größenwerte gewissermaßen bei einem Nullpunkt aufhöre. Jetzt, mein Gott, zerstreust Du die Schatten, die den unteren Teil des Universums verhüllten, und zeigst mir, wie sich unter meinen Füßen eine zweite Halbkugel öffnet — jener wirkliche Bezirk von wenigstens möglichen Existenzen, der grenzenlos in die Tiefe geht.

Will die Wirklichkeit dieses negativen Poles der Welt nicht die bedrängende und unermeßliche Macht *verdoppeln,* mit der Du über mich hereinbrichst?

O Jesus, entsetzlich schöner und eifersüchtiger Meister, ich schließe die Augen vor dem, was meine menschliche Schwäche noch nicht verstehen und daher auch nicht ertragen kann, nämlich vor der Tatsache, daß es Verdammte gibt. Doch ich will wenigstens in meine gewöhnliche und praktische Weltbetrachtung den Ernst einer immer drohenden Verdammung einfügen — nicht so sehr um Dich zu fürchten, Jesus, als vielmehr um Dir leidenschaftlicher anzugehören.

Schon vorhin habe ich zu Dir gerufen: Sei nicht bloß Bruder, Jesus — sondern sei mir Gott! Jetzt, da Du mit der fürchterlichen

Macht der freien Wahl bekleidet bist, die Dich als das Prinzip universeller Anziehung und universeller Abstoßung auf den Gipfel der Welt stellt, erscheinst Du mir wirklich als jene unermeßliche und lebendige Kraft, die ich überall suchte, um anbeten zu können. Die Feuer der Hölle und die Feuer des Himmels sind nicht zwei verschiedene Kräfte, sondern nur die entgegengesetzten Kundgebungen derselben Energie.

Daß doch die Flammen der Hölle mich nicht erreichen, Meister, – und keinen von denen, die ich liebe … Mögen sie überhaupt niemanden erreichen, mein Gott, ich weiß, daß Du mir dieses törichte Gebet verzeihst. Aber für jeden von uns möge sich ihr düsterer Schein mit allen Abgründen, die er aufdeckt, zur lodernden Fülle des Göttlichen Bereiches hinzufügen.

Meine Litanei[5]

Diese handgeschriebene Litanei wurde nach dem Tode P. Teilhards auf der Vorder- und Rückseite eines Bildes gefunden, das einen Christus mit strahlendem Herzen darstellt. Das Bild hatte seinen Platz auf seinem Arbeitstisch. Es scheint, daß diese Litanei 1953 zur selben Zeit entstanden ist wie *Der Gott der Evolution*.

Auf der Vorderseite:

Der Gott der Evolution
Das Christische, der Trans-Christus

Jesus $\left\{\begin{array}{l}\text{Herz der Welt} \\ \text{Wesen} \\ \text{Motor}\end{array}\right.$ $\left.\begin{array}{l} \\ \end{array}\right\}$ der Evolution

Auf der Rückseite:

Herz Jesu
Introibo ad altare Dei[6]   (Gegenwart durchdringen)
Herz Jesu   Der Motor der Evolution
                                                    Das Herz der Evolution
Trans [Christus]   Das Herz der Materie
Der „Altar" Gottes   Das Zentrum Jesu

Das Herz des Herzens
  der Welt

Das Herz Gottes (cor[8])

Das Aktivierende des
  Christentums

Der Brennpunkt, Pol

Der psychische Beweger

The golden glow[7]
Die Lust an der Welt

Das Wesen aller Energie
Die kosmische Krümmung
Das Herz Gottes
Das Tor der Kosmogenese
Die Strömung kosmischer
  Konvergenz
Der Gott der Evolution
Der U.[9] Jesus
Der Brennpunkt aller
  (der ganzen) Reflexion
Achse des kosmischen
  Vortex[10]
  und Ausgang (Akme[11])
Herz des Herzens der Welt

Brennpunkt der höchsten und universellen Energie
Zentrum der kosmischen Sphäre der Kosmogenese
Herz Jesu, Herz der Evolution, vereine mich mit Dir (etc.).

Nachwort
Ein Gott in Evolution – ein Gott am Kreuz der „Globalisierung"

> „Der alte Geist der Renaissance und des 18. Jahrhunderts, sagen wir uns das ganz klar: der des wohlgeordneten Kosmos und des harmonischen Menschen, ist tot oder überholt. Und an seiner Stelle wächst beinahe überall ein neuer Humanismus – durch das unwiderstehliche Wirken der Ko-reflektion: ein Humanismus nicht mehr des Gleichgewichts, sondern der Bewegung, in dem kein Wert Bestand zu haben vermag – *nicht einmal und vor allem nicht in Fragen der Religion* –, es sei denn, man räumt der Existenz einer ultra-humanen kosmischen Zukunft einen Platz ein und beugt sich ihren Erfordernissen. Von hierher ergibt sich für die Kirche die dringende Notwendigkeit [...], unverzüglich der Welt einen ‚neuen' (einen ultra-humanen) Sinn des Kreuzes zu zeigen."

> *„Was erwartet die Welt in diesem Augenblick von der Kirche Gottes: Eine Verallgemeinerung und eine Vertiefung des Sinnes des Kreuzes." New York, 14. September 1952*[1]

Man hat Teilhard de Chardin vorgeworfen, vor lauter Fortschrittsoptimismus habe er das Kreuz Christi vergessen, den Inbegriff des christlichen Glaubens. Die Wahrheit ist jedoch: Bereits zwanzig Jahre vor Jürgen Moltmanns leidenschaftlichem Plädoyer für den „gekreuzigten Gott [...] als Grund und Kritik christlicher Theologie"[2] hat Teilhard 1952 in dem Kapitel „Kreuz der Sühne und Kreuz der Evolution" gläubig bekannt: „Von Geburt her und auf alle Zeiten ist das Christentum dem Kreuz geweiht, vom Zeichen des Kreuzes beherrscht. Es kann nur es selbst bleiben, indem es sich immer stärker mit dem Wesen des Kreuzes identifiziert."

Doch zugleich war Teilhard davon überzeugt: Der Sinn des Kreuzes Christi ist so reich und umfassend, daß er sich der

Menschheit erst im Laufe ihrer Geschichte, die für Teilhard noch an ihrem Anfang steht, enhüllen wird.

In den beiden ersten Jahrtausenden des Christentums, in denen ein statisches Weltbild vorherrschte, war das Kreuz nach Teilhard „in erster Linie ein Symbol der Wiedergutmachung und Sühne". Dem entsprachen a) die „katastrophenhafte Vorstellung vom Übel und vom Tod und von deren Vorherrschen in der Welt" als „Folge einer Erbsünde", b) ein „Mißtrauen gegenüber dem Menschen" im Hinblick auf seine Fähigkeiten, c) ein „Mißtrauen gegen alles, was Materie ist", die nicht als „Reserve des Geistes", sondern als „ein Prinzip des Falls und der Verderblichkeit" angesehen wurde.

Im Zeitalter einer evolutiven Weltanschauung jedoch erscheint der Fortgang der Schöpfung abhängig von dem „Bemühen" der Geschöpfe. Dabei hinterlassen die Wirkungen des „Zufalls" und die „tastenden Konstruktionen" der höheren Geschöpfe „im Anorganischen, Organischen und Psychischen" ein „langes Kielwasser von Unordnungen, Leiden und Sünden (‚evolutives' Übel)". Der biologisches Evolutionsprozeß selbst bringt durch „organisches Altern, genetische Weitergabe, Metamorphose" u.a. unausweichlich den zeitlichen „Tod" mit sich. Deshalb verlangt auf dem reflektierenden Gipfel der Evolution, in der Menschheit, die Entwicklung aus „psychologischen und energetischen Erfordernissen" ein „Anziehungsprinzip", damit sich der Mensch den ihm zugemuteten Anstrengungen nicht verweigert. Dieses Anziehungsprinzip ist, wie die Erfahrung zeigt, nur dann attraktiv genug, wenn es eine liebende Person ist, ein nach Teilhard absolutes „amorisierendes" Zentrum, das Liebe schafft und Liebe weckt: Gott selbst.

„Und dann wollen wir mit diesen neuen Gegebenheiten im Kopf zum Kreuz zurückkehren […] Zeigt sich unseren Augen auf dem Holz – leidend, sterbend, befreiend – noch der Gott der Erbsünde? Oder ist das nicht im Gegenteil der Gott der Evolution? Oder, genauer, ist der Gott der Evolution […] nicht gerade eben und ganz einfach der im Vollsinne und ganz allgemein begriffene selbe Gott der Sühne?… Überlegt man es sich nämlich genau, so bedeutet ‚die Sünde der schuldigen Welt tragen' (wird diese Aussage *in Begriffe der Kosmogenese übersetzt und transponiert*), nichts anderes als ‚die Last einer Welt im Zustand der Evolution' tragen! Wirklich (und ich möchte, das diejenigen, die zuständig sind, den ‚Schrei' oder das

Zeugnis aus diesen Seiten vernehmen) – wirklich, so sehr es mir physisch unmöglich geworden ist, innerlich vor einem *rein* erlösenden Kreuz niederzuknien – so sehr fühle ich mich leidenschaftlich bezaubert und befriedigt von einem Kreuz, in dem die beiden Kompenenten der Zukunft sich synthetisch verbinden: das Transzendente und das Ultra-Humane; oder, wie ich zu Beginn sagte, das Empor und das Voran. Persönlich vermag ich mich nicht der Evidenz zu entziehen, daß ich im zweiten Falle (wenn auch in einer anderen Dimension) genau dasselbe Kreuz anbete: dasselbe Kreuz, *aber sehr viel wahrer.*"[3]

Zusammengefaßt: Die Evolution ist mit Notwendigkeit ein Kreuzweg, bedingt durch eine Schöpfungsgeschichte, die auf dem Prinzip des „Zufalls", des „tastenden Suchens" und der „Freiheit" beruht. Diesen Kreuzweg zu gehen scheint dem Menschen jedoch nur zumutbar, wenn es ein überzeugendes Vorbild für die erfolgreiche Aufopferung im Dienste der Evolution gibt. Dieses Vorbild ist der Schöpfer selbst, der den Kreuzweg der Evolution vom Punkt Alpha zum Punkt Omega mit uns geht, wie der gekreuzigte und auferstandene Christus geoffenbart hat.

Heute kann Nachfolge Christi auf dem Kreuzweg der Evolution nur heißen, die Mühen der „Globalisierung" auf sich zu nehmen und mitzuhelfen, daß die Menschheit diese neue Herausforderung der Evolution besteht. Teilhard hat wie kein anderer schon früh diese Stufe der Evolution kommen sehen und hat auf ihre Chancen und Gefahren aufmerksam gemacht.

Die Chancen: Weltweit vernetzen sich Wirtschaft, Wissenschaft, Politik und Kulturen und führen eine vereinigte Menschheit herauf mit der Möglichkeit, den zerstörerischen Kräften Einhalt zu gebieten und eine Welt in Wohlstand und Frieden zu schaffen.

Die Gefahr: Die Globalisierung erreichen zu wollen durch Zwang, durch Uniformierung, durch Unterdrückung des Individuellen, des Schöpferischen, der Liebe. Demgegenüber hat Teilhard betont: Die zukunftsträchtige „Vereinigung differenziert auf jedem beliebigem Gebiet, ob es sich um Zellen eines Körpers handelt oder um Glieder einer Gesellschaft oder um Elemente einer geistigen Synthese. In jeder organischen Gesamtheit erlangen die Teile Vollkommenheit und Vollendung. Weil wir diese Universalregel vernachlässigt haben, konnten uns so viele pantheistische

Lehren zum irrigen Kult eines großen Alls verleiten, in dem die Individuen dazu bestimmt schienen, sich wie Wassertropfen zu verlieren und wie ein Salzkorn im Meer aufzulösen."

Der Kreuzweg der Globalisierung kann demnach für die Menschen nicht darin bestehen, „ihre Konturen zu verlieren und sich zu vermischen. Im Gegenteil, sie betonen die Tiefe und die Einzigartigkeit ihres *Ego*. Je mehr sie alle zusammen das andere werden, um so mehr finden sie ihr Ich."[4] Das Vorbild ist der gekreuzigte Christus: Indem er sich von den wirtschaftlichen, politischen und religiösen Zwängen seiner Zeit nicht einschüchtern ließ und auf seine persönliche Verantwortung und seine Menschenwürde pochte – „Ich aber sage euch …" –, offenbarte er das zukunftsträchtige Menschen- und Gottesbild: Wo sich Menschen in gegenseitigem Respekt voreinander vereinigen, verlieren sie sich nicht, sondern gewinnen sich und den anderen. Dieses Gesetz gilt es nun für das Jahrtausend der Globalisierung umzusetzen und so der Evolution und dem Gott in ihr eine neue Chance zu geben auf dem Weg zum Pleroma, zur Vollendung der in der Evolution stattfindenden gottmenschlichen Einigung.

Kardinal Ratzinger als Schüler Teilhards

Auch Ratzinger interpretiert das Kreuz Christi im Rahmen der Evolution zum Komplexen. „Der Blick auf das Omega der Weltgeschichte, in dem alles erfüllt sein wird, ergibt sich mit innerer Notwendigkeit aus dem Glauben an den Gott, der selbst im Kreuz das Omega der Welt werden wollte, ihr letzter Buchstabe. Er hat eben damit das Omega zu seinem Punkt gemacht, so daß eines Tages definitiv Liebe stärker ist als der Tod und aus der Komplexion des Bios durch die Liebe das endgültig Komplexe, die Endgültigkeit der Person und die Endgültigkeit der Einheit hervortritt, die aus der Liebe kommt. Weil Gott selbst zum Wurm geworden ist, zum letzten Buchstaben im Alphabet der Schöpfung, ist der letzte Buchstabe zu seinem Buchstaben geworden und damit die Geschichte auf den endgültigen Sieg der Liebe ausgerichtet: Das Kreuz ist wirklich die Erlösung der Welt."[5]

Anmerkungen und Literaturhinweise

Eckige Klammern in Zitaten bezeichnen Auslassungen [...] oder enthalten Erläuterungen durch den Verfasser dieses Buches.
Titel ohne Autorenangabe stammen von Teilhard de Chardin.

Motti
1 In: Mein Glaube, Olten ²1974, S. 281.
2 Ebenda, S. 214, 218.

Vorwort
1 Alle Beiträge in: Mein Glaube, Olten ²1974.
2 Karl Rahner, Grundkurs des Glaubens, Freiburg 1976, S. 218 f.

Einleitung
1 Mein Glaube, Olten ²1974, S. 253 f.
2 Aus der Fülle der entsprechenden Literatur hier nur zwei Beispiele: Gott, der Kosmos und die Freiheit. Biologie, Philosophie und Theologie im Gespräch. Herausgegeben von Gotthard Fuchs und Hans Kessler, Würzburg 1996; Glaube im Kontext naturwissenschaftlicher Vernunft. Herausgegeben von Rainer Isak, Freiburg 1997.
3 Paul Davies, Gott und die moderne Physik. Vorwort von Hoimar von Ditfurth, München 1986, S. 279.
4 München 1986.
5 Carsten Bresch, Zwischenstufe Leben. Evolution ohne Ziel?, Frankfurt am Main 1979.
6 Freiburg 1992.
7 München 1994. Siehe dazu die Diskussion in der Katholischen Akademie in München am 25. Mai 1994 (in: Zur Debatte, Sept./Okt. 1994, S. 9-11).
8 Katholischer Erwachsenen-Katechismus. Das Glaubensbekenntnis der Kirche. Herausgegeben von der Deutschen Bischofskonferenz, Bonn 1985, S. 94.
9 Katechismus der katholischen Kirche, München 1993, S. 31 f.
10 Ebenda, S. 34 f.
11 A.a.O. (wie Anm. 8), S. 8.

12 Ebenda, S. 93 f.
13 A.a.O. (wie Anm. 5), S. 298.
14 Lexikon für Theologie und Kirche, Band 14, Freiburg 1986, S. 324.
15 Ebenda, S. 335.
16 Tagebücher III. Notizen und Entwürfe. 14. Mai 1918 bis 25. Februar 1920. Herausgegeben und übersetzt von Nicole und Karl Schmitz-Moormann, Olten 1977, S. 434.
17 Ebenda, S. 439.
18 Joseph Ratzinger, Einführung in das Christentum, München 1968, Abschnitt „Christus, der ‚letzte Mensch'."

Erster Teil. Teilhard de Chardin auf der Suche nach dem Gottesbild der Zukunft
1 Zürich 1999, S. 77.

1. Vier Phasen des Teilhardschen Gottesbildes
1 Das Herz der Materie, Zürich 1999, S. 76.
2 Zitiert nach: Günther Schiwy, Teilhard de Chardin. Sein Leben und seine Zeit, Band 1, München 1981, S. 333.
3 A.a.O. (wie Anm. 1), S. 61-76.
4 A.a.O. (wie Anm. 2), S. 23.
5 A.a.O. (wie Anm. 1), S. 67.
6 Frühe Schriften, Freiburg 1968, S. 81.
7 A.a.O. (wie Anm. 1), S. 70.
8 Siehe dazu: Günther Schiwy, Der kosmische Christus, München 1990.
9 A.a.O. (wie Anm. 6), S. 246.
10 Ebenda, S. 81.
11 A.a.O. (wie Anm. 2), Band 2, S. 160.
12 A.a.O. (wie Anm. 1), S. 74 f.
13 A.a.O. (wie Anm. 6), S. 59.
14 Siehe dazu Günther Schiwy, Abschied vom allmächtigen Gott, München 1995.
15 A.a.O. (wie Anm. 1), S. 77.
16 Frank Meesen, Unveränderlichkeit und Menschwerdung Gottes, Freiburg 1989, S. 440.
17 A.a.O. (wie Anm. 1), S. 80-83.
18 Joseph Ratzinger, Einführung in das Christentum, München 1968, Abschnitt „Vor-

bemerkung zur Geschichte und Struktur des Apostolischen Glaubensbekenntnisses".

2. Die Messe über die Welt

1 Mein Glaube, Freiburg [2]1974, S. 91.
2 Le Coeur de la Matière, Paris 1976, S. 117 (Übers. G. S.).
3 Über den Stellenwert dieses Textes in der Entwicklung Teilhard und über die Rolle, die seine Cousine dabei gespielt hat, siehe: Günther Schiwy, Teilhard de Chardin. Sein Leben und seine Zeit, Band 1, München 1981, S. 263-267.
4 Ecrits du temps de la guerre, Paris 1976, S. 112 (Übers. G. S.).
5 Frühe Schriften, Freiburg 1968, S. 149-273.
6 Entwurf und Entfaltung. Briefe aus den Jahren 1914-1919, Freiburg 1963, S. 372.
7 A.a.O. (wie Anm. 4), S. 467-479 (Übers. G.S.).
8 Tagebücher III. Notizen und Entwürfe. 14. Mai 1918 bis 25. Februar 1920, Freiburg 1977, S. 268.
9 A.a.O. (wie Anm. 2), S. 75 (Übers. G. S.). Auch in: Das Herz der Materie, Zürich 1999, S. 89.
10 Zitiert nach: Der Göttliche Bereich, Olten 1962, S. 197.
11 Das kosmische Leben, in: Frühe Schriften, a.a.O. (wie Anm. 5), S. 27. Diese erste mystische Schrift Teilhards datiert vom 24. April 1916. Er hat sie angesichts der Kriegsgefahr als sein ‚geistiges Testament' bezeichnet. Es endet wie folgt: „Aus dem kosmischen Leben heraus leben heißt mit dem beherrschenden Bewußtsein leben, daß man ein Atom im mystischen kosmischen Leib Christi ist. Wer so lebt, für den zählen von einer Menge Sorgen nicht, mit denen die andern sich aufreiben; er lebt fern davon, und sein Herz ist immer im Weiten ..." (S.81).
12 Die Aktivation der menschlichen Energie (New York, 6. Dezember 1953), in: Die lebendige Macht der Evolution, Freiburg 1967, S. 270-273.
13 Gedanken über die wissenschaftliche Wahrscheinlichkeit und die religiösen Konsequenzen eines Ultra-Humanums (Paris, 25. März 1951), in: Ebenda, S. 156.
14 Pantheismus und Christentum, in: A.a.O. (wie Anm. 1), S. 71 f.
15 Ebenda, S. 72.
16 Ebenda, S. 73.
17 Ebenda, S. 74 f.
18 Ebenda, S. 75.

19 Ebenda, S. 77.
20 Ebenda, S. 77.
21 Ebenda, S. 81.
22 Ebenda, S. 82.
23 Ebenda, S. 83.
24 Ebenda, S. 84.
25 Ebenda, S. 88.
26 Ebenda, S. 89.
27 Ebenda, S. 86.
28 Ebenda, S. 86.
29 Man vergleiche etwa die aus allen Perioden seines Lebens stammenden Beiträge in den Sammelbänden „Mein Glaube", a.a.O. (wie Anm. 1) und „Wissenschaft und Christus", Freiburg 1970.
30 A.a.O. (wie Anm. 14), S.87.
31 A.a.O. (wie Anm. 10), S. 21 f.
32 Ebenda, S. 46.
33 Ebenda, S. 112.
34 Ebenda, S. 192 f.
35 Zur Aktualität Teilhards vgl. Das Tor in die Zukunft. Ausgewählte Texte zu Fragen der Zeit. Herausgegeben und erläutert von Günther Schiwy, München 1984.

3. Der Gott der Evolution

1 Frühe Schriften, Freiburg 1986, S. 10.
2 Ebenda, S. 155.
3 Ebenda, S. 257.
4 Ebenda, S. 311.
5 Wissenschaft und Christus, Olten 1970, S. 37.
6 Ebenda, S. 89 f.
7 Mein Glaube, Olten [2]1974, S. 109.
8 Ebenda, S. 165.
9 Ebenda, S. 215.
10 Ebenda, S. 216 f.
11 Ebenda, S. 281.
12 Le Cœur de la Matière, Paris 1976, S. 93-117.
13 „Implosion" (nach Duden): schlagartige, plötzliche Zertrümmerung eines (luftleeren) Gefäßes durch äußeren Überdruck (Gegensatz: Explosion).
14 Brief Teilhards an seinen Provinzial Ravier in Lyon vom 14. Januar 1955, in: Lettres intimes de Teilhard de Chardin, Paris 1974, S.452.
15 A.a.O. (wie Anm.12), S. 119. (Übers. G. S.)
16 A.a.O. (wie Anm.7), S.289 f.
17 Die Zentrologie, in: Die Menschliche Energie, Olten 1966, S. 335 f.
18 Ebenda, S. 336.
19 Der Mensch im Kosmos, München 1999, S. 36 f.

20 Der Ort des Menschen im Universum, in: Die Schau in die Vergangenheit, Olten 1965, S. 327 f.

21 A.a.O. (wie Anm. 17), S. 356 f.

22 Ebenda, S. 358.

23 Ebenda, S. 359.

24 Ebenda, S. 360 f.

25 Vgl. Ebenda, S. 348 f.

26 A.a.O. (wie Anm. 20), S. 248.

27 Die Entstehung des Menschen, München 1997, S. 96.

28 Ebenda, S. 128 f.

29 A.a.O. (wie Anm. 17), S. 352 f.

30 A.a.O. (wie Anm 5), S. 37.

31 Carsten Bresch, Zwischenstufe Leben. Evolution ohne Ziel? Frankfurt am Main 1979, S.283.

32 A.a.O. (wie Anm. 5), S. 218.

33 Günter Altner (Hrsg.), Die Welt als offenes System. Eine Kontroverse um das Werk von Ilya Prigogine, Frankfurt 1986, S. 167.

34 A.a.O. (wie Anm. 31), S. 299.

35 Georg Kraus, Gotteserkenntnis ohne Offenbarung und Glaube? Natürliche Theologie als ökumenisches Problem, Paderborn 1987, S. 408 f., 197-230.

36 Karl Rahner, Die Christologie innerhalb einer evolutiven Weltanschauung in: Ders., Grundkurs des Glaubens. Einführung in den Begriff des Christentums, Freiburg [5]1989, S. 182.

37 Vgl. dazu: Günther Schiwy, Die „Neue Theologie", in: Ders., Teilhard de Chardin. Sein Leben und seine Zeit, München 1981, Band 2, S. 242-260.

38 A.a.O. (wie Anm. 36), S. 197.

39 Siehe dazu: Günther Schiwy, Der kosmische Christus. Spuren Gottes ins Neue Zeitalter, München 1990.

40 Jürgen Moltmann, Der Weg Jesu Christi. Christologie in messianischen Dimensionen, München 1989, S. 297.

41 Ebenda, S. 321.

42 Siehe dazu: Günther Schiwy, Teilhard de Chardin, München 1981.

43 A.a.O. (wie Anm. 40), S.320.

44 Joseph Ratzinger, Einführung in das Christentum, München 1968, Abschnitt, „Auferstanden von den Toten".

4. Der kosmische Christus

1 Carsten Bresch, Sigurd Martin Daecke, Helmut Riedlinger (Hrsg.), Kann man Gott aus der Natur erkennen? Evolution als Offenbarung, Freiburg 1990, S. 85.

2 Rupert Sheldrake, Das Gedächtnis der Natur. Das Geheimnis der Entstehung der Formen in der Natur, München 1990, S. 391.

3 Ebenda.

4 Frühe Schriften, Freiburg 1968, S. 66.

5 Ebenda, S. 67.

6 Evangelische Akademie Bad Boll, Der kosmische Christus und die Religionen, Bad Boll 1987, Nr. 23, S. 42.

7 Karl Rahner, Grundkurs des Glaubens. Einführung in den Begriff des Christentums, Freiburg 1976, S. 220.

8 Mein Glaube, Freiburg [2]1974, S. 195 f.

9 Jürgen Moltmann, Der Weg Jesu Christi, München 1989.

10 A.a.O. (wie Anm. 8), S. 71, 79, 91.

11 A.a.O. (wie Anm. 2), S. 390.

12 Siehe zu diesem Thema: Günther Schiwy, Teilhard de Chardin, München 1981; Der Geist des Neuen Zeitalters, München 1987; Der kosmische Christus, München 1990. Ferner: Matthew Fox, Vision vom Kosmischen Christus, Stuttgart 1991; Andreas Rößler, Steht Gottes Himmel allen offen? Zum Symbol des kosmischen Christus, Stuttgart 1990.

13 Joseph Ratzinger, Einführung in das Christentum, München 1968, Abschnitt „Der Einzelne und das Ganze".

Zweiter Teil. Vorläufer und Weggefährten auf der Suche nach dem Gottesbild der Zukunft

1 Les directions de l'avenir, Paris 1973, S. 228 (Übers. G. S.).

2 Pierre Leroy, Lettres familières de Pierre Teilhard de Chardin mon ami. Les dernières années 1984-1955, Paris 1976, S. 247 (Übers. G. S.).

5. Gottes Werden ist unser Sein

1 Karlfried Graf Dürckheim, Mein Weg zur Mitte. Gespräche mit Alphonse Goettmann, Freiburg 1985, S. 146.

2 Platon, Sämtliche Dialoge. Band 6, Hamburg 1988, S. 56.

3 A.a.O. (wie Anm. 1), S. 11 f.

4 Karlfried Graf Dürckheim, Der Ruf nach dem Meister, Weilheim 1972.

5 A.a.O. (wie Anm. 1), S. 12.

6 Ignatius von Loyola, Die Geistlichen Übungen. Eingeleitet und übertragen von Ferdinand Weinhandl, München 1921, S. 49.

7 Meister Eckhart, Deutsche Predigten und Traktate. Herausgegeben und übersetzt von Josef Quint, München.[7]1995, S. 96 f.

8 Ebenda, S. 449 ff.

9 A.a.O. (wie Anm. 1), S. 13 f.

10 A.a.O. (wie Anm. 7), S. 309.

11 A.a.O. (wie Anm. 1), S. 14.

12 Karlfried Graf Dürckheim, Zen und wir, Bern 1992, S. 138 f.

13 Gerhard Wehr, Karlfried Graf Dürckheim. Ein Leben im Zeichen der Wandlung, München 1988, S. 217.

14 Hugo M. Enomiya Lassalle, Leben im neuen Bewußtsein, München 1986, S. 134.

15 A.a.O. (wie Anm. 1), S. 136.

16 Kurt Ruh, Meister Eckhart. Theologe, Prediger, Mystiker, München 1985, S. 95.

17 Meister Eckhart, Einheit im Sein und Wirken. Herausgegeben, eingeleitet und zum Teil übersetzt von Dietmar Mieth, München 1986, S. 115.

18 A.a.O. (wie Anm. 16), S. 104.

19 Ebenda, S. 108.

20 A.a.O. (wie Anm. 1), S. 141.

21 Karlfried Graf Dürckheim, Meditieren – wozu und wie?, Freiburg 1976, S. 17.

22 A.a.O. (wie Anm. 12), S. 12.

23 A.a.O. (wie Anm. 17), S. 151 f.

24 Gerhard Ruhbach, Josef Sudbrack (Hrsg.), Christliche Mystik. Texte aus zwei Jahrtausenden, München 1989, S. 100.

25 Ebenda, S. 163.

26 A.a.O. (wie Anm. 1), S. 82.

27 A.a.O. (wie Anm. 17), S. 172-181.

28 A.a.O. (wie Anm. 21), S. 40 f.

29 Günther Schiwy (Hrsg.), Das Teilhard de Chardin Lesebuch, Zürich 1999, S. 267 f.

30 Das Herz der Materie. Im Anhang: Christus in der Materie; Die geistige Potenz der Materie; Die Messe über die Welt, Zürich 1999, S. 77. Siehe auch: Günther Schiwy, Abschied vom allmächtigen Gott, München 1995, S. 81 f.

31 A.a.O. (wie Anm. 17), S. 188-194.

32 Mein Universum, in: A.a.O. (wie Anm. 29), S. 267.

33 A.a.O. (wie Anm. 21), S. 16 f.

34 A.a.O. (wie Anm. 17), S. 194.

6. Teilhard de Chardin und Graf Dürckheim

1 Das Tor in die Zukunft. Ausgewählte Texte zu Fragen der Zeit. Herausgegeben und erläutert von Günther Schiwy, München 1984.

2 Briefe an eine Marxistin. Mit einem Vorwort von René d'Ouince, Olten 1971, S. 119.

3 Die erwähnten französischen Titel sind in Paris bei Seuil, die deutschen in Olten/ Freiburg bei Walter erschienen.

4 Die Entstehung des Menschen, München 1997, S. 126.

5 Karlfried Graf Dürckheim, Vom doppelten Ursprung des Menschen, Freiburg ³1991, S. 125 f.

6 Karlfried Graf Dürckheim. Mein Weg zur Mitte, Gespräche mit Alphonse Goettmann, Freiburg 1985, S. 12.

7 Frühe Schriften, Freiburg 1968, S. 347.

8 Siehe: Günther Schiwy, Der kosmische Christus. Spuren Gottes ins Neue Zeitalter, München 1990; Abschied vom allmächtigen Gott, München 1995.

9 Karlfried Graf Dürckheim, Erlebnis und Wandlung. Neue Aufsätze und Vorträge, Weilheim ²1982, S. 30 f.

10 Tagebücher III. Notizen und Entwürfe. 14. Mai 1918 bis 25. Februar 1920. Herausgegeben und übersetzt von Nicole und Karl Schmitz-Moormann, Olten 1977, S. 311.

11 A.a.O. (wie Anm. 7) S. 246.

12 A.a.O. (wie Anm. 9), S. 36.

13 Das Herz der Materie. Zürich 1999, S. 91.

14 Ebenda, S. 66.

15 Siehe dazu: Briefe an Frauen. Ausgewählt und erläutert von Günther Schiwy, Freiburg ³1991.

16 Karlfried Graf Dürckheim, Hara. Die Erdmitte des Menschen, Bern ¹⁸1995, S. 104.

17 A.a.O. (wie Anm. 13), S. 111 ff.

18 Ebenda, S. 31 f.

19 A.a.O. (wie Anm. 6), S. 9.

20 A.a.O. (wie Anm. 9), S. 30.

21 So lautet die Überschrift des Kapitels zu der nachstehenden Thematik in: Günther Schiwy, Teilhard de Chardin. Sein Leben und seine Zeit, Band 2, München 1981, S. 136-145.

22 Vgl. das Kapitel „Begegnung des Westens mit dem Geist des Ostens" in: Karlfried Graf Dürckheim, Von der Erfahrung der Transzendenz, Freiburg 1993, S. 83-103, hier S. 85.

23 Les Directions de l'Avenir, Paris, S. 50 f., hier zitiert nach Schiwy, a.a.O. (wie Anm. 21), S. 137 f.

24 Ebenda, S. 138. – Teilhard setzt „pantheistisch" mit Recht in Anführungszeichen, die einen mißbräuchlichen Gebrauch des Begriffs im Hinblick auf Teilhards Mystik signalisieren: Er und Dürckheim sind nicht „Pan-Theisten" im üblichen Sinn des Wortes (Pantheismus: Alles-ist-Gott: Das Weltall und Gott sind identisch). Sie sind wie schon

Meister Eckhart und wohl alle christlichen Mystiker vor ihnen „Pan-en-Theisten" (Panentheismus: Alles ist in Gott. Gott und das Weltall sind nicht identisch, Gott transzendiert die Schöpfung trotz seiner Immanenz.) Siehe dazu in diesem Buch das folgende Kapitel 7.

25 A.a.O. (wie Anm. 23), S. 160 (Übers. G. S.).

26 Karlfried Graf Dürckheim, Japan und die Kultur der Stille, Bern ⁶1975, S.10 f.

27 Hugo M. Enomiya Lassalle, Leben im neuen Bewußtsein. Ausgewählte Texte zu Fragen der Zeit. Herausgegeben und erläutert von Roland Ropers, München 1986, S. 52.

28 A.a.O. (wie Anm. 22), S. 102 f.

7. „Pan-en-theismus" – eine Spurensuche

1 Bernward Dietsche, Erwägungen zur Mystik Teilhard de Chardins, in: Teilhard de Chardin in der Diskussion. Herausgegeben von Karl Schmitz-Moormann, Darmstadt 1986, S. 410.

2 Lettres intimes à Auguste Valensin, Bruno de Solages, Henri de Lubac, André Ravier. 1919-1955. Introduction et notes par Henri de Lubac, Paris 1974, S. 25. (Übers. G. S.)

3 Ebenda, S. 89.

4 Ebenda, S. 93 f. Réginald Garrigou-Lagrange, einflußreicher Dominikanertheologe.

5 Ebenda, S. 89.

6 Henri Cardinal de Lubac, Meine Schriften im Rückblick. Mit einem Vorwort von Erzbischof Christoph Schönborn, Freiburg 1996, S. 355.

7 A.a.O. (wie Anm. 2), S. 92 f.

8 Hans Urs von Balthasar, Herrlichkeit. Eine theologische Ästhetik, Band 1: Schau der Gestalt, Trier 1961, S. 187.

9 A.a.O. (wie Anm. 2), S. 91.

10 Ebenda, S. 94 f.

11 Ebenda, S. 89 f.

12 Pantheismus und Christentum, in: Ders., Mein Glaube, Olten ²1974, S. 7.

13 Adolf Haas, Teilhard de Chardin-Lexikon. Grundbegriffe – Erläuterungen – Texte. I-Z, Freiburg 1971, Art.: Pan, Pantheismus, S. 231-238.

14 Winfried Schröder, Art.: Pantheismus, in: Historisches Wörterbuch der Philosophie. Herausgegeben von Joachim Ritter und Karlfried Gründer, Band 7, Basel 1989, S. 59.

15 Schellings Werke. Nach der Orginalausgabe in neuer Anordnung. Herausgegeben von Manfred Schröter. Vierter Hauptband. Schriften zu Philosophie der Freiheit. 1804-1815, München 1965, S. 203 f.

16 A.a.O. (wie Anm.2), S. 90.

17 Ebenda.

18 A.a.O. (wie Anm. 13). A-H. Art.: Christus VII, S. 105.

19 Maurice Blondel / Pierre Teilhard de Chardin, Briefwechsel. Herausgegeben und kommentiert von Henri de Lubac, Freiburg 1967, S. 59.

20 Erich Przywara, Analogia entis. Metaphysik, Ur-Struktur und All-Rhythmus, Einsiedeln 1962, S. 70.

21 Ebenda, S. 72.

22 Ebenda, S. 519 f.

23 Erich Przywara, Religionsphilosophische Schriften, Einsiedeln 1962, S. 351 f.

24 Paul Tillich, Systematische Theologie, Band 3, Berlin 1987, S. 475.

25 Jürgen Moltmann, Trinität und Reich Gottes. Zur Gotteslehre, München 1980, S. 120 f.

26 Ders., Gott in der Schöpfung. Ökologische Schöpfungslehre, München 1985, S. 109.

27 Ebenda. S. 220.

28 Karl Rahner / Herbert Vorgrimler, Kleines theologisches Wörterbuch, Freiburg 1961, S. 275.

29 Ebenda.

30 Ebenda.

31 Karl Rahner, Wissenschaft und christlicher Glaube, (Schriften zur Theologie XV), Zürich 1983, S. 193.

32 Hans Küng, Menschwerdung Gottes. Eine Einführung in Hegels theologisches Denken als Prolegomena zu einer künftigen Christologie, Freiburg 1970, S. 341.

33 Ders., Existiert Gott? Antwort auf die Gottesfrage der Neuzeit, München 1978, S. 154.

34 Friedrich Strack (Hrsg.), Evolution des Geistes: Jena um 1800. Natur und Kunst, Philosophie und Wissenschaft im Spannungsfeld der Geschichte, Stuttgart 1994. Zu Krause siehe ferner: A. Procksch, Karl Christian Friedrich Krause. Ein Lebensbild, Leipzig 1880; Enrique M. Ureña, K. C. F. Krause. Philosoph, Freimaurer, Weltbürger. Eine Biographie, Stuttgart-Bad Cannstatt 1991; Siegfried Wollgast, Karl Christian Friedrich Krause. 1781-1832. Anmerkungen zu Leben und Werk, Berlin 1990.

35 Peter Landau, Stufen der Gerechtigkeit. Zur Rechtsphilosophie von Gottfried Wilhelm

Leibniz und Karl Christian Friedrich Krause, München 1995, S. 16.

36 Ebenda, S. 25.

37 Ebenda, S. 23.

38 Ebenda.

39 A.a.O. (wie Anm. 34), S. 532.

40 Ebenda, S. 680.

41 Josef Nadler, Literaturgeschichte der deutschen Stämme und Landschaften. Band 2: Der deutsche Geist (1740-1813), Regensburg 1931, S. 557. 1827 erschienen in Göttingen Krauses „Darstellungen aus der Geschichte der Musik nebst vorbereitenden Lehren aus der Theorie der Musik". Aus dem Nachlaß erschien 1837 „Abriß der Aesthetik oder der Philosophie des Schönen und der schönen Kunst". G. H. Schubert: Naturphilosoph, 1780-1860.

42 Karl Christian Friedrich Krause, Vorlesungen über das System der Philosophie. Erster Band: Intuitiv-analytischer Haupttheil. Zweiter Band: Synthetisch-deductiver Haupttheil. Herausgegeben von Paul Hohlfeld und August Wünsche. Zweite, aus dem handschriftlichen Nachlasse des Verfassers vermehrte Auflage, Leipzig 1889, S. 173.

43 Ebenda, Teil 1, S. VIII.

44 Ebenda, Teil 1, S. 313 f.

45 Ebenda, Teil 1, S. 314. Vgl. Apg 17,28.

46 Klaus-M. Kodalle (Hrsg.), Karl Christian Friedrich Krause (1781-1832). Studien zu seiner Philosophie und zum Krausismo, Hamburg 1985, S. 266.

47 Karl Christian Friedrich Krause, Vorlesungen über die Grundwahrheit der Wissenschaft zugleich in ihrer Beziehung zum Leben, nebst einer kurzen Darstellung und Würdigung der bisherigen Systeme der Philosophie, vornehmlich der neuesten von Kant, Fichte, Schelling und Hegel, und der Lehre Jacobi's. Aufs neue herausgegeben von August Wünsche. Dritte vermehrte und vielfach verbesserte Auflage, Leipzig 1911, S. XV f.

48 A.a.O. (wie Anm. 42), Teil 1, S. XXXIX f.

49 A.a.O. (wie Anm. 46), S. 113.

50 A.a.O. (wie Anm. 42), Teil 1, S. XXXVII f.

51 Ebenda, Teil 1, S. XV.

52 Ebenda, Teil 2, S. 69.

53 A.a.O. (wie Anm. 47), S. III.

54 A.a.O. (wie Anm. 46), S. 125-132.

55 Hans Ulrich Gumbrecht, Art. Krausismo, in: A.a.O. (wie Anm. 14), S. 1192.

56 Hans-Jürgen Fuchs, Institución Libre de Enseñanza (ILE), in: Spanien-Lexikon.

Wirtschaft, Politik, Kultur, Gesellschaft. Herausgeben von Walther L. Bernecker u. a., München 1990, S. 259 f.

57 A.a.O. (wie Anm. 55), S. 1193.

58 A.a.O. (wie Anm. 46), S. 206.

59 A.a.O. (wie Anm. 15), S. 231 f.

60 Ebenda.

61 Philip Clayton, Das Gottesproblem. Band 1: Gott und Unendlichkeit in der neuzeitlichen Philosophie, Paderborn 1996, S. 344 f.

62 Ebenda, S. 382.

63 Ebenda, S. 394.

64 Ebenda, S. 395.

65 Ebenda, S. 448.

66 A.a.O. (wie Anm. 42), Teil 1, S. 316.

67 Sri Aurobindo, Das Abenteuer des Denkens. Ausgewählt und aus dem Englischen übertragen von Theodora Karnasch, Düsseldorf 1986, S. 13.

68 Bede Griffiths, Rückkehr zur Mitte. Das Gemeinsame östlicher und westlicher Spiritualität. Mit einem Vorwort von Hugo M. Enomiya-Lassalle, München 1987, S. 126.

69 Siehe: Günther Schiwy, Abschied vom allmächtigen Gott, München 1995.

8. Gott mit allen Sinnen suchen

1 Siehe: Günther Schiwy, Die Sinnlichkeit des Sinns. Neue Sensibilität und neuer Holismus, in Peter Michael Pflüger (Hrsg.), Die Suche nach Sinn heute, Olten 1990.

2 Zitiert nach Josef Stierli, Ignatius von Loyola. Auf der Suche nach dem Willen Gottes, Mainz 1990, S. 154.

3 Diese und die folgenden Zitate der fünf Erfahrungen ebenda, S. 38-40.

4 Zitiert nach Martha Zechmeister, Mystik und Sendung. Ignatius von Loyola erfährt Gott, Würzburg 1985, S. 32.

5 Siehe Hubert Dopf, Musik und Kirchenlied in der Pastoral der Jesuiten, in: Michael Sievernich / Günter Switek (Hrsg.), Ignatianisch. Eigenart und Methode der Gesellschaft Jesu, Freiburg 1990, S. 369-385.

6 Nach Walter Rupp, Jesuiten-Spiegel. Ein amüsantes Lesebuch, Graz 1990,. S. 92 f.

7 Ignatius von Loyola, Geistliche Übungen. Übertragung aus dem spanischen Urtext und Erklärung der 20 Anweisungen von Adolf Haas, Freiburg 1966, Randziffer 2.

8 Ebenda, Randziffer 118.

9 Ebenda, Randziffer 229.

10 A.a.O. (wie Anm. 2), S., 40.

11 A.a.O. (wie Anm. 7), Randziffern 121-126.

12 Zitiert nach Josef Sudbrack, Die „Anwen-

dung der Sinne" als Angelpunkt der Exerzititen, in: A.a.O. (wie Anm. 5), S. 98.

13 A.a.O. (wie Anm. 7), S. 47.

14 Ebenda, Randziffern 235-237.

15 Der Mensch im Kosmos, München 1999, S. 17.

16 Siehe: Günther Schiwy, Teilhard de Chardin, Sein Leben und seine Zeit, München 1981, Band 1, S. 263-294.

17 Das Herz der Materie, Zürich 1999, S. 112.

18 Siehe Günther Schiwy, Der kosmische Christus. Spuren Gottes ins Neue Zeitalter, München 1990.

19 Peter Handke, Noch einmal für Thukidides, Salzburg 1990, S. 10 f.

20 George Steiner, Von realer Gegenwart. Hat unser Sprechen Inhalt? Mit einem Nachwort von Botho Strauß, München 1990, S. 307.

21 A.a.O. (wie Anm. 7), Randziffer 360.

22 Ebenda, Randziffer 366.

23 München ¹¹1989, S. 7. Als „Bekehrungserlebnis" auch zitiert in Fritjof Capra, Das Neue Denken. Die Entstehung eines ganzheitlichen Weltbildes im Spannungsfeld zwischen Naturwissenschaft und Mystik, München 1989, S. 33. Das Interesse Capras für das Christentum wird bestätigt durch: Fritjof Capra / David Steindl-Rast in Zusammenarbeit mit Thomas Matus, Wendezeit im Christentum. Perspektiven für eine aufgeklärte Theologie, München 1991. Zur Rolle der New-Age-Bewegung für eine neue Sensibilät siehe: Günther Schiwy, Der Geist des Neuen Zeitalters. New-Age-Spiritualität und Christentum, München 1987.

24 Siehe die Anleitung zu einer neuen Sensibilität von David Steindl-Rast, Die Achtsamkeit des Herzens. Ein Leben in Kontemplation, München ²1988.

Dritter Teil. Konsequenzen aus dem Gottesbild der Zukunft

1 Frühe Schriften, Freiburg 1968, S. 236.

2 Mein Glaube, Olten ²1974, S. 214.

9. Der kosmische Christus und die anderen Religionen

1 Zitiert nach Reinhold Bernhardt, Zwischen Größenwahn, Fanatismus und Bekennermut. Für ein Christentum ohne Absolutheitsanspruch, Stuttgart 1994, S. 141.

2 Siehe dazu Günther Schiwy, Abschied vom allmächtigen Gott, München 1995.

3 Siehe dazu: Jürgen Moltmann, Der kosmische Christus, in: Ders., Der Weg Jesu Christi, München 1989, S. 297-336. Weitere

Literatur siehe oben Kapitel 4, Anmerkung 12.

4 Zum Dialog zwischen den Religionen siehe: Paul F. Knitter, Ein Gott – viele Religionen. Gegen den Absolutheitsanspruch des Christentums, München 1988.

5 Wissenschaft und Christus, Olten 1970, S. 256 f. Vgl. in unserem Buch S. 117 ff.

6 Kongregation für die Glaubenslehre, Erklärung Dominus Jesus. Über die Einzigkeit und die Heilsuniversität Jesu Christi und der Kirche. 6. August 2000, Sekretariat der Deutschen Bischofskonferenz, Bonn, S. 29.

7 A.a.O. (wie Anm. 5), S. 257 f.

8 Joseph Ratzinger, Einführung in das Christentum, München 1968, Abschnitt „Die heilige, katholische Kirche".

10. Die Evolution der Keuschheit

1 Das Herz der Materie, Olten 1999, S. 84 f.

2 Über die Faszination Marias auf heilige und nicht heilige Männer siehe z.B.: Johannes Thiele, Madonna mia. Maria und die Männer, Stuttgart 1990.

3 Siehe dazu: Johann G. Roten, Die beiden Hälften des Mondes. Marianisch-anthropologische Dimensionen in der gemeinsamen Sendung von Hans Urs von Balthasar und Adrienne von Speyr, in: Karl Lehmann / Walter Kasper (Hrsg.), Hans Urs von Balthasar, Köln 1989.

4 Siehe: Luise Rinser, Gratwanderung. Briefe der Freundschaft an Karl Rahner, München 1994. Wenn der Jesuitenorden die Briefe Rahners an Frau Rinser (noch) nicht freigegeben hat, dann erinnert das an die Reaktion der kirchlichen Oberen in Sachen Teilhard.

5 Nach Mathias Trennert-Hellwig, Die Urkraft des Kosmos. Dimensionen der Liebe im Werk Pierre Teilhard de Chardins, Freiburg 1993, S. 441, Anm. 16.

6 A.a.O. (wie Anm. 1), S. 146.

7 „Die Evolution der Keuschheit" erschien erst 1973 im 11. Band der französischen Werkausgabe. Die vollständige erste deutsche Übersetzung verdanken wir Josef Sudbrack in: Geist und Leben, 4/1994, S. 243-263. Das von uns wiedergegebene Zitat S. 260.

8 Der Brief befindet sich in dem von Henri de Lubac herausgegeben Werk: Pierre Teilhard de Chardin, Lettres intimes à August Valensin, Bruno de Solages, Henri de Lubac, André Ravier, 1919-1955, Paris 1974. Das Zitat aus: Günther Schiwy, Teilhard de

Chardin. Sein Leben und seine Zeit, Band 2, München 1981, S. 158.

9 A.a.O. (wie Anm. 1), S. 85. Zu dieser Stelle merkt Teilhards besorgter Freund Henri de Lubac an: „Die unschuldige Aufrichtigkeit Teilhards dachte nicht an den Argwohn, den diese Worte wecken konnten." A.a.O. (wie Anm. 25), Hymne, S. 81.

10 Eine Auswahl wichtiger Briefe an Frauen findet sich in: Briefe an Frauen. Herausgegeben und erläutert von Günther Schiwy, Freiburg 1988.

11 A.a.O. (wie Anm. 5), S. 415 f.

12 Briefe an eine Marxistin, Olten 1971.

13 Briefe an eine Nichtchristin, Olten 1971.

14 A.a.O. (wie Anm. 12), S. 17 f.

15 Ida Friederike Görres, Sohn der Erde: Der Mensch Teilhard de Chardin, Frankfurt am Main, 1971, S. 176.

16 A.a.O. (wie Anm. 1), S. 85.

17 Der Briefwechsel mit Lucile Swan (The Letters of Teilhard de Chardin and Lucile Swan. Herausgegeben von Th. M. King und M.W. Gilbert, Hampton Station, Baltimore) liegt noch nicht auf Deutsch vor. Es verlautet, der Verlag erteile keine Lizenzen mehr für weitere Ausgaben. Auf wessen Druck hin? Das Zitat nach: A.a.O. (wie Anm. 5), S. 436.

18 A.a.O. (wie Anm. 1), S. 84.

19 Das ist auch die Meinung von Jesuitenpater Richard Brüchsel, vgl. ebenda, S. 20.

20 Lettres d'Hastings et de Paris, 1908-1914, Paris 1965, S. 307 f. (Übers. G. S.).

21 A.a.O. (wie Anm. 1), S. 91.

22 Tagebücher II. Notizen und Entwürfe, 2. Dezember 1916 bis 13. Mai 1918. Herausgegeben und übersetzt von Nicole und Karl Schmitz-Moormann, Olten 1975.

23 Entwurf und Entfaltung. Briefe aus den Jahren 1914-1919. Herausgegeben von Alice Teillard-Chambon [Schwester von Marguerite Teillard-Chambon] und Max Henri Bégouën. Einleitung von Claude Aragonnès [= Marguerite Teilhard-Chambon, die am 11. September 1959 an den Folgen eines Autounfalls starb], Freiburg 1963.

24 Frühe Schriften, Freiburg 1968. Die deutsche Ausgabe enthält nicht alle Schriften des französischen Originals: Écrits du temps de la guerre (1916-1919), Paris 1965.

25 Es existieren zwei deutsche Übersetzungen: von P. Thomas in: A.a.O. (wie Anm. 24), S. 235-248, und – auf der Grundlage der Übersetzung von P. Thomas – die von Hans Urs von Balthasar in: Hymne an das Ewig-Weibliche. Mit dem Kommentar von Henri de Lubac, Einsiedeln 1968. Die Übertragung von Thomas ist wörtlicher, die von Balthasar poetischer und interpretierend. Ich habe nach dem Urtext neu übersetzt.

26 A.a.O. (wie Anm. 22), S. 256-258.

27 Siehe Günther Schiwy, Der kosmische Christus, München 1990.

28 A.a.O. (wie Anm. 1), S. 43.

29 A.a.O. (wie Anm. 10), S. 59.

30 A.a.O. (wie Anm. 1), S. 84.

31 Ebenda, S. 111 f.

32 Die Zitate in diesem Abschnitt nach: A.a.O. (wie Anm. 8), Band 1, S. 263-300.

33 Briefe an Léontine Zanta, Freiburg 1967, S. 109.

34 A.a.O. (wie Anm. 5), S. 440 f.

35 Dieses und alle folgenden Zitate dieses Abschnitts nach: A.a.O. (wie Anm. 8), S. 151-159.

36 A.a.O. (wie Anm. 5), S. 443.

37 Über die weiteren Komplikationen siehe: A.a.O. (wie Anm. 8), S. 157 f.

38 Ebenda, S. 153.

39 Tagebücher III. Notizen und Entwürfe. 14. Mai 1918 bis 25. Februar 1920. Herausgegeben und übersetzt von Nicole und Karl Schmitz-Moormann, Olten 1977, S. 151.

40 A.a.O. (wie Anm. 1), S. 115.

41 A.a.O. (wie Anm. 8), S. 158 f.

42 A.a.O. (wie Anm. 25), S. 64 f.

43 Ebenda, S. 72.

44 Ebenda, S. 82.

45 A.a.O. (wie Anm. 25).

46 A.a.O. (wie Anm 1), S. 86 f.

47 A.a.O. (wie Anm. 5), S. 444 f.

48 A.a.O. (wie Anm. 8), S. 288.

49 Nach Abschluß des Manuskriptes erschien der Aufsatz von Ursula King, Teilhard und die Frauen. Gegenseitige Bereicherung. Anfragen, Impulse für heute. In: entschluß, Sept./Okt. 1995, S. 9-14. Frau King teilt besonders zum Verhältnis Teilhard / Lucile Swan neue Einzelheiten mit und ist auch der Meinung, „daß der schwierigste Aspekt seines Denkens über die Beziehung zwischen beiden Geschlechtern der untergeordnete Platz ist, den er dem körperlichen Ausdruck menschlicher Liebe einräumt" (S. 14). Neuerdings erschien: Mathias Trennert-Helwig, Teilhard de Chardin und Lucile Swan. Eine Freundschaft im Licht ihres Briefwechsels 1932-1955. In: Margot Schmidt/Fernando

Domínguez, Von der Suche nach Gott, Stuttgart-Bad Cannstatt 1998, S. 315-335. Einzelheiten über das Schicksal Ida Treats („Briefe an eine Marxistin") finden sich in einem Privatdruck (im Besitz von G. S.) des Jesuitenpaters John Cowburn (Jesuit Theological College, 175 Royal Parade, Parkville, Victoria, Australie 3052) von 1996: „Paul Vaillant-Couturier [Ida Treats Ehemann], Ida Treat and Pierre Teilhard de Chardin".

50 Joseph Ratzinger, Einführung in das Christentum, München 1968, Abschnitt: „Die Frage des Auferstehungsleibes".

11. Der ohnmächtige Gott

1 Nach Karl Rahner / Herbert Vorgrimler, Kleines theologisches Wörterbuch, Freiburg 1961, S. 315.

2 Siehe: Karl Rahner, Die Christologie innerhalb einer evolutiven Weltanschauung, in: Ders., Schriften zur Theologie, Band V, Einsiedeln 1962, S. 183-221. Eingearbeitet in: Ders., Grundkurs des Glaubens, Freiburg 1976, S. 180-202.

3 Daß die kulturelle Evolution uns mit einer radikal neuen Qualität der Bosheit und des Übels konfrontiert hat, nämlich „daß wir als Zerstörende wirklich *omnipotent* geworden sind", hat Günther Anders in seinen Schriften zur atomaren Situation herausgearbeitet, in unserem Zusammenhang siehe: Die Antiquiertheit der Bosheit, in: Ders., Die Antiquiertheit des Menschen. Band 2: Über die Zerstörung des Lebens im Zeitalter der dritten industriellen Revolution, München 1980, S. 396-410, das obige Zitat S. 404.

4 Hans Jonas, Der Gottesbegriff nach Auschwitz, Frankfurt am Main 1987, S. 14.

5 Zitiert nach Willi Oemüller (Hrsg.), Theodizee – Gott vor Gericht? München 1990, S. 10. Siehe auch: Ders., Worüber man nicht schweigen kann, München 1992.

6 Hans Blumenberg, Matthäuspassion, Frankfurt am Main 1988, S. 16 f.

7 Zitiert nach: Jesus der Offenbarer. Band 2. Frühe Neuzeit bis Gegenwart. Bearbeitet von Franz-Josef Niemann, Graz 1990, S. 20 f.

8 Ebenda, S. 21.

9 Der Mensch im Kosmos, München 1999, S. 326.

10 Vom Kosmos zur Kosmogenese (1951), in: Die lebendige Macht der Evolution, Olten 1967, S. 133 f.

11 Der Kampf gegen die Vielheit. Mögliche Interpretation der Weltgestalt (1917), in:

Frühe Schriften, Freiburg 1968, S. 116, 121, 123.

12 Eine Verallgemeinerung und eine Vertiefung des Sinnes des Kreuzes (1952), in: Mein Glaube, Olten ²1974, S. 261. Auch in: Das Teilhard de Chardin Lesebuch, Zürich 1999, S. 223.

13 A.a.O. (wie Anm. 10), S. 137.

14 Zur Diskussion über eine Theologie des kosmischen Christus siehe: Jürgen Moltmann, Der Weg Jesu Christi. Christologie in messianischen Dimensionen, München 1989, besonders S. 297-336. Moltmann setzt sich dort mit Karl Rahner und Teilhard auseinander.

15 Das kosmische Leben (1916), in: A.a.O. (wie Anm. 11), S. 55.

16 Ebenda, S. 77.

17 Hans Jonas, Materie, Geist und Schöpfung, Frankfurt am Main 1988, S. 57.

18 A.a.O. (wie Anm. 4), S. 46.

19 Ebenda, S. 40 f.

20 Ebenda, S. 15 f.

21 Ebenda, S. 41 f.

22 Ebenda, S. 32.

23 Ebenda, S. 47.

24 A.a.O. (wie Anm. 17), S. 53.

25 Martin Luther, WA 19, 487, 14 ff.

26 Christologie und Evolution (1953), in: A.a.O. (wie Anm. 12), S. 103.

27 A.a.O. (wie Anm. 17), S. 58 f.

28 Joseph Ratzinger, Einführung in das Christentum, München 1968, Abschnitt „Die Spiegelung der Frage im Text des Glaubenbekenntnisses".

12. Die Evolution der Verantwortung

1 Erich Fromm, Gesamtausgabe. Herausgegeben von Rainer Funk. Band 2: Analytische Charaktertheorie, München 1989, S. 288.

2 Mein Glaube, Olten ²1974, S. 116.

3 Ebenda, S. 116 f.

4 Ebenda, S. 52.

5 Ken Wilber, Halbzeit der Evolution, Bern 1984, S. 339 f.

6 A.a.O. (wie Anm. 2), S. 66 f.

7 Der Göttliche Bereich, Olten 1962, S. 158.

8 Nach: Günther Schiwy, Abschied vom allmächtigen Gott, München 1995, S. 80 f.

9 Aus der Armutspredigt nach: Meister Eckhart, Einheit im Sein und Wirken. Herausgegeben, eingeleitet und zum Teil übersetzt von Dietmar Mieth, München 1986, S. 150 f.

10 A.a.O. (wie Anm. 8), S. 63 f.

11 A.a.O. (wie Anm. 7), S. 17 f.

12 A.a.O. (wie Anm. 9), S. 149 f.

13 A.a.O. (wie Anm. 7), S. 90.

14 Das geistige Phänomen, in: Die Menschliche Energie, Olten 1966, S. 144 f.

15 Die menschliche Energie, in: Ebenda, S. 195.

16 Ebenda, S. 200.

17 Ebenda, S. 216.

18 Der Atomismus des Geistes, in: A.a.O. (wie Anm. 14), S. 291.

19 Die lebendige Macht der Evolution, Olten 1967, S. 90 f.

20 Das Herz der Materie. Im Anhang: Christus in der Materie. Die geistige Potenz der Materie. Die Messe über die Welt, Zürich 1999, S. 77.

21 A.a.O. (wie Anm. 8), S. 86, 90 f.

22 David Steindl-Rast, Die Achtsamkeit des Herzens, München 1988, S. 14.

23 Ignacio de Loyola, Die Exerzitien und aus dem Tagebuch, München 1989, S. 73.

24 Karlfried Graf Dürckheim, Meditieren wozu und wie?, Freiburg 1976.

25 A.a.O. (wie Anm. 20), S. 91.

26 Das Teilhard de Chardin Lesebuch, Zürich 1999, S. 140; siehe dazu auch: Briefe an Frauen, Freiburg 1988.

27 A.a.O. (wie Anm. 20), S. 118.

28 A.a.O. (wie Anm. 5), S. 354.

29 Joseph Ratzinger, Einführung in das Christentum, München 1968, Abschnitt „Das Gesetz des Überflusses".

13. Kosmische Gebete Teilhard de Chardins

1 Siehe Günther Schiwy, Teilhard de Chardin. Sein Leben und seine Zeit, 2 Bände, München 1981.

2 Karl Rahner, Grundkurs des Glaubens, Freiburg 1976, S. 220.

3 Frühe Schriften, Freiburg 1968, S. 362.

4 Die ersten neun Gebete aus: Ebenda, S. 58 f., 80 f., 143-151, 152, 156 f., 165 f., 174 f., 251-268. Die weiteren neun Gebete aus: Der Göttliche Bereich, Olten 1962, S. 35 f., 75-77, 90-92, 117, 147-151, 157, 165 f., 178-180, 182-185. Die Überschriften der Gebete stammen vom Herausgeber der Sammlung, G. S.

5 „Meine Litanei" aus: Mein Glaube, Olten ²1974, S.289 f.

6 Ich will hintreten vor den Altar Gottes. Vers, den nach der früheren Meßordnung der Zelebrant sprach, wenn er zu Beginn der Messe an den Altar trat. [Von G. S. aktualisierte Anmerkung der Herausgeber von „Mein Glaube"].

7 Der goldene Glanz [Anmerkung der Herausgeber von „Mein Glaube"].

8 Englisches Wort: Der Kern, das Wesen von [Anmerkung der Herausgeber von „Mein Glaube"].

9 Wahrscheinlich: Der Universale [statt Universelle] Jesus [von G. S. korrigierte Anmerkung der Herausgeber von „Mein Glaube"].

10 Vortex: lat. Wirbel

11 Griechisch: Gipfel [Anmerkung der Herausgeber von „Mein Glaube"].

Nachwort

1 Mein Glaube, Olten ²1974, S. 257.

2 Jürgen Moltmann, Der gekreuzigte Gott, München 1972.

3 A.a.O. (wie Anm. 1), S. 258-261.

4 Der Mensch im Kosmos, nach: Das Teilhard de Chardin Lesebuch, Zürich 1999, S. 262.

5 Joseph Ratzinger, Einführung in das Christentum, München 1968, Abschnitt: „Die innere Einheit der letzten Aussagen des Symbols".

271

Quellennachweis

Die in diesem Band zusammengestellten Texte des Verfassers außer Vorwort, Einleitung und Nachwort erschienen zuerst in den angegebenen Zeitschriften oder Sammelbänden und wurden um die Ratzinger-Abschnitte erweitert. Die Anmerkungen wurden formal vereinheitlicht. Verfasser und Verlag danken den Originalverlagen für die gewährte Abdruckerlaubnis.

1. *Vier Phasen des Teilhardschen Gottesbildes.* In: entschluß, Sept./Okt. 1995, S. 42-46, unter dem Titel: „Der werdende Gott". Erweitert.

2. *Die Messe über die Welt.* In: Weltfrömmigkeit. Grundlagen, Traditionen, Zeugnisse. Herausgegeben von Anton Zottl, Franz-Sales-Verlag, Eichstätt und Wien 1985, S. 256-270.

3. *Der Gott der Evolution.* In: Carsten Bresch, Sigurd Martin Daecke, Helmut Riedlinger (Hrsg.), Kann man Gott aus der Natur erkennen? Evolution als Offenbarung, Verlag Herder, Freiburg ²1992, S. 102-116. Quaestiones disputatae, Bd. 125. Erweitert.

4. *Der kosmische Christus.* In: Helmut A. Müller (Hrsg.), Die Gegenwart der Zukunft. Natur- und Geisteswissenschaftler zeigen neue Perspektiven für das Leben in den nächsten Jahrzehnten, S. 285-298. © alle deutschsprachigen Rechte by Scherz Verlag, Bern, München, Wien 1991. Erweitert.

5. *Gottes Werden ist unser Sein.* In: Im Zeichen der Wandlung. Dokumentation der Tagung zum 100. Geburtstag von Karlfried Graf Dürckheim. Studien aus der Existential-psychologischen Bildungs- und Begegnungsstätte Todtmoos-Rütte, Band 5, 1997, S. 20-32.

6. *Teilhard de Chardin und Graf Dückheim.* In: Der Mensch als Zeuge des Unendlichen. Karlfried Graf Dürckheim zum 100. Geburtstag. Herausgeben von Josef Robrecht, Maria Hippius-Gräfin Dürckheim, Thomas Arzt, Novalis Verlag, Schaffhausen 1996, S. 133-145.

7. *Pan-en-theismus – eine Spurensuche.* In: Von der Suche nach Gott. Helmut Riedlinger zum 75. Geburtstag. Herausgegeben von Margot Schmidt und Fernando Dominguez Reboiras, Verlag frommann-holzboog, Stuttgart-Bad Cannstatt 1998, S. 731-753.

8. *Gott suchen mit allen Sinnen.* In: Siebzig Jahre Jesuiten [in Stuttgart]. Katholisches Bildungswerk, Stuttgart 1991, S. 39-45.

9. *Der kosmische Christus und die anderen Religionen.* In: das baugerüst, 4/1994, S. 308-311. Erweitert.

10. *Die Evolution der Keuschheit.* In: Das Weibliche. Edith Stein Jahrbuch 1996, Echter-Verlag, Würzburg 1996, S. 105-226 unter die Titel: „Mystik der Vergeistigung. Das Weibliche bei Teilhard de Chardin". Erweitert.

11. *Der ohnmächtige Gott.* In: Sigurd Martin Daecke, Carsten Bresch (Hrsg.), Gut und Böse in der Evolution. Naturwissenschaftler, Philosophen und Theologen im Disput. Edition Universitas, S. Hirzel, Wissenschaftliche Verlagsgesellschaft, Stuttgart 1995, S. 139-150. Erweitert.

12. *Die Evolution der Verantwortung.* In: Transpersonale Perspektiven, 1/1996, S. 22-37 unter dem Titel: „Zur Ethik des transpersonalen Bewußtseins. Das Beispiel Pierre Teilhard de Chardins". Erweitert.

13. *Kosmische Gebete des Teilhard de Chardin.* Buchveröffentlichung im Bernward Verlag, Hildesheim 1986, ergänzt durch „Meine Litanei" aus: Mein Glaube, Walter Verlag, Olten ²1974, S. 289 f.

URSA KRATTIGER

Die perlmutterne Mönchin

Reise in eine weibliche Spiritualität

Kreuz Verlag

Diana und Andri Noé,
den Kindern, deren Patin/Gotte ich bin

CIP-Kurztitelaufnahme der Deutschen Bibliothek

Krattiger, Ursa:
Die perlmutterne Mönchin : Reise in e. weibl.
Spiritualität / Ursa Krattiger. – 1. Aufl. –
Zürich : Kreuz-Verlag, 1983.
ISBN 3-268-00008-8

1. Auflage
© Kreuz Verlag AG Zürich 1983
Gestaltung: Hans Hug
Satz: Typobauer Filmsatz GmbH, Scharnhausen
Druck und Bindung: W. Röck, Weinsberg
ISBN 3-268-00008-8